光明社科文库
GUANGMING DAILY PRESS:
A SOCIAL SCIENCE SERIES

·经济与管理书系·

深化农村土地征收制度改革研究

黄善明 赵 华 | 著

光明日报出版社

图书在版编目（CIP）数据

深化农村土地征收制度改革研究 / 黄善明，赵华著. --北京：光明日报出版社，2023.12
　ISBN 978-7-5194-7647-2

　Ⅰ.①深… Ⅱ.①黄… ②赵… Ⅲ.①农业用地—土地征用—土地制度—体制改革—研究—中国 Ⅳ. ①F321.1

中国国家版本馆 CIP 数据核字（2023）第 250074 号

深化农村土地征收制度改革研究
SHENHUA NONGCUN TUDI ZHENGSHOU ZHIDU GAIGE YANJIU

著　　　者：	黄善明　赵　华		
责任编辑：	刘兴华	责任校对：	宋　悦　李学敏
封面设计：	中联华文	责任印制：	曹　净

出版发行：光明日报出版社
地　　址：北京市西城区永安路 106 号，100050
电　　话：010-63169890（咨询），010-63131930（邮购）
传　　真：010-63131930
网　　址：http://book.gmw.cn
E - mail：gmrbcbs@gmw.cn
法律顾问：北京市兰台律师事务所龚柳方律师
印　　刷：三河市华东印刷有限公司
装　　订：三河市华东印刷有限公司
本书如有破损、缺页、装订错误，请与本社联系调换，电话：010-63131930
开　　本：170mm×240mm
字　　数：217 千字　　　　　　　　印　张：12.5
版　　次：2024 年 4 月第 1 版　　　印　次：2024 年 4 月第 1 次印刷
书　　号：ISBN 978-7-5194-7647-2
定　　价：85.00 元

版权所有　　翻印必究

前 言

农村土地制度改革具有系统性、艰巨性和长期性的特点，在社会经济发展新常态背景下，必须采用问题导向、顶层设计、综合优化的基本思路，系统开展理论研究和应用研究，从理论上找出路、找依据，从应用上想办法、想对策。本书依托多项国家社科项目及四川省社科项目，受四川师范大学学科建设专项项目（2018）资助，着眼于农业现代化和新型城镇化进程中对农村土地资源优化利用的重大需求，把握"四个全面"战略布局对农地制度改革的现实要求，在纵向上兼顾历史感与前瞻性，在横向上兼顾全局性与地域性，力求厘清新一轮农村土地改革试点中各相关利益主体的权、责、利关系，着力实现农村土地制度改革的整体效能提升。在具体研究对象上，本书以农民个体为对象，系统分析农民利益动机与行为选择等一系列问题；以农村集体经济组织为对象，系统分析集体经济组织在土地制度变革中的定位与功能，以及对农民权益实现的影响或制约；以农村基层民主组织为对象，系统分析基层组织在对土地制度变革中的委托—代理行为；以地方政府为对象，系统分析地方政府的制度设计与改革实践如何在基本制度框架下取得公共利益与政府自利之间的平衡；等等。

第一章重点剖析征地制度改革的时代背景。我国现行的征地制度发端于计划经济时代，从制度演进来看，虽然有一些小的调整，但是基本的制度框架没有改变。党的十八届三中全会对推进土地制度改革做出了新的安排与要求，实现了改革思想上的突破，但是，政策推进与实践探索的整体取向倾向于审慎稳妥。土地征收制度改革进展较为缓慢，直接的原因来自一直作为实践创新主体的地方政府在该领域缺乏动力与激励。在2015年启动的土地三项制度改革中，征地制度改革的试点范围最小、改革进展最慢，佐证了征地制度改革的艰难程度。

第二章着重于征地制度研究的理论分析。在对国内外有关理论及学术研究观点进行综述的基础上，本书对现行征地制度的若干核心问题进行了理论分析，

1

包括"征地难"焦点与核心的价格问题、被征地农民的社会保障问题及征地程序问题、住宅补偿问题等。从微观的征地过程来看，征地拆迁是一个"交易"过程，主体一方为城市及县乡政府，另一方为普通农民及村民小组，这一交易"嵌入"既有结构性社会关系中，既定制度和社会关系存量都会对这一交易过程产生影响。国家规定的政治经济制度，如产权制度、财税制度、行政管理制度等确立了征地利益格局的基本框架，城乡政府的动机与行为对这一框架起着调整、束缚和构建作用，两者的结合最终呈现出征地的实际景象。

　　第三章对被征地农民问题的现实情况进行考察。从20世纪90年代中期开始，农民对征地的态度发生变化。在短暂的整顿期之后，进入21世纪，中国城市化进程加速前进的势头并没有放缓，征地行为大量发生，被征地农民的数量规模日益庞大，尤其是越来越多的征地行为比较集中地发生在经济相对发达的区域或者大中城市。中国城乡二元结构是一种转型二元经济结构，被征地农民是城乡二元结构转型中的一个特殊群体，并被赋予填平与跨越城乡鸿沟的象征意义，他们在被征地之后都面临不同程度的就业与收入问题及社会保障问题等。征地制度对农民个体、集体及城乡社会所造成的影响，均在一定程度上偏离了乡村振兴战略的目标与要求，这既可以从被征地农民的"获得感"方面进行分析，也可以从对构建乡村治理新体系的影响角度进行分析，更可以进一步从对重塑新型城乡关系的影响角度进行分析。如果土地征收制度不进行改革，则乡村振兴战略下的城乡融合，无论是从人的角度，还是从产业的角度，都难以得到实质性改变，构建新型城乡关系需要土地征收制度做出更有力度的改革举措。

　　第四章对征地的主要安置模式进行比较分析。中国地域十分辽阔，宜积极探索多样化的补偿方式。各地在开展征地补偿与安置工作的过程中，都根据当地实际情况，在既有标准与规定的基础上进行了不同程度的调整乃至创新，比较典型的如开发型安置、拆迁与安置相配套、建设与发展相结合、生产与生活相关联，将农民获得的一次性补偿转变为包括就业收入、租金收入、利润分配等各种形式的持续性收入。在安置中引入开发思路，对于迅速解决城市化与工业化背景下被征地农民的生计问题确有裨益，对于塑造城乡和谐关系具有积极的推动作用，但是这一模式的实施及效果受到诸多环境与条件的限制。曾经在不少地区被推行过的置换型安置主要采取为被征地农民办理社会保险的"土地换保障"方式，努力做到所有被征地农民都能有一个新的安定的生存和发展环境，但是这种模式的复制意义始终受到质疑，其制度设计本身存在缺陷，被越来越多的地方政府弃用，农民已经可以"带产权"进城。

第五章对征地制度的改革进行了思考并提出建议。征地制度改革自身已经明确的改革路径可以被概括为：建立科学严格的公共利益认定机制，形成具体用地项目性质的事前论证和事后审查制度；深化征地补偿机制改革，完善征地民主协商程序，进一步完善征地补偿标准，建立征地拆迁过程全透明、全记录制度，构建多方利益主体共同参与的征地补偿安置争议解决机制；等等。就整体阶段判断，中国依然处于城市化推进时期，但是，乡村振兴战略的实施也开启了另外一条人口向农村回流的通道，这不仅将在一定程度上舒缓城市化的压力，更重要的是，它将在一定程度上改变地方政府对于吸引社会投资的态度，从而遏制住盲目征地的冲动。

第六章讨论了征地中的政府行为与乡村治理问题。要减弱地方政府在征地中的过分掠夺行为，必须稳健推进市场化改革，完善政绩考评体系，同时进一步完善财政分权制度，深化税收制度和中央政府对地方政府的转移支付制度的改革，建立地方财政收入的稳定机制，避免在土地等问题上出现政府与民争利的现象，这些涉及国家发展战略及经济体制的改革问题。在乡村治理方面，在涉及征地矛盾的各类事项中，法治不彰是一个非常突出的问题，农村法律体系建设既是基础也是核心，在依法治理的工作机制上，重要的是要建立起以村规民约为重要载体的依法治村工作机制，建立健全农村基层权力规范化运行体系。

本书的完成，既得益于高校和地方政府的合作，也得益于学界前辈、专家、同行的研究。本书在研究中所参阅的研究成果，均以脚注等形式予以注明，谨此向各位研究者致谢。囿于视野所限，本书仅在力所能及范围之内提出观点与建议，敬请各位专家、学者予以斧正。

目 录
CONTENTS

第一章　征地制度改革的时代背景 ………………………………… 1
 第一节　中国征地制度演变基本历程 …………………………… 1
 第二节　现行土地征收制度内容概述 …………………………… 10
 第三节　当代西方国家征地制度比较 …………………………… 17

第二章　征地制度研究的理论分析 ………………………………… 21
 第一节　国内外相关理论研究概述 ……………………………… 21
 第二节　现行征地制度的理论分析 ……………………………… 26
 第三节　征地行为主体的理论分析 ……………………………… 46

第三章　被征地农民问题的现实考察 ……………………………… 57
 第一节　被征地农民问题的发生过程 …………………………… 57
 第二节　被征地农民就业收入问题分析 ………………………… 62
 第三节　被征地农民社会保障问题分析 ………………………… 73
 第四节　乡村振兴视角下的制度影响 …………………………… 85

第四章　征地安置模式的比较分析 ………………………………… 99
 第一节　征地安置模式类型 ……………………………………… 99
 第二节　开发型安置模式的现实考察 …………………………… 103
 第三节　置换型安置模式的现实考察 …………………………… 111

1

第五章　征地制度改革的思考与建议 ································ **121**
  第一节　乡村振兴战略下的改革思路 ···························· 121
  第二节　征地的范围界定与程序规范 ···························· 126
  第三节　完善征地补偿与多元保障机制 ·························· 136
  第四节　探索土地增值收益分配机制 ···························· 164

第六章　征地中的政府行为与乡村治理问题 ························ **171**
  第一节　以制度对政府行为进行规范 ···························· 171
  第二节　以新型乡村治理保障被征地农民权益 ···················· 175

参考文献 ·· **182**

第一章

征地制度改革的时代背景

第一节 中国征地制度演变基本历程

一、土地征收基本概念概述

（一）土地征收

本书所研究的征地指的是土地征收而非土地征用。2004年以前，《中华人民共和国宪法》和《中华人民共和国土地管理法》没有区分征收与征用，统称"征用"。2004年《中华人民共和国宪法修正案》里区分了"土地征收"和"土地征用"两个概念[1]，《中华人民共和国土地管理法》相应的第二条第四款也进行了修改[2]。

在我国，土地征收是国家为了公共利益的需要，依法将集体所有土地转为国家所有并给予补偿的行为。征收的实质是国家强制性取得集体土地的所有权，意味着所有权性质改变。按照国际上的共同规则，征收必须符合三项条件。

1. 根据《中华人民共和国宪法》第十条第三款等规定，征收目的必须是为了公共利益。"公共利益"是指"全体社会成员的直接利益"，如公共道路交通、公共卫生、灾害防治、国防、科学及文化教育事业，以及环境保护、文物

---

[1] 原《中华人民共和国宪法》第十条第三款"国家为了公共利益的需要，可以依照法律规定对土地实行征用。"2004年《中华人民共和国宪法》修改为："国家为了公共利益的需要，可以依照法律规定对土地实行征收或者征用并给予补偿。"
[2] 2004年《中华人民共和国土地管理法》第二条第四款修改为："国家为了公共利益的需要，可以依法对土地实行征收或者征用并给予补偿。"同时将1988年《中华人民共和国土地管理法》中原有的"征用"改为"征收"。

古迹及风景名胜区保护等，均属于公共利益。公共利益与公益项目不完全等同，公益项目属于为公共利益需要，但一些经营性项目也可能属于为了公共利益的需要，其关键是要建立"为了公共利益的需要"的认定程序和范围。

2. 征收应符合法律规定的权限和程序。依《中华人民共和国立法法》的规定，对非国有财产的征收，只能制定法律。对于征收权限的规定只能由法律做出。具体的程序规则一般由特别法规定，如现行《中华人民共和国土地管理法》对征收所做出的规定。

3. 根据2004年的《中华人民共和国土地管理法》第四十七条①规定，必须对被征收的单位和个人给予补偿。征收具有强制性特征，但仍属于一种商品交换，本质上属于民事法律调整的范围。税法中的税收制度和行政法中的罚款制度的区别就在于征收必须给予公正补偿。某项征收行为即便是为了公共利益的需要，也符合法律规定的权限和程序，但如果对被征收的单位和个人未给予补偿或未给予公正补偿，就变成了对公民合法财产的无偿剥夺或者低价剥夺，这不仅违反宪法保护公民合法财产的基本原则，也违背了政府保护公民合法财产的神圣职责。

（二）土地征用

征用是指国家为了公共利益的需要，依法强制使用集体土地，使用完毕后再将土地归还集体的一种行为，类似于临时使用土地。2007年的《中华人民共和国物权法》第四十四条②对征用行为做出了规定。按照国际上的经验，只有在发生战争或者重大自然灾害等严重威胁国家和社会整体利益，并由国家宣布处于紧急状态的情形下，才能依法征用单位、个人的动产和不动产。在紧急状态结束或者使用完毕之后，如果被征用的财产还存在，应当返还原物，如果原物已经毁损，则应当照价赔偿。根据我国相关法律规定，征用的实质是国家强

---

① "征收土地的，按照被征收土地的原用途给予补偿。征收耕地的补偿费用包括土地补偿费、安置补助费以及地上附着物和青苗的补偿费。征收耕地的土地补偿费，为该耕地被征收前三年平均年产值的六至十倍。征收耕地的安置补助费，按照需要安置的农业人口数计算。需要安置的农业人口数，按照被征收的耕地数量除以征收前被征收单位平均每人占有耕地的数量计算。每一个需要安置的农业人口的安置补助费标准，为该耕地被征收前三年平均年产值的四至六倍。但是，每公顷被征收耕地的安置补助费，最高不得超过被征收前三年平均年产值的十五倍。"

② "因抢险、救灾等紧急需要，依照法律规定的权限和程序可以征用单位、个人的不动产或者动产。被征用的不动产或者动产使用后，应当返还征用人。单位、个人的不动产或者动产被征用或者征用后毁损、灭失的，应当给予补偿。"

制性使用集体土地，使用完毕后再返还原集体，并不改变其所有权性质。我国已经明确建设社会主义法治国家和构建社会主义和谐社会的宏伟目标，借鉴国际上通用的征用制度，依照我国经济社会发展进程，应依法明确征用的具体范围。

（三）土地征收与征用的区别与联系

土地的"征收"和"征用"这两个概念具有一定的联系。两者的相似点表现在形式与程序上：（1）都是基于公共利益的需要，对部分公民的土地权利进行某种限制；（2）都需要动用国家的强制力量，并通过严格的法律程序进行；（3）都需要对权利受损的当事人给予一定标准的补偿。

两者的差异表现在：（1）两种行为导致的法律效果具有本质性的不同，征收行为导致土地所有权变更，征用行为导致土地使用权临时变更；（2）虽然都需要进行补偿，但二者的补偿标准不同，土地征收是对所有权转移进行补偿，而土地征用之后最终会进行返还，补偿只针对征用过程中因毁损灭失情况而导致的所有权人利益损害部分；（3）土地征收只在服务于公共利益的前提下进行，但土地征用主要用于应对临时性紧急状态，临时性紧急状态与公共利益之间存在交集但并不能等同；（4）虽然都要经过法律程序，但二者适用的具体法律及程序并不相同，各有其具体操作规范，一般而言，征收的条款相对更为严格。

经过《中华人民共和国宪法》的修订之后，"征收"与"征用"这一对长期被混淆使用的概念得到了明确的区分，相应的法律条款也更加规范，行政行为的程序得到了更严格的约束，避免了滥用土地征收权力的行为，对于一些虽然也符合公共利益原则但只具有临时紧急性质的情况，只需动用土地征用即可满足要求，避免了公权的无节制滥用；同时，对于土地征收行为有了更严格的规范，有利于更有效地保障土地所有人的各项权利。[①]

二、中国征地制度框架变化

中国现行的征地制度发端于计划经济时代，其历史可追溯到新中国成立初期，目前已初步形成以《中华人民共和国宪法》为基础、以《中华人民共和国土地管理法》及相关条例为中心的征地制度法律体系。从制度演进来看，目前征地制度的几大基本原则都来自计划经济时代颁布的法律法规，虽然有一些小的调整，如提高征地补偿、上移土地审批权限等，但是基本的制度框架没有改

---

① 贾广葆. 土地征收与征用的分析界定 [J]. 上海房地，2017（02）：37-40.

变。表1-1展示了当前征地制度的基本规则及法规来源①（见表1-1）。

表1-1 中国征地制度基本规则与法规来源

	时间	基本规则	最早法规依据
用途原则	1950	市政建设需要和其他需要原则	《城市郊区土地改革条例》
	1953	国家建设的实际需要	《国家建设征用土地办法》
	1954	公共利益原则	《中华人民共和国宪法》
补偿原则	1950	政府定价原则	《土地改革法》
	1953	规定补偿上限	《国家建设征用土地办法》
	1982	保障被征地者收入和生活水平不下降	《国家建设征用土地条例》
审批权限	1982	分级审批制度	《国家建设征用土地条例》

（一）新中国成立初期的征地制度

1949年10月1日中华人民共和国成立，土地改革是当时土地制度的核心。但是，既然土地是在国家政权的力量下无偿分配的，那么当国家需要时，也可以较低的代价征收和征用。1950年，中国第一次在《中华人民共和国土地改革法》第二章中提到了"土地的没收与征收"，不过《中华人民共和国土地改革法》仅针对农村土地。对城市建设用地的征收与征用条例出现在1950年11月公布的《城市郊区土地改革条例》中，其第十三条②、第十四条③提出了"公平合理的补偿"与"适当代价"，但没有进行详细说明。

1953年，中国出台了第一部专门针对"征地"行为的完整法规——《国家建设征用土地办法》，其中第三条④指出国家建设征用土地应"根据国家建设的实际需要"。我国是社会主义公有制国家，"国家需要"与"公共利益"被视为

---

① 田传浩，杨鸿，周佳. 中国征地制度：历史演变、现实问题与改革方向 [EB/OL]. 百度文库网，2010-11-07.
② "国家为市政建设及其他需要收回由农民耕种的国有土地时，应给耕种该项土地的农民以适当的安置，并对其在该项土地上的生产投资（如凿井、植树等）及其他损失，予以公平合理的补偿。"
③ "国家为市政建设及其他需要征用私人所有的农业土地时，须给以适当代价，或以相等之国有土地调换之。"
④ "国家建设征用土地的基本原则是：既应根据国家建设的实际需要，保证国家建设所必需的土地，又应照顾当地人民的切身利益，必须对土地被征用者的生产和生活有妥善的安置。凡属有荒地、空地可资利用者，应尽量利用，而不征用或少征用人民的耕地良田。凡属目前并不十分需要的工程，不应举办。凡虽属需要，而对土地被征用者一时无法安置，则应安置妥善后再行举办，或另行择地举办。"

同等概念，而谁代表国家需要？对于被征地农民与居民的补偿，《关于国家建设征用土地办法》第八条①采取了上限原则。由于"国家建设的实际需要"太过模糊，补偿标准过于低下，使得土地非农化速度加快，导致土地低效利用的现象出现。1954年的《中华人民共和国宪法》承认私有制与公有制的并存，其中第十三条②明确了可以因"公共利益"而实行征地。

（二）公有制确立阶段的征地制度

随着社会主义改造的基本完成和第一个五年计划的成功实施，中国开始逐步进入公有制的确立阶段。国务院在1958年1月6日重新颁布施行《国家建设征用土地办法（修正）》，在安置被征地农民方面强调尽量以农业安置和就地安置为主。1954年的《中华人民共和国宪法》已经指出必须为了"公共利益"才能征用、征购土地，但是1958年的《国家建设征用土地办法（修正）》延续了1953年关于征用目的的定义，国家与地方政府的需要已经是并将继续成为公共利益的代表。1966—1976年，由于国内经济建设基本停滞，导致征地相关工作基本处于停顿状态。关于征地的法律法规变化不大，城乡仍然存在集体所有、全民所有和私人所有的土地所有权③。

（三）市场经济转型下的征地制度

1978年，中共十一届三中全会确定了"改革开放"的基本政策，计划经济体制开始向市场经济体制转型。为了慎重处理在社会经济关系调整过程中特别是在农村经济关系中由于征地而引起的土地关系调整，1982年5月14日，国务院制定并颁布了《国家建设征用土地条例》，其依据是1978年的《中华人民共和国宪法》，但仅针对集体征地，原有的征地制度没有发生根本性的改变，但根

---

① "被征用土地的补偿费，在农村中应由当地人民政府会同用地单位、农民协会及土地原所有人（或原使用人）或由原所有人（或原使用人）推出之代表评议商定之。一般土地以其最近三年至五年产量的总值为标准，特殊土地得酌情变通处理之。如另有公地可以调剂，亦须发给被调剂土地的农民以迁移补助费。"
② "国家为了公共利益的需要，可以依照法律规定的条件，对城乡土地和其他生产资料实行征购、征用或者收归国有。"
③ 1975年的《中华人民共和国宪法》规定，中华人民共和国的生产资料所有制现阶段主要有两种：社会主义全民所有制和社会主义劳动群众集体所有制。其第六条规定："矿藏、水流，国有的森林、荒地和其他资源，都属于全民所有。国家可以依照法律规定的条件，对城乡土地和其他生产资料实行征购、征用或者收归国有。"1978年的《中华人民共和国宪法》第六条规定："矿藏，水流，国有的森林、荒地和其他海陆资源，都属于全民所有。国家可以依照法律规定的条件，对土地实行征购、征用或者收归国有。"

据其第九条①、第十条②等相关规定，征地补偿标准提高，以保障被征地者的收入和生活水平不下降。该条例对农村剩余劳动力的安置途径也做出了相应调整，主要有：就地农业安置、乡村企业安置、迁队或并队安置，以及农转非——集体或国有企业安置等。由于当时的城乡隐形差距很大，能够农转非或者解决就业问题对于农民而言是非常合算的交易，因此虽然征地补偿不高，但也没有激发大的社会矛盾。《国家建设征用土地条例》第八条③还首次提出征地审批权限的问题，并且指出不能以"化整为零"来进行征地报批。这表明，中央政府已经意识到地方政府有采取"化整为零"的方式突破征地审批权限的可能性，因为对于地方政府而言，征用新增建设用地比旧城改造的成本低得多，实际上此类行为屡禁不止。

1988年4月12日，第七届全国人民代表大会第一次会议通过了《中华人民共和国宪法修正案》，将原第十条第四款"任何组织或者个人不得侵占、买卖、出租或者以其他形式非法转让土地"修改为"任何组织或者个人不得侵占、买卖或者以其他形式非法转让土地。土地的使用权可以依照法律的规定转让"。修改后的宪法条款为我国土地市场的建立提供了法律依据。

随着民营经济的发展和国有企业改革进程的加快，被征地农民的安置途径出现重大改变，不少被征地农民逐渐陷入无就业、无保障、无耕地的困境。

---

① "一、土地补偿费。征用耕地（包括菜地）的补偿标准，为该耕地年产值的三至六倍，年产值按被征用前三年的平均年产量和国家规定的价格计算。"

② "安置补助费的标准：一、征用耕地（包括菜地）的，每一个农业人口的安置补助费标准，为该耕地每亩年产值的二至三倍，需要安置的农业人口数按被征地单位征地前农业人口（按农业户口计算，不包括开始协商征地方案后迁入的户口）和耕地面积的比例及征地数量计算。年产值按被征用前三年的平均年产量和国家规定的价格计算。但是，每亩耕地的安置补助费，最高不得超过其年产值的十倍。""三、征用宅基地的，不付给安置补助费。个别特殊情况，按照上述补偿和安置补助标准，尚不能保证维持群众原有生产和生活水平的，经省、自治区、直辖市人民政府审查批准，可以适当增加安置补助费，但土地补偿费和安置补助费的总和不得超过被征土地年产值的二十倍。"

③ "征用土地的审批权限：征用耕地、园地一千亩以上，其他土地一万亩以上，由国务院批准；征用直辖市市郊区的土地，由直辖市人民政府批准；征用五十万人口以上城市郊区的土地，由所在市人民政府审查，报省、自治区人民政府批准；征用其他地区耕地、园地三亩以上，林地、草地十亩以上，其他土地二十亩以上，由所在县、市人民政府审查，报省、自治区人民政府批准，在上述限额以下的，由县、市人民政府批准。省、自治区、直辖市人民政府可以根据本地区实际情况，适当放宽或缩小县、市人民政府审批征地数额的权限。一个建设项目所需土地，应当根据总体设计一次报批，不得化整为零。分期建设的工程应当分期征地，不得早征迟用。铁路、公路干线所需土地，可以分段报批和办理征地手续。"

1998年，第九届全国人民代表大会常务委员会第四次会议对1986年的《中华人民共和国土地管理法》做出全面修订，对征地制度做出了较大调整。除了随着经济水平的提高相应地提高补偿标准外，土地补偿费与安置补助费之和也由最高不得超过被征土地年产值的二十倍改为三十倍（第四十七条），并将原有征地五级审批制改为中央级省级两级审批制（第四十五条）。

虽然1998年修订的《中华人民共和国土地管理法》提高了征地标准，但农地快速非农化的趋势依然不减。2004年，《中华人民共和国土地管理法》进行了第二次修正，将第二条第四款修改为："国家为了公共利益的需要，可以依法对土地实行征收或者征用并给予补偿。"并将其他条款中的"征用"修改为"征收"；但是在关于被征地农民征地补偿安置方面没有新的突破①。

2005年7月，国土资源部颁布《关于开展制订征地统一年产值标准和征地区片综合地价工作的通知》（国土资发〔2005〕144号），要求各地在2005年底完成征地统一年产值标准和区片综合地价的制订及公布工作，征地补偿依据从"前三年主要农产品的平均产值或产量"向"制订征地统一年产值标准和区片综合地价"转变。综合地价意味着征地补偿做到同地同价，国家重点建设项目必须将征地费用足额列入概算。在这种补偿标准下，补偿数额有一个底线，即"使农民保持原有生活水平"。在这个底线得到保障的前提下，补偿价格的算法按照统一年产值标准或征地区片综合地价制订，这在一定程度上适应了市场经济的要求。但是，从执行情况看，依然有很多农民并不满意。

（四）征地制度改革的新探索

党的十八届三中全会对推进土地制度改革做出了新的安排和要求，实现了改革思想上的突破；但是，就政策推进与实践探索而言，中央的整体取向倾向于审慎稳妥，这体现在其后的"一号文件"及《关于农村土地征收、集体经营性建设用地入市、宅基地制度改革试点工作的意见》等改革指导性文件当中。这些文件强调风险可控的基本原则，试点改革工作必须在封闭运行的条件下进行；同时强调不改变土地所有制，不改变耕地用途，不损害农民利益，这是试点改革不可触碰的底线。在2015年启动的新一轮土地制度试点改革中，全国范围内确定了33个改革试点区域，分别进行有关宅基地、集体经营性建设用地及征地制度的改革试点，但是33个改革试点区域中只有3个选择开展土地征收制度改革（开展宅基地制度改革与集体经营性建设用地改革的试点区域各有15

---

① 冯昌中. 我国征地制度变迁[J]. 中国土地，2001（9）：15-19.

个);从改革的推进情况看,这一轮土地征收制度的试点改革相对比较缓慢,各地的试点改革并没有出现标志性现象或典型性经验。

土地征收制度改革进展较为缓慢,直接原因之一来自一直作为实践创新主体的地方政府在该领域缺乏动力与激励:土地征收制度改革势必收缩地方政府的权力并降低地方政府的土地财政收益,对于有强烈GDP政绩偏好的地方政府,或者在很大程度上依赖于土地财政收入的地方政府,其缺乏主动推进土地征收制度改革的积极性,因此虽然中央政府给出了制度创新的方向,但是地方政府显然有自己的改革成本与收益核算方式。直接原因之二在于,在缩小土地征收范围的前提下,建设用地的增量需求将更多地依赖于集体经营性建设用地的增量供给,这两个领域的改革一直具有很强的关联性,但是在当前情况下,农村集体经营性建设用地在建设用地供给中的存量比例或者增量比例都还不足以对建设用地市场供求格局变动造成影响,地方政府出于优先满足城市建设用地的发展目标,也很难贸然地收缩征地范围。

虽然近年来地方政府在实践征地制度改革方面没有明显进步,但改革议程依然在向前推进。在有关土地征收制度的法律法规变更方面,现行《中华人民共和国土地管理法》已经经历若干次变更。在党的十八届三中全会做出改革深化的要求之后,《中华人民共和国土地管理法》的再次修订也提上了工作日程;2017年5月,《中华人民共和国土地管理法(修正案)》(征求意见稿)正式面向社会公众,其中有若干涉及征地制度改革的内容,具体包括以下三个方面。

1. 明确土地征收的"公共利益"原则(包括国防、基础设施及公共事业等基本事项),凡不属于"公共利益"范围的用地将不得再以征收方式提供。[①] 这一界定有利于面向农村土地征收的相关条款与《国有土地上房屋征收与补偿条例》相衔接,逐步实现城乡土地权利框架的一致性。

2. 进一步明确并强调土地征收的程序规范性问题,地方政府必须与农民签订土地补偿安置协议之后才能够进行土地征收,补偿安置资金必须落实到位,

---

① 新增第四十四条:"为了保障国家安全、促进国民经济和社会发展等公共利益的需要,有下列情形之一,确需征收农民集体所有土地的,可以依法实施征收:(一)国防和外交的需要;(二)由政府组织实施的能源、交通、水利等基础设施建设的需要;(三)由政府组织实施的科技、教育、文化、卫生、体育、环境和资源保护、防灾减灾、文物保护、社会福利、市政公用等公共事业的需要;(四)由政府组织实施的保障性安居工程、搬迁安置工程建设的需要;(五)在土地利用总体规划确定的城市建设用地范围内,由政府为实施城市规划而进行开发建设的需要;(六)法律、行政法规规定的其他公共利益的需要。"

被征地农民拥有知情、参与及监督等基本权利。①

3. 进一步完善合理、规范、多元的被征地农民保障机制。自2004年《中华人民共和国土地管理法》修订之后，各地根据法律法规要求，结合地方实践，在征地补偿制度完善与保障体系建设等方面取得了比较显著的成效，这些实践经验也在此轮法律法规的修订中得到了体现：要求地方政府制定区片综合地价；要求给予"公平合理补偿"②，并实现原有生活水平不降低、长远生计有保障；要求对农民房屋财产予以补偿，保障农民居住权③；要求建立养老保障社会体系④；等等。整体而言，这一次修订在征地补偿与安置这两个重要方面做出了更有利于农民的安排，进一步协调了国家与农民的土地利益关系。

如前所述，在2015年启动的土地三项制度改革中，征地制度改革的试点范

---

① 将第四十五条第一款修改为："征收下列土地的，由国务院批准：（一）永久基本农田以外的耕地超过三十五公顷的；（二）其他土地超过七十公顷的。"将第四十六条修改为："市、县人民政府申请征收土地的，应当开展拟征收土地现状调查，并将征收范围、土地现状、征收目的、补偿标准、安置方式和社会保障等主要内容在拟征收土地所在的集体经济组织范围内进行公告，听取被征地的农村集体经济组织和农民意见。市、县人民政府根据征求意见情况，必要时应当组织开展社会稳定风险评估。相关前期工作完成后，市、县人民政府应当组织有关部门与被征地农民、农村集体经济组织就补偿安置等签订协议，测算征地补偿安置费用并保证足额到位。国家征收土地的，依照法定程序批准后，由县级以上地方人民政府予以公告并组织实施。"

② 将第四十七条修改为："征收土地的，按照被征收土地的原用途，兼顾国家、集体、个人合理分享土地增值收益，给予公平合理补偿，保障被征地农民原有生活水平不降低、长远生计有保障。征地补偿安置费用包括土地补偿费、安置补助费、农民宅基地及房屋补偿、地上附着物和青苗的补偿费，以及被征地农民的社会保障费用等。"修正案同时新增一条，作为第四十八条："省、自治区、直辖市应当制订并公布区片综合地价，确定征收农用地的土地补偿费和安置补助费标准。区片综合地价应当考虑土地资源条件、土地产值、区位、供求关系，以及经济社会发展水平等因素综合评估确定，并根据社会、经济发展水平，适时调整区片综合地价标准。征收农用地以外的其他土地的补偿标准由省、自治区、直辖市规定。被征收土地上的附着物和青苗的补偿标准，由省、自治区、直辖市规定。国务院根据社会、经济发展水平，在特殊情况下，可以提高征收土地的补偿费和安置补助费的标准。"

③ 新增一条，作为第四十九条："征收宅基地和地上房屋，应当按照先补偿后搬迁、居住条件有改善的原则，采取重新安排宅基地建房、提供安置房或者货币补偿等方式给予公平合理补偿，保障被征地农民的居住权。具体办法由省、自治区、直辖市规定。"

④ 删除第四十八条，将第五十条改为第五十一条："市、县人民政府应当将被征地农民纳入相应的养老社会保障体系。被征地农民的社会保障费用主要用于符合条件的被征地农民养老保险补贴。有条件的地区，市、县人民政府可以根据情况安排一定数量的国有建设用地或者物业由被征地的农村集体经济组织长期经营。地方各级人民政府应当支持被征地的农村集体经济组织和农民从事开发经营，兴办企业。"

围最小、改革进展最慢,这也从侧面佐证了征地制度改革的艰难程度。事实上,征地制度改革的艰难,并不仅仅体现在本轮土地制度改革过程当中,而是一直以来都存在的情况。其中固然有不同层级政府之间权、责、利的调整问题、城乡土地利益格局的重塑问题等,但也是因为相关法律制度的不适给改革带来了影响。以《中华人民共和国宪法》为例,根据其中相关规定,国家为了公共利益的需要,可以依照法律规定对土地实行征收或者征用并给予补偿。这是征地制度的现实运行具有合法性的最基础性依据,但是,由于长期以来缺乏对"公共利益"范围的明确界定,司法裁量对公共利益的实际认定在很大程度上受到已经实际发生的行政行为的影响,往往被迫对既定事实的行为进行事后的合法性确认。在党的十六大之后,时任国务院总理温家宝提出尽快制定"公共利益"目录,但是经过多部门反复研究,认为难度太大,难以在短期内形成完整的目录清单。在这个方面进行国际借鉴也并不容易,奉行海洋法系的国家(如美国、加拿大)在"公共利益"的界定上,并不遵循具体的法律条款而是根据判例,其法律条款重在判断征地行为本身是否具有合法性,但是我国并非采用海洋法系,这些司法方面的实践举措不具有在中国被采用的可能性;日本对"公共利益"范围有非常明确的目录清单并且会进行定期或不定期更新,但是考虑到中日两国在土地总量及土地制度等方面有巨大差异,日本的经验也很难被直接借鉴。正是由于征地制度改革的难度很大,因此近年来相关领域的改革并没有取得突破。一方面,政策上更希望通过集体经营性建设用地的制度改革来对征地制度改革形成侧面的突破[①];另一方面,政府也认识到相关法律问题的限制性,如在本轮《中华人民共和国土地管理法》的修订中,已经尝试通过对"公共利益"的概念进行界定,让政府从与土地有关的商业行为、商业利益中切割出来,并进一步明确政府应重在提供公共产品、维护民生利益的基本职能上。[②]

第二节 现行土地征收制度内容概述

概括起来,当前国家对农地征用和被征地农民补偿安置的主要依据包括:

[①] 黄子懿.陈锡文:征地改革为什么难推?[EB/OL].财新网,2017-03-20.
[②] 徐莺.《房屋征收与补偿条例》的民主行政趋向[J].传承(学术理论版),2011(9):84-87.

2004年的《中华人民共和国宪法修正案》、1998年的《中华人民共和国土地管理法》、1995年的《中华人民共和国城市房地产管理法》、2004年的《关于完善征地补偿安置制度的指导意见》(国土资发〔2004〕238号)、2006年的《国务院关于加强土地调控有关问题的通知》(国发〔2006〕31号) 等法律法规、实施条例和文件通知。①

一、土地征收的基本程序

《中华人民共和国土地管理法》对征地的程序做出了规定,即"一登记二公告"制度。地方政府落实的具体程序如下:①征收土地情况调查;②征地预公告;③调查结果确认;④组织听证;⑤拟定"一书三方案"或"一书四方案",报有批准权的人民政府批准;⑥公开征地批准事项;⑦征地补偿登记;⑧征地补偿、安置方案公告;⑨征地补偿、安置方案实施。② 本书重点分析征地风险评估与全程监管两项制度。

(一) 征地风险评估制度建设基本内容

在近年来有关征地程序的改革中,社会稳定风险评估制度建设引发关注。征地社会稳定风险评估制度是指对涉及土地征收或农用地转用的建设项目,在报批前对实施征地可能引发的矛盾纠纷及潜在风险进行综合分析与评估,以期在风险上能先期预测、先期研判、先期介入、先期化解,切实解决征地矛盾,从源头上有效预防和减少因征地引发的社会矛盾及不稳定因素,切实维护社会和谐稳定的制度。2010年5月,国务院办公厅出台《关于进一步严格征地拆迁管理工作、切实维护群众合法权益的紧急通知》(国办发〔2010〕15号),要求征迁立项前必须进行征地社会稳定风险评估。自此,征地风险评估制度被正式纳入征地制度体系。2011年1月出台的《国有土地上房屋征收与补偿条例》第十二条规定:市、县级人民政府做出房屋征收决定前,应当按照有关规定进行社会稳定风险评估。该条例的颁布进一步规范了征地社会稳定风险评估的开展③。

此后,各地陆续开始探索建立征地社会风险评估制度,全国大部分省市已

---

① 杨一帆. 失地农民的征地补偿与社会保障——兼论构建复合型的失地农民社会保障制度 [J]. 财经科学, 2008 (4): 115-124.
② 贾广葆. 土地征收与征用的分析界定 [J]. 上海房地, 2017 (02): 37-40.
③ 丁宁, 金晓斌, 李珍贵, 等. 征地社会稳定风险评估规范化研究 [J]. 中国土地科学, 2013 (1): 20-25.

初步形成了具有操作可行性的征地风险评估机制，就评估主体、评估内容、评估程序等已形成相对明晰的实施方案，同时将其纳入农用地转用与建设用地报批程序，取得了一定的积极成效。在实际操作中，大多以地方土地管理部门为责任主体，评估内容包括征地的合法性、征地的合理性和实施征地的前提条件、矛盾冲突与潜在风险，以及社会稳定风险防范对策和预案措施。各地的评估程序与方法并不完全一致，但基本步骤是：（1）资料收集；（2）风险点调查，广泛征求社会各界特别是利益群体的意见，进行走访、座谈，识别征地风险点；（3）组织评估；（4）制定工作预案。评估方法以听取群众意见为主，采取走访、座谈和问卷调查等形式，部分地区也采取专家咨询方式。[①]

以四川为例，四川省重大工程项目稳定风险评估工作的启动始于2005年[②]，并在执行过程中得到不断的优化和完善。四川的探索经验得到中央层面的肯定，2007年5月，中央维护稳定工作领导小组发文向全国推广四川省特别是遂宁市开展征地风险评估工作的做法；2010年，四川省出台《四川省社会稳定风险评估暂行办法》（四川省人民政府令第246号），这是全国第一个社会稳定风险评估地方性政府规章；2013年，四川省出台《四川省大中型水利水电工程建设征地补偿和移民安置社会稳定风险评估办法（试行）》；2016年，四川省施行《四川省社会稳定风险评估办法》（四川省人民政府令第313号），该办法在2010年的基础上进一步完善了评估范围，将"大中型水利水电工程涉及编制建设征地移民安置规划大纲、编制移民安置规划及方案调整，组织开展蓄水验收，以及涉及人数多、关系移民群众切身利益的情况""涉及行政区划重大调整"等明确为应当开展社会稳定风险评估的重大行政决策。《四川省社会稳定风险评估办法》规定，地方各级人民政府领导和管理本行政区域内的社会稳定风险评估工作，相关决策主体、评估主体、实施主体负责具体组织实施。评估主体负责

---

① 丁宁，金晓斌，李珍贵，等. 征地社会稳定风险评估规范化研究［J］. 中国土地科学，2013（1）：20-25.

② 2005年初，遂宁、德阳、攀枝花、广元、泸州、宜宾等地开始探索对重大工程项目进行社会稳定风险评估的工作。遂宁市率先建立了重大工程建设项目风险预测评估制度，在实施事关民生的重大项目或重大决策前，对其合法性、合理性、补偿安置情况、环境影响、社会治安等进行风险评估，并明确提出，凡是新建工程中未经稳定风险评估的不得盲目开工，凡是被评估出严重隐患但未得到妥善处理的不得擅自开工。2005年7月，四川省委维稳办在遂宁市召开全省建立重大工程项目稳定风险预测评估制度座谈会，总结和推广遂宁的做法，明确要求将"风险评估"作为定政策、做决策、上项目、搞改革的前置程序和必备条件，把社会稳定风险评估工作向各个领域推进，健全、规范评估流程和责任制度。

组织相关部门或者专家开展社会稳定风险评估，也可以委托给中介组织，并对社会稳定风险评估报告进行审查。决策主体根据评估报告，按照法定程序，对重大行政决策做出实施、暂缓实施、不实施的决定。

2005—2016年，四川省累计开展社会稳定风险评估22544件，仅2016年就有上百个项目因未能通过评估而被暂缓实施，超过60个项目被确定为不实施。例如，2012年凉山州雷波县新城规划方案中"三号公墓需整体搬迁"未能通过社会稳定风险评估，被认为存在搬迁补偿、墓主及群众支持、利益诉求、社会治安等六大问题，雷波县因此做出不搬迁决定；2016年6月，遂宁市大英县某上亿元投资项目未能通过社会稳定风险评估，其风险预警等级被评为一级，项目被要求重新规划建设；2016年7月，雅安市荥经县牛背山旅游开发项目进入实地建设阶段，经过社会稳定风险评估，山顶经营多年的非法搭建帐篷被集中拆除等。①

（二）全程监管制度

从2003年起，国土资源部（现自然资源部）就在全国范围内建立了土地市场动态监测制度，实现了对土地供应环节的动态监测，并开通中国土地市场网，搭建社会监督平台；2008年，国务院下发《国务院关于促进节约集约用地的通知》（国发〔2008〕3号），随后，国土资源部根据建设用地管理现状中存在的重审批、轻监管现象下发《国土资源部关于加强建设用地动态监督管理的通知》（国土资发〔2008〕192号），加快建设建设用地"批、供、用、补、查"综合监管平台，建立合同网上填报系统，向社会公开合同约定的开工、竣工时限，督促土地利用主体按照合同约定进行开发建设。2012年以后，国土资源部通过试点先行，在全国范围内初步建立了土地利用动态巡查制度，动态公开大企业、大地块的开发利用情况，进一步提高了对供后开发利用行为的监管力度，突出了对闲置土地的调查、认定和处置。2014年，国土资源部在《节约集约利用土地规定》的基础上印发《国土资源部关于推进土地节约集约利用的指导意见》（国土资发〔2014〕119号），明确提出要"加强建设用地的全程监管"工作，并将其作为促进节约集约用地的重要手段。②

国土管理部门在建设用地监管工作上已经取得了比较明显的成效，通过土

---

① 《四川省社会稳定风险评估办法》出台行政区划重大调整应进行评估［N］.四川日报，2016-08-30（2）.

② 卢静，王忠.加强建设用地全程监管推动土地节约集约利用——《国土资源部关于推进土地节约集约利用的指导意见》解读之七［EB/OL］.阜阳市人民政府网，2014-11-06.

地市场动态监测监管,掌握了全国土地供应的总量、结构、价格、节奏等情况,以及全国建设用地批而未征、征而未供、供而未用的基本情况,能及时向社会发布已供土地的开发利用信息,建立健全了开发利用环节的社会监督机制。根据2016年度全国国土变更调查结果:2016年全国批而未用的土地面积为177.3万亩(1亩≈666.7平方米),较2015年减少64.3万亩,为第二次全国土地调查以来最低;在全国批准建设用地450.1万亩中,实际建设面积为272.8万亩,批准用地使用率为60.6%,较2015年增加8%,这也从侧面说明各地在落实建设用地总量和强度"双控"目标,推进批而未用土地的利用,积极盘活存量批准建设用地,节约集约用地成效明显。①

在地方实践层面,以成都为例,2005年开始,由成都市国土资源局(现成都市规划和自然资源局)开始负责批后监管工作。2006年,成都市在中心城区建立起征地补偿安置工作方案审查及进度资金审查制度,由市征地中心对中心城区,尤其是对市级储备土地的征地批后实施项目的方案编制、资金使用、拆迁进度等进行全面监管。2011年,市征地中心开始对全市拟出让国有经营性建设用地补偿安置和权属来源等情况进行审查,以保障所有上市土地的合法性,这也是对征地批后实施监管体系的补充和完善。

目前,成都市已初步建立起"项目启动—线上备案—过程监管—供地审查—项目总结"的全过程监管机制。(1)集体土地征收项目获得批准后需要在规定时限内完成"两公告一登记"、对被征地集体经济组织及其成员的补偿与安置、土地的平整打围等工作。(2)方案审查。征地项目获批后,其补偿安置工作方案分别由各级征地中心审查,并与业主方、实施方达成三方协议。(3)线上备案。实施方除需要将项目基本情况上报,还需每月上报项目实际进度;项目结束后,要申报完结审查。另外,备案系统开发了廉政预警功能。(4)现场督察。成都市征地中心按月组织现场督察,同时备案系统也会生成预警并通过廉政风险防控平台直接通知所在区(市)县限期整改。(5)出让土地审查。成都市从2011年1月1日起,凡纳入市土地交易市场统一出让的国有建设用地(含中心城区拟出让经营性用地及工业用地、二三圈层经营性用地)在土地出让前,需对拟出让土地权属情况及补偿安置到位情况进行全面审查,同时进行现场踏勘,凡相关补偿费用没有及时足额兑付到位、安置不到位的一律不得进入

---

① 叶开.国土部发声土地集约利用去年土地批而未用177万亩[EB/OL].新浪财经,2017-09-05.

土地出让程序。

通过不断的探索和实践，成都市的征地监管取得了实际成效，规范了征地行为，全市21个区（市）县各项补偿安置费用及时足额到位，并按照"应保尽保"的要求为被征地群众完善社保手续，政策落实到位，通过开展权属来源、补偿安置到位情况等审查，规范了土地出让行为。自征地批后监管体系建立以来，凡履行了拟出让前置审查出让的土地，无一例因权属问题引发纠纷，无一例因征地补偿安置不到位引发信访问题。①

二、补偿标准与分配方式

征收土地的补偿费一般包括土地补偿费、安置补助费、青苗补偿费、地上附着物补偿费及房屋建筑等，其中，土地补偿费占较大的比例。关于土地补偿，年产值倍数法曾经在较长一个时期内得到非常普遍的运用，但是随着征地制度改革的推行，统一年产值标准与区片综合地价标准在实践中逐渐得到更多的认可与采用。其中，统一年产值标准与年产值倍数法在过渡衔接上相对比较容易，适用面相对更广；区片综合地价标准则更适用于大中城市建设用地的价格评估。也可以根据实际情况采用农用地价格因素修正法、征地案例比较法和年产值倍数法等进行测算。

根据有关法律法规要求，征收土地的各项费用应当自征地补偿安置方案批准之日起3个月内全额支付给被征收土地的农村集体组织或农民个人；建立对被征地农民发放土地补偿费、安置补助费以及地上附着物和青苗补偿费的公示制度，改革对被征地农民征地补偿费的发放方式，减少中间环节，防止被截留、挤占和挪用，切实保障被征地农民的利益。被征地农民参加有关社会保障所需的个人缴费，可以从其所得的土地补偿费、安置补助费中直接扣除缴纳。地方人民政府可以从土地出让收入中安排一部分资金用于补助被征地农民的社会保障支出，逐步建立被征地农民生活保障的长效机制。

至于征地补偿的分配，其中土地补偿费主要用于被征地农户，在农村集体经济组织内部合理分配，具体分配办法按照省级人民政府的有关规定执行。安置补助费必须专款专用。在需要安置的人员中，由农村集体经济组织安置的，安置补助费支付给农村集体经济组织；由其他单位安置的，安置补助费支付给

---

① 杨珍惠，佘明勇. 加强征地批后监管的探索与思考——以成都的实践为例[J]. 中国土地，2016（9）：20-22.

安置单位；不需要统一安置而要求自主择业的，安置补助费发放给被安置人员个人或者征得被安置人员同意后用于支付被安置人员的保险费用。青苗补偿费及地上附着物补偿费归青苗及地上附着物的所有者所有。[1]

在社会保障费用这一块，由各地按照统筹城乡就业和社会保障制度建设的要求合理确定被征地农民的社会保障水平，要求被征地农民的基本生活和养老保障水平应不低于当地最低生活保障标准。中央政策专门就被征地农民的社会保障费用、就业培训和社会保障工作等问题出台了若干文件并做出了具体要求[2]，各省市也都对辖区内被征地农民的社会保障工作做了规定。

从有关法律可以看出，征地被视为国家的一种行政行为而不是土地买卖，原土地与出让土地的地价差异是由国家投资所形成的，这项收益被认为应归国家所有，国家对农民的补偿支付费用是按原用途计算，不能根据土地使用权的出让价格制定征地补偿标准，只能保证被征地农民的生活水平不因征地而降低。

至于农民房屋的补偿问题，国有土地上房屋征收与补偿的主要依据为《国有土地上房屋征收与补偿条例》和《国有土地上房屋征收评估办法》，但是并没有与之对应的集体土地上房屋征收与补偿条例或者征收评估办法。在地方实践上，各地方政府都出台了具体实施意见或者细则、办法等，补偿方式主要是货币补偿和产权调换。但是在补偿标准上，农村集体土地上的拆迁并不参考周边房屋市场价格，而是参照房屋重置价格，且即使评估也是评估房屋重置价格，集体土地上的房屋拆迁补偿标准相对来讲较低。

三、被征地农民安置方式

目前，对被征收土地所在村、组农民的安置主要包括货币安置、保障安置、农业生产安置、重新择业安置、入股分红安置、异地移民安置等方式。其中，货币安置和保障安置为最常用的安置方式。概言之，货币安置，即以货币形式支付全部的土地补偿、安置补助等各项费用，不再另外安排经费解决居住、就业、养老等项目，能自行解决就业问题的农民尤其是中青年农民对此有相对较

---

[1] 贾广葆. 土地征收与征用的分析界定［J］. 上海房地，2017（02）：37-40.
[2] 比较重要的文件包括：《国务院关于深化改革严格土地管理的决定》（国发〔2004〕28号）、《国务院办公厅转发劳动保障部关于做好被征地农民就业培训和社会保障工作指导意见的通知》（国办发〔2006〕29号）、《国务院关于加强土地调控有关问题的通知》（国发〔2006〕31号）及《关于切实做好被征地农民社会保障工作有关问题的通知》（劳社部发〔2007〕14号）等。

高的接受度；保障安置，即将部分补偿费用的支付改为提供基本类型的社会保障（一般包括养老保险、最低生活保障与医疗保险），为被征地农民单设社会保障体系或者将其并入城镇社会保障体系；农业生产安置，即通过各种渠道，让被征地农民在当地或邻近区域重新获得耕地并继续从事农业生产；就业安置，即以提供相对稳定的就业岗位为主要的补偿方式，也包括各类就业指导或者培训服务，这一类安置方式自计划经济时代至改革开放初期曾经得到相对多的采用，但随着市场经济体制改革的深入，以直接提供就业岗位进行安置的方式已经相对少见；入股分红方式，以集体名义将属于个人的补偿费用（一定比例）归入集体资产并进行项目开发或者产业运作，农民以股份为依据领取分红收益，变一次性支付为长期支付；至于异地移民安置，主要出现在大型水利水电工程征地中，国家对此有专项法律法规[1]，此处不予讨论。

第三节 当代西方国家征地制度比较

一、西方主要发达国家征地制度简介

美国的土地制度为非常典型的私有制，政府机构若要行使征地权，必须是为公共目的并进行公正合理的补偿后才能实现。"合理补偿"的依据来自市场价格，其构成不仅必须体现土地财产的当前价值，而且必须涵盖可预期的未来价值（折现）；由于土地征收行为会产生外部性，因此补偿对象不仅限于土地所有权人，也会包括受到征地行为影响的相邻地块的所有权人，需要对他们因此遭受的外部性损失进行补偿。[2] 美国是一个司法实践非常成熟、高度讲求法治的国家，征地行为同样在其宪法中有明确的规定[3]，只有在按照全部程序后仍然无法

---

[1] 2006年7月，国务院颁发的《大中型水利水电工程建设征地补偿和移民安置条例》（国务院令第471号）对此有专门规定。另外，对于公路、铁路等其他国家重点工程建设的征地补偿安置，国家有专门补偿安置办法的从其规定。

[2] 陈和午.土地征用补偿制度的国际比较及借鉴[J].世界农业，2004（8）：13-15.

[3] 美国的宪法规定其程序是：具有资格的正式审核员审查；审核员在征得土地所有者同意后，实地调查、汇总，提交审核报告给负责征地的机构；高级监督员进一步研究能否同意审核员提交报告中的补偿价格；征地机构向土地所有者或与之有利益关系的人报价，若产权方与政府机关之间在价格上有分歧，则进行谈判；在此之后，若在补偿费用上仍不能达成一致，政府及有关机关则实施强制征地。

达成协议的情况下，才有可能实施强制性征地。

　　日本约有 2/3 左右的土地属于私有，属于公有的土地主要包括森林、草地与原野等，主要起到保护自然与调节生态的功能，且很少用于建设。用于公共事业的土地主要依靠征地获得，针对不同类型、比较重要的公用事业，日本还有比较详细的专项法规。① 在补偿标准上，日本采用"相当补偿"原则，但大多数情况下对于土地补偿最终执行的是"完全补偿"，包括征用损失补偿、通损赔偿、少数残存者赔偿、离职者赔偿及事业损失赔偿五个主要部分②，涵盖了经济与生活两个主要方面。补偿费用基本来源于两个方面：政府税收和利用征地兴建公用事业的收益。

　　在德国，不仅公法人或者事业机构可以进行土地征收，私法人在获得国家机构批准后也可以进行土地征收。但是，动用征地权需非常谨慎，只有在市场协商未能达成一致的情况下才可考虑采用；一旦动用，对于补偿必须做到公平合理。补偿价格由官方予以公布，补偿范围包括土地自身的市场价值、土地的营业损失及地上附着物等，补偿方式包括现金补偿、代偿地补偿及代偿权利补偿等多种方式。

　　加拿大的多数土地同样属于私有，征地范围同样被限制在非常严格的公益范围之内，包括基础设施、公共福利设施及涉及自然保护或历史保存等项目；征地补偿的范围，除了土地的市价，也包括因此造成的各类外部性损失及安置等项目③。

---

① 杨玲，晏群. 国外土地征用制度比较及借鉴［N］. 中国房地产报，2003-07-11.
② 征用损失补偿，按被征用财产正常的市场价格计价赔偿。通损赔偿，对权利人因征地而可能受到的附带性损失进行补偿，包括对征用土地上的建筑物、设备、树木等固定在土地上的物体的搬迁费用的补偿，以及对搬迁建筑物时发生的其他费用损失和动产等搬迁费用的赔偿。另外，对被征用者在收益上所受的损失也赔偿，包括歇业赔偿、停业赔偿、营业规模缩小赔偿以及农业赔偿和渔业赔偿。少数残存者赔偿，对因征地使得人们离开生活共同体而造成的损失的赔偿。离职者赔偿，对土地权利人的雇佣人员因土地被征用而失业时发生的损失赔偿。事业损失赔偿，对公共事业完成后造成的噪声、废气、水污染等问题的赔偿。
③ 具体有以下四部分：被征用部分的补偿，依据土地的最高和最佳用途，根据当时的市场价格补偿；有害或不良影响补偿（如严重损害或价值消失），主要针对被征用地块剩余的非征地，因建设或公共工作对剩余部分造成的损害，可能还包括对个人或经营损失及其他相关损失的补偿。这种补偿不仅包括被征地，还包括受征地影响的相邻地区的非征地；干扰损失补偿，被征地所有者或承租人的不动产全部或基本被征用后，因混乱而造成的成本或开支补偿；重新安置的困难补偿。参见陈和午. 土地征用补偿制度的国际比较及借鉴［J］. 世界农业，2004（8）：13-15.

英国有关征地补偿的法律法规非常详细，补偿以市价为基础、以相等为原则，补偿的范围也比较广。① 需要指出的是，征地行为往往会因土地用途变更而造成地价上涨，上涨部分是否需要予以补偿？因为从通知到取得这段时期，地价通常会上涨。英国的原则是补偿不包括上涨部分，但可以考虑某些合理部分，这在操作上的一个关键问题是如何确立估计日期，可由双方协商决定，如果协商不成，则由法庭的听证日期决定。②

二、国外征地补偿制度的分析与借鉴

（一）国外征地补偿制度的共性

前文所述各国均为市场经济发育成熟、法律法治环境较好的土地私有制国家，从这些国家有关征地补偿制度的共性看，征地均被视为一种唯有政府才能行使的特定权力，被征土地只能用于公共目的，政府对征地予以补偿。③ 在具体的程序上，各国之间不尽一致，但有若干基本环节是必备的，包括：被征地所有权主体（以及因征地行为而受到影响的相关利益体主体）提出补偿申请；主管机构（征地机构）进行调查评估，并进行协商；达成协议、支付补偿，或者在未能达成协议的情况下交由法定机构进行裁决。

在具体的补偿方式方面，虽然某些国家（如日本）有比较多样化的补偿方式，但多数国家一般采取货币补偿方式。因为西方国家整体而言其社会保障体系比较完善，所以被征地的所有权人一般都会接受一次性现金支付的方式；而且上述西方国家已经步入城市化与工业化的高度发展阶段，极少存在因征地而导致的农民群体性问题。

在赔偿标准方面，由于市场机制比较完善，土地及相关资产能较为充分地反映供求关系的市场价格，以市场价格为参考标准基本上是共识；争议主要产生在选择什么样的时间点上的市场价格，以及究竟选择当前市价、预期市价还

---

① 英国征地补偿的范围和标准包括五个方面内容。一是土地（包括建筑物）的补偿。以公开市价给予补偿，并不得因征用而给予被征用人救济或其他优惠。二是残余地的分割或损害补偿。对由于征地而造成的市场价格的贬值给予补偿。三是租赁权损失补偿。补偿契约未到期的价值及因征用而引起的损害。四是迁移费、经营损失等干扰的补偿。五是其他必要费用支出的补偿。（如律师或专家的代理费用、权利维护费等）。参见陈和午. 土地征用补偿制度的国际比较及借鉴 [J]. 世界农业，2004（8）：13-15.
② 宋国明. 境外土地征用赔偿制度概览 [J]. 国土资源，2003（12）：30-32.
③ 商春荣. 土地征用制度的国际比较与我国土地资源的保护 [J]. 农业经济问题，1998，19（5）：25-29.

是往期市价。不同国家对此会有不同标准，多数国家认可的是当前市价，但如果处理预期溢价则有不同做法，个别国家也会采用往期价格作为标准。

至于支付时间，一般都会要求必须在所有者完成权利转移之前进行支付（如果延后则需要支付利息），否则将受到处罚甚至导致征地行为失去法律效力；至于征地协商过程中产生的各种纠纷，多数国家规定由民事法庭予以裁决。

（二）国外征地补偿制度的借鉴

虽然在基本社会制度及市场体制等方面存在差异，而且法律体系也不尽一致，但这些国家经过多年的行政与司法实践，已经在征地领域积累了很多经验，值得仍然处在改革探索进程中的中国予以借鉴。第一，征地主要由政府采用强制性公权力进行，其范围必须受到非常严格的规范界定，即限于公共利益（或公共目的）是公认的唯一合法前提，否则不能动用征地权。第二，虽然补偿的标准和范围在不同国家不尽一致，但一个基本原则是"合理"，而判断"合理"与否的基准是市场价格，无论最后的征地价格是由政府官方公布还是由第三方专业机构评估后公布，都需基于市场机制基本原则。从范围看，土地资产及附着物的价值补偿是补偿中最基本和最主要的部分，但是多数国家都会考虑征地产生的外部性，并将利益相关群体也纳入补偿的主体对象。至于补偿方式，发达国家多采取现金支付方式，但也不排除多样化的补偿方式。第三，征地作为一项行政行为，必须置于严格的程序流程之中，完备的法律规范是基本前提，有法可依、有法必依是基本要求，坚决避免行政不作为或胡作为对所有权人的利益损害，虽然征地是政府强制行为，但也应有平等的协商过程，出现争议时应由法院予以裁决，杜绝行政机构"既是运动员又是裁判员"的情况出现。[①]

---

① 李淑梅. 失地农民社会保障制度研究［M］. 北京：中国经济出版社，2007：66-88.

第二章

征地制度研究的理论分析

第一节　国内外相关理论研究概述

一、国外相关理论研究概述

（一）有关征地补偿的基础理论

在当代市场经济国家中，征地是一种普遍存在的政府行为，虽然各国具体的操作方式不尽一致，但是其基本理念或原则具有共性，探讨其背后的理论依据，有助于在改革中进一步厘清基本思路。

马克思之前的古典学者，包括亚当·斯密和大卫·李嘉图等，都对地租有过深入研究。马克思在历史的视野中考察了地租的基本概念与形式：地租由生产者创造而被土地所有者占有，是土地所有者实现其所有权的经济形式。地租并不是纯粹的超越社会形态的自然概念，它反映着特定的生产关系，在不同的社会形态下，会因土地所有权性质的不同而表现出不同特点。马克思还具体考察了资本主义条件下的地租形态，包括绝对地租与相对地租等。他认为，在存在土地所有权的前提下，所有权与使用权一旦发生分离，土地所有者就会要求土地使用者缴纳地租；在土地自身存在如位置或者肥沃程度差异的前提下，地租也会有级差差异存在。依此观点，虽然中国的土地是国有或者集体所有，但使用权与所有权的分离是客观存在的，不同土地类型之间在产出方面的差异也是客观存在的，马克思的地租理论对此有很强的指导意义。至于地价，马克思将之定义为土地所有权的价格，其构成包括两个最基本的部分：自然土地的部分和土地中由人类劳动凝结形成的部分。土地价格是在特定区域内由市场供求关系形成的。① 西方经济学的不同学派对于地租或者地价的观点不尽相同，比较具有代表性的主流观点是：地价是地租的资本化，或是土地收益的市场化；地租是总收益与总成本之间的余额。

地价是征地补偿的重要基础。对于征地补偿的依据，在理论上有多种观点，概括起来，有既得权说②、恩惠说③、公用征收说④、社会职务说⑤及特别牺牲说⑥等，但既得权说、恩惠说观点陈旧落后，基本上已被现代国家摒弃；较之而言，公用征收说、社会职务说或特别牺牲说各有其可取之处，均在一定程度上支持了当代国家的土地征收与补偿行为。⑦ 关于补偿的原则，则有完全补偿⑧、

---

① 廖小军. 中国失地农民研究 [M]. 北京：社会科学文献出版社，2005：5-11.
② 基本观点：人们的既得权是合法取得的，应该得到绝对的保障，即便是为公共利益的需要，使其遭受经济上的特别损失，也应当基于公平的原则给予补偿。参见陈泉生. 论土地征用之补偿 [J]. 法律科学：西北政法学院学报，1994 (15)：56-61.
③ 基本观点：强调国家统治权与团体利益的优越性，主张绝对的国家权力、法律万能和公益至上。因此，个人没有与国家相对抗的理由，甚至完全否认国家对私人有提供损失补偿的必要。国家侵害个人权利给予补偿，那完全是出于国家的恩惠。参见陈泉生. 论土地征用之补偿 [J]. 法律科学：西北政法学院学报，1994 (15)：56-61.
④ 基本观点：国家法律固然有保障个人财产的一面，但也有授予国家征收私人财产权利的另一面，对于因公共利益的需要而做的合法征用，国家可以不承担法律责任，但是仍然应给予个人相当的补偿，以求公平合理。参见陈泉生. 论土地征用之补偿 [J]. 法律科学：西北政法学院学报，1994 (15)：56-61.
⑤ 基本观点：摒弃了权利天赋观念，认为国家为了使个人尽其社会一分子的责任，首先应承认个人的权利，这是实现社会职务的手段。因为权利的本质具有义务性，公民的财产被征用后，只有国家酌量给予补偿，才能使其社会职务得以履行。参见陈泉生. 论土地征用之补偿 [J]. 法律科学：西北政法学院学报，1994 (15)：56-61.
⑥ 基本观点：基于法的公平正义的观念，认为国家的合法征地行为对公民权益所造成的损失，与国家课以公民一般的负担（如纳税及服兵役）不同，它是使无义务的特定人对国家所做的特别牺牲，这种特别牺牲应当由全体公民共同分担并给予补偿，这样才符合公平正义的精神。参见陈泉生. 论土地征用之补偿 [J]. 法律科学：西北政法学院学报，1994 (15)：56-61.
⑦ 陈泉生. 论土地征用之补偿 [J]. 法律科学：西北政法学院学报，1994 (5)：56-61.
⑧ 该原则从"所有权神圣不可侵犯"的概念出发，认为损失补偿的目的在于实现平等，而征地是对法律面前人人平等原则的破坏，为矫正这一不平等的财产权侵害，自然应当给予完全的补偿。参见陈婴虹. 土地征用制度的国际比较 [J]. 资料通讯，2004 (4)：13-16.

不完全补偿①或相当补偿②等不同主张，但从世界各国尤其是当代发达国家的发展情况看，普遍的趋势是从不完全补偿逐渐发展到相当补偿，补偿的客体范围与主体对象都有逐渐扩大的趋势。

（二）有关社会保障的基础理论

源于19世纪英国和19世纪末德国的社会保障制度，经历了第二次世界大战后西方世界经济高速增长阶段，已经成为当代国家保障国民基本福利的必备条件之一，其基本类型可以被概括为救助型③、保障型④、福利型⑤及自助

---

① 该原则从强调"所有权的社会义务性"观念出发，认为财产权因负有社会义务而不具有绝对性，可以基于公共利益的需要而依法加以限制。但征地是对财产权的剥夺，它已超越财产权限制的范围，因此基于公共利益的需要，可例外地依法准许对财产权的剥夺，但应给予合理的补偿，否则财产权的保障将成为一纸空文。参见陈婴虹. 土地征用制度的国际比较 [J]. 资料通讯，2004（4）：13-16.

② 该原则认为，由于"特别牺牲"的标准是相对的、活动的，因此对于征地补偿应分情况采用完全补偿原则或不完全补偿原则。在多数场合下，本着对财产权的保证和平等原则，就特别财产的征用侵害，应给予完全补偿；但在特殊情况下，如空地、荒地等，可以准许给予不完全补偿。相当补偿原则是目前多数国家采用的征地补偿原则。参见陈婴虹. 土地征用制度的国际比较 [J]. 资料通讯，2004（4）：13-16.

③ 国家通过建立健全社会保障的有关规章制度，保证每个社会成员在遇到各种事故时，能得到救助而不至于陷入贫困。对于已经处于贫困境遇的人们，则给予社会保障津贴，以维持其基本生活。救助型社会保障制度是工业化开始前后所实行的单项或多项救助制度，属于起步阶段的社会保障制度。参见余红，何玉长. 社会保障制度的三种模式及其启示 [J]. 江西社会科学，1996（8）：68-71.

④ 国家为公民提供一系列基本生活保障，使公民在失业、年老、伤残及因婚姻关系、生育或死亡而需要特别支出的情况下，得到经济补偿和保障。它起源于德国，随后为西欧、美国、日本所仿效，以美国最具有代表性：政府立法，作为实施依据；覆盖面广，几乎包含社会全体成员；项目比较多，在一定程度上解决了人们的后顾之忧；资金来源多元化；强制与自愿参与相结合。参见余红，何玉长. 社会保障制度的三种模式及其启示 [J]. 江西社会科学，1996（8）：68-71.

⑤ 社会保障制度是在经济比较发达、整个社会物质生活水平提高的情况下实行的一种比较全面的保障形式，由英国初创，接着在北欧各国流行，现在以瑞典最具有代表性：依法实施社会保障政策，并设有多层次的社会保障法院负责监督执行；强调福利的普遍性和人道主义、人权观念，服务对象为社会全体成员；个人不缴纳或低标准缴纳社会保障费，福利开支基本上由企业和政府负担；保障项目全。但是，高福利也带来一定的负效应。参见余红，何玉长. 社会保障制度的三种模式及其启示 [J]. 江西社会科学，1996（8）：68-71.

型①等。

马克思曾经研究过资本主义国家的社会保障制度,他认为社会保障基金是剩余价值的一种扣除。"一部分剩余价值,作为总利润的一部分,必须形成一个生产保险基金。这个保险基金是由一部分剩余劳动创造出来的。"② 马克思还指出,社会主义社会仍然需要社会保障,同样要从剩余劳动中积累保障基金。

马克思有关社会保障的研究并不系统。第一个在理论上系统阐释了社会保障理论的学派当属德国历史学派,但历史学派在西方经济学中并非主流学派;新古典学派创始人马歇尔的论述涉及社会福利问题,但这并不是其学术思想中的重要问题;庇古开创了福利经济学,提供了一个研究社会保障问题的比较完整的理论框架,其后的凯恩斯主义也在一定程度上为社会保障制度提供了理论基础。1941年的《贝弗里奇报告》促进了社会福利制度从理论研究向政策实践转变;第二次世界大战之后兴起的新剑桥学派、货币学派及供给学派等,就社会保障问题有各自的理论阐述,比较具有代表性的是社会保障的消费理论(恒常所得假说、储蓄生命周期假说)、社会保障的风险理论及社会保障的宏观理论等。③ 不同学派对于社会保障体系有各自侧重的主张,如新剑桥学派强调分配失调问题,指出社会保障体系是解决国民收入分配失衡,进而解决资本主义社会问题的工具之一;供给学派更强调市场竞争的作用而反对凯恩斯主义有关社会保障的某些政策,主张更加严格的社会保障政策等。

二、国内相关理论研究概述

(一) 关于征地用途与补偿的基本理论观点

虽然目前相关的法律法规已经明确征地行为的公共利益目的,但就学术研究而言,国内也曾经有学者认为征地补偿不应因公共利益或者非公共利益的区别而对补偿标准区别对待。换言之,这种观点并不认为征地仅限于公共利益目

---

① 以自助为主、以促进经济发展为目标的保障形式。其特征是政府不提供资助,除公共福利与文化设施外,费用由雇主和雇员负担。这种制度主要在新加坡、马来西亚、印度尼西亚等国施行。参见任保平. 当代西方社会保障经济理论的演变及其评析 [J]. 陕西师范大学学报(哲学社会科学版), 2001 (2): 47-53.
② 中共中央马克思恩格斯列宁斯大林著作编译局. 马克思恩格斯全集: 第24卷 [M]. 北京: 人民出版社, 1974: 404.
③ 耿忠平. 社会保障学导论 [M]. 上海: 同济大学出版社, 2003: 30.

的①；但经过实践发展与理论讨论，目前主流的观点都主张征地必须严格限于公共利益目的，唯此目的才能满足征地行为的合法性要求。征地补偿的范围与标准问题一直受到研究者的高度关注。在补偿范围上，学者们指出既有补偿维度主要关注农地的农业产出价值，忽视了对非农发展及非生产性功能的价值补偿，农民并未得到所失去土地全部价值的对应补偿，是一种"不完全补偿"；但也有观点指出，过高的补偿标准实际上会对全体纳税人造成负担，难以持续，并不可取。② 在有关争议中，"涨价是否归公"曾经引发热议：主张者强调溢价来源的社会性，以此论证低于市价补偿的合理性；质疑者则强调农民做出的特别牺牲，并指出国内缺乏所有权交易市场，导致征地标准缺乏可比较性。补偿制度改革的基本取向应是进行完全补偿或相当补偿。

（二）对被征地农民社会保障问题的研究

研究者都认为，从应然的角度看，被征地农民一旦失去土地并在城镇就业或生活，其社会保障的基本内容就应与现有的城镇社会保障体系保持一致，包括最低生活保障、养老保障、医疗保障及就业保障等，因为这些内容既是当代社会保障制度的基本构成要件，也是中国当前社会保障体系已有的内容。但是，被征地农民的社会保障问题又具有比较明显的国情特征，一个基本的问题是：他们中多数人的收入与就业状况可能达不到进入当地城市保障体系的标准，而中国的农村社会又缺乏真正意义上的社会保障体系。为被征地农民群体建立一个专属的社会保障体系，需要解决的问题是最终如何与城镇社会保障体系实现衔接。

从各地的实践看，多数地方都会选择性地为被征地农民提供某种类型的社会保障（以养老保险和医疗保险为主），并独立运行，也有部分地区已经在尝试将被征地农民的社会保障体系与城镇社会保障体系进行衔接。学者们的研究多数集中在政策操作实务方面，尤其是在资金筹集与运行机制方面。关于资金来源，已经取得共识的意见是：取自土地补偿安置费及土地转用后的增值收益③；

---

① 王瑞雪. 城市化、工业化背景下的征地制度边际创新研究 [M]. 北京：中国大地出版社，2013.
② 贺雪峰. 地权的逻辑——中国农村土地制度向何处去 [M]. 北京：中国政法大学出版社，2010.
③ 杨盛海. 城市化进程中的失地农民问题探析 [J]. 长沙民政职业技术学院学报，2015, 12（4）：14-17.

由政府、土地开发的增值效益、农民各出一部分组成。① 不少学者给出了更为详细的方案。关于被征地农民社会保障基金的运行机制，比较具有代表性的观点主张收支两条线和财政专户管理，单独建账、专款专用②等。

(三) 关于征地制度改革的理论研究

征地制度改革的讨论由来已久，其中也曾出现过私有化的理论主张，但就对改革趋势的判断看，继续讨论这一思路并没有更多的实践意义。更为主流的观点是在维持集体所有制基本框架下，在城乡统筹的大方向下，对现行征地制度进行改革。各位学者的主张可以归纳为两点：1. 改革征地模式，严格限制征地范围，并允许集体建设用地入市，同地同权。温铁军、宋志红等学者都持此观点，指出中国农村土地政策绝不可走私有化道路，而应通过限制征地行为、完善集体所有权权能、发展土地市场等途径保障农民土地权益。2. 改革征地补偿标准与范围。不少研究的理论主张都在近年来的改革实践中得到了不同程度的体现。征地制度改革的关键问题是政府、集体和农民之间的土地权利分配。长期以来，地方政府在征地中的权利过大且很少受到监督与制约，集体的权利没有受到足够的尊重，而农民的利益也没有得到完全的保障。要改变征地制度，一个重要问题是如何减弱地方政府的"土地财政"动机，如赵燕菁曾就中国的"土地财政"问题进行了比较深入的研究，其《土地财政：历史、逻辑与抉择》一文曾引发学界热议，赞成者与反对者均各有议论，在此不再赘述。

第二节 现行征地制度的理论分析

一、土地价格问题分析

(一) 农村土地所有权价格的理论争论

征地行为导致土地的所有权发生改变，土地所有权改变与土地使用权改变对于当事人而言具有完全不同的意义，相应的价格也具有本质的差别：使用权的价格可以视为一定年限的租赁价格，虽然它是一个独立的价格，但是相比所有权价格，其具有依附性；所有权价格则是一次性的"卖断"价格。但是，有

---

① 马驰，张荣. 城市化进程与农民失地 [J]. 农村金融研究，2004 (1)：47-50.
② 陈信勇，蓝邓骏. 失地农民社会保障的制度建构 [J]. 中国软科学，2004 (3)：15-21.

关价格的讨论仅在"市场交易"中才能成立，而征地行为并不是一般所理解的"市场交易"行为。据此，有学者认为不宜采用"所有权价格"概念来讨论征地补偿问题。从我国的具体情况看，土地虽分为全民所有与集体所有两种基本类型，但均属公有，征收行为将集体所有转变为全民所有，依托公权力进行，并不是基于交易双方自愿意志，也不存在一般市场交易之后的如税收等问题，那么既无交易，何谈价格？

在现有制度下，征地补偿的各类名目均名为"费"，一般意义上可以将"费"理解为提供服务或产品而获得支付，属于广义的价格范畴。存此不论，仅以征地行为自身而言，它造成集体对土地所有权的永久性转移。自建立起集体所有制之后，很长一段时期内，国家征地行为并没有认真对待集体所有权的基本权利，即便在改革开放初期依然如此。随着工业化与城市化发展步伐加快，征地行为在全国范围内越来越频繁地发生，延续计划经济时代的低价少偿已不可行，虽然征地具有强制性，但是农民也以各种方式要求提高补偿标准，这样的过程虽然难以用"市场交易"进行理解，但也非常明确地昭示了一个事实：征地虽然具有强制性，但并非意味着仅基于单方面意志、仅借助超经济强制力量就可以完成，需要得到农民意志与行为的配合，国家机关强制力量的运用不能等同于"无偿调拨"，而为此支付相应费用也不能视为一种单方面的给予与被动接受的关系，这个过程事实上存在协商与沟通，如果政府制定的补偿标准缺乏一定的事实性基础，则不可能被集体或者农民接受，而这个事实性基础，只能来自农民对土地市场价格的预期，除此无他。

以征地行为是非市场交易行为而否认征地补偿应以所有权价格为基础的观点，否认了中国的经济体制运行已经以市场经济为基础的事实，也无助于征地制度改革的顺利推进。从实践中观察可知，近年来各地的征地补偿标准实际上都呈现出比较强的区域性特点，其上涨的趋势很难用标准内的产值变化等因素予以解释，而与区域内的土地使用权市场价格波动保持联动关系，在建设用地二级市场发展较快、价格涨幅明显的区域，征地的补偿标准也会呈走高趋势。而农民集体事实上是将征地补偿标准与使用权价格挂钩的，在实践中可能会表现出某些漫天要价现象，归根到底会认为征地行为既然是所有权的转让，就应获得所有权的价格补偿。在这种情况下，与其否认所有权价格对于制定补偿标准的基础性意义，导致在征地过程中政府与农民集体就补偿标准"拉大锯"，不如从基础上解决问题，科学合理地对集体土地所有权价格进行评估，以之作为补偿的基础性依据，保障农民集体的正当权益，助力政府征地行为的顺利开展。

（二）"征地难"的焦点与核心在于价格问题

"征地难"现象有多种表现，但其中最核心的问题都聚焦在补偿问题上，双方的认知存在巨大的差异：政府在很长一段时期都沿袭计划经济时代的惯性思维，单方面行政定价，只承认土地的农业产出价值；农民则将农村土地市场与城市土地市场直接联系起来，要求获得土地所有权转移的价格补偿。政府要实施征地，实际上需要在规定的标准之外以各种名目再支付若干费用，由于这些额外项目缺乏明确的依据，具有一定的弹性，于是就演变成农民集体尽力争取的谈判目标，对征地过程的顺利开展造成了各种困扰和阻挠。

从操作程序看，征地行为长期依靠行政手段推进，缺乏对经济手段的正确认识与运用，而且行政操作中又多存在程序上的问题，导致农民集体对征地的抵触情绪越来越大，尤其是面对城市化进程中地价快速上涨而征地补偿标准相对显著偏低的强烈对比，这种对比更容易造成农民心理上强烈的差距感，进而诱发各种矛盾。要解决该问题，须将征地补偿标准的理论基础定位在土地所有权价格之上，涵盖土地所有权价格的基本构成，使永久性失去土地所有权的农民的长远利益得到补偿与保障。

我国社会主义市场经济体制建设还处在继续改革并向前推进的阶段，市场体系本身还有不完善的地方。在价格领域，生产要素价格改革相对生活资料价格改革滞后，而在城乡要素之间价格体系的差异更为明显。若以理论推论而言，抛开城市土地市场的影响不计，随着我国城市人口不断增加而农地面积逐渐减少，则农产品市场供求关系趋紧应导致农产品价格呈上升趋势，相应的农地产出价值上升且所有权价格也上升。但实际情况是，在较长的时期内，农产品价格呈现比较明显的黏性，致使土地所有权价格未能及时反映出土地市场供求的真实信息；偏低的征地成本诱发了对土地的过度需求，以价格机制调节资源配置的功能在土地市场上并没有得到有效发挥。

（三）溢价归属的理论争论

土地溢价的分配，在各市场经济发达国家并不是一个容易引发争议的问题，究其原因在于，这些国家的土地所有制基本为私有制，受到法律的保护。虽然法律也规定国家为了公共利益可以征收私人土地，但必须依据市场价值给予相应补偿，而且补偿部分不仅包括土地资产自身的价值，还包括外延不等的若干"外部性"项目，基于这一原则，补偿比较充分地反映了土地的市场价值，没有明显的溢价问题值得讨论。

中国的国情与上述国家有所不同。征地行为发生之后，在所有权上出现由集体所有向全民所有的转变，在用地性质上出现由农业用地向非农业用地的转变，这个过程中出现的增值部分，究竟属于农民集体还是属于城市政府？

学者们对此问题早有研究，在资本主义条件下，"归私"被认为是符合逻辑的推论。但是，也有理论观点从溢价的来源角度指出增值部分多来自正的外部性，既然如此，就应归全社会；如果归私，就意味着土地所有制是对全社会的剥削。约翰·穆勒、H.乔治等就此观点进行过研究，并影响了后世。这一观点在国内也曾经得到过非常广泛的引用。需要指出的是，西方学者提出这一论点有其特定的时代背景，即代表产业资产阶级否定土地所有者依靠土地所有权所得的利益，此处的"私"是特定时代背景下的特定对象，而不是泛指。据此，虽然他们主张"归公"，但是在此背景下所谓"溢价归公"也并非真是社会主义公有制下的"公"。马克思就曾经指出，资本主义条件下的所谓土地国有，究其本意不过是保障资产阶级的利益，将增值收益分配从土地所有者转移到整个资产阶级的内部来进行，与"社会主义"毫无关系。由此可见，"归私"或"归公"这两个概念本身并不能直接对应资本主义或者社会主义的属性，而要具体分析所谓"私"或者"公"的所指对象究竟是谁。

在国内学者的讨论中，这一命题往往演变成农民利益与社会利益的意识对抗：主张溢价归私者，所谓"私"是特定的农民集体；主张溢价归公者，所谓"公"首先是特定区域的地方政府，然后是特定区域的农民与市民。由于溢价的来源主要是正的外部性，因此是一种社会性的来源而非土地自然性的来源，而且"归公"的受益群体在数量上超过了"归私"的受益群体，"归公者"的主张很容易被引申为保障"多数人的利益"，而"归私者"的主张则似乎除了某种道义力量，缺乏更为实质的论据。

从理论上辨析，土地溢价如果是因物质资本投资于土地而产生，则其增值收益归投资主体，这一点似乎无可置疑；如果是因社会供需关系变化而产生，则其增值收益归属全社会（自然也包括作为原所有者的农民集体）；如果是因用途转变而产生，则为何其增值收益分配却被某些观点认定为与农民集体无关？若农民集体有权将其建设用地直接入市或者自行改变土地用途，则所谓溢价归属问题是否还有讨论必要？事实上，以溢价来源决定溢价归属本身在理论上就不能成立，因为在一个并非全民所有的社会形态中，决定归属这一分配问题的直接因素是所有权，价值创造与价值分配是由不同因素决定的，不能直接以价值创造来论证价值分配，在理论上或者社会实践中，这一点都行不通。

具体到征地过程中的溢价问题，之所以在中国国情下产生这一争论，一个重要的背景是：中国的农地集体所有权长期以来都存在权能残缺的情况，制度存在"先天不足"，集体对其所有的土地既缺乏某些关键的处置权，也缺乏对抗外部侵犯的合法力量，农村土地进入市场供应的途径只能首先转变其所有制。在这种背景下，溢价分配问题才凸显其矛盾，与西方理论界讨论这一问题的背景特征极不相同。对溢价来源而言，既有土地自身位置差异（越是靠近城区，溢价越明显）的自然因素，也有城市政府对所征收土地进行投资管理开发的社会因素，具体到级差地租上则包括两种基本形态；从所有权看，无论是集体所有制下农民集体的所有权，还是全民所有制下城市政府代行的所有权，都应是平等的权利主体，享有平等的收益分配权利；"归私"或"归公"的争论，人为地将农民集体与"全民"概念对立起来，以其实并不存在的"私"来对应实际也并未落实的"公"，无助于解决问题。

公私兼顾论者试图调和"归私"与"归公"二者之间的矛盾，其基本主张是：充分补偿被征地农民，剩余部分由国家掌握以用于在全国范围内分配，重点支援农村建设，部分用于城市建设。公私兼顾论具有和谐色彩，而且也在表述形式上契合了征地制度改革的某些政策取向，相对更容易获得认可。但是，何为充分补偿？"充分"的依据或者基础又是什么？需要在理论上进行明确阐释，而不能仅停留在对现实矛盾进行调停的层次上，否则，"归私"论者或者"归公"论者都不太可能接受这种理论上的"骑墙"姿态。

（四）土地征用补偿标准不能反映土地对于农民的全部价值

之所以会出现溢价争议，是因为依据既有法律（如1998年修订的《中华人民共和国土地管理法》第四十七条①），农民不可能获得任何"溢价"。既有法律的这种立法本意，直接承袭了计划经济时代对集体所有制一以贯之的差别对待：限制权能、限制流动、限制处置，将集体土地变相控制在政府手中，形成全民所有制的一个附属，或者形成政府代表的全民所有制在农村的一种变形方式，变相排除集体对土地的所有权要求。资产价格决定的基本理论都强调未来收益的决定性意义，土地的价格决定同样如此，并不以历史成本来决定未来价格。

农村集体组织拥有农地的所有权，但是其处置权受到限制，只能将土地用于农业种植而不能转变土地用途，土地用途与所有权性质被捆绑在一起，如果要将农业用地转变为建设用地，唯一的合法途径就是转变其所有权主体。农村集体对土地的所有权，从一开始就被限定在农业领域，对于农村集体而言，土

---

① "征用土地的，按照被征用土地的原用途给予补偿。"

地只拥有农业生产这一项合法的功能,于是顺理成章的推论是,既然土地只有农业生产功能,那么土地资产价值也就只能由农业产出决定,因此农民所获得的补偿就只能是以农业产值倍数决定的金额——因为对于农民而言,拥有土地只不过得到农业产出,失去土地自然也只是失去了农业产出。

在既有的产权设置情境中,溢价与农民无关,补偿只限于农业产出,是一个"合理"结论。但仔细考察,即便仅以农业产值为补偿依据,虽有标准但也是非常缺乏合理度的:农民失去的是未来的产出,而获得的补偿却是以历史的产出为标准。在农业技术进步、农业生产经营方式现代化水平提高及农产品价格走高的趋势下,即便在同样的土地上种植同样的农作物,农民获得的产值也可能会在不同时期存在非常明显的差异。进一步看,政府一再强调农村承包经营制应保持长期稳定不变,法律或政策都对此予以支持,农民将获得承包经营权视为一项恒久性权利,在一定意义上,农地虽然不是私有制,但承包地在农民心目中却具有某种"恒产"的性质,一旦被征,获得补偿年限只有30年,变相认定农民的常保经营权只有30年,完全否定了30年之后的农民权利,其中存在非常明显的自相矛盾之处。由此可见,即便假定农民只能获得基于农业产出的补偿,既有补偿标准也明显欠缺合理性。

农地在农业用途下,是否只提供了农作物这一项经济产出?农民失去农业用途的农地,是否也只是失去了农作物产值这一项收入?从现实看,农地即便用于农业用途,其农业利用也呈现出一定的正向外部性,对此是否需要进行补偿?如果忽视这种外部性的存在,则意味着对征用农地所造成损失的低估,政府以比社会成本偏低的代价获得土地资源,诱发征地行为的泛滥。图2-1对此进行了解释。

图 2-1 农地市场的均衡[①]

---

① 王顺祥,姜正杰,王烨. 基于土地社会保障功能的征地补偿标准研究 [J]. 国土资源,2004 (12):40-43.

如图 2-1 所示，由于农地的外部经济在当前农地市场（为了分析需要，假设存在农地市场）中没有被考虑，所以供需平衡形成农地供需均衡价格 P_1。当考虑外部经济时，形成农地供需均衡价格 P_2。显而易见，$P_2>P_1$，即将农地利用外部经济值进行内部化时形成的农地转用价格高于目前农地转用价（征地补偿标准）。征地补偿将农地利用的正向外部性排除在经济补偿范畴之外，如为农民提供的社会保障功能；如果增加一条 D_1 曲线，则将农地社会保障价值进行了内部化，农地转用价格（征地补偿标准）由 P_1 上升到 P_3。

在城市化进程中，各个地方政府的征地行为都着眼于开发土地的非农用途，尤其是工业或商业用途，土地用途转变带来的收益差值呈现越来越明显的扩大趋势，而农民集体被排除在这个市场交易过程之外，只能被动接受单方面裁定的结果，由此引发矛盾。地方政府基于操作的考虑，在实践中会适当提高最终的补偿额度，中央政府层面也一直在考虑如何对此进行调整。但是，长期以来，一些关键性问题没有得到很好的解释：征地的用途是什么？如果确定是公共利益，则具体范围是什么？既然是为公共利益，那么为何身为"公共"一分子的农民却要遭受损失？在西方市场经济国家，绝大多数征地行为的行动顺序是排在市场交易之后的，换言之，唯有在市场交易无法实现公共利益的情况下，才会动用征地权力；但是，长期以来，中国各地城市政府的行动选择顺序几乎恰恰相反。这一情况直到 2017 年对《中华人民共和国土地管理法》进行修订后才有所改变。

（五）征用补偿的受益主体界定不明，农民的权益补偿不能得到保证

现行《中华人民共和国宪法》和相关法律均规定农村土地属于集体所有，但是法律条文在操作上缺乏明确性，有关组织在进行实务操作的时候，往往"各取所需"。根据《中华人民共和国土地管理法实施条例》第二十六条及《中华人民共和国农村土地承包法》第五条等规定，集体经济组织成员有分地权利，而土地补偿费归农村集体经济组织所有。但问题在于，如何确定个人的集体经济组织成员身份？在城乡分离的状态下，这一问题似乎很容易得到界定：以户口为基本依据。在改革开放之后的很长一段时期，沿用户籍身份予以界定是通行惯例，能被绝大多数集体成员所接受。但是，随着人口在城乡之间的流动日益频繁，各种"例外"变得越来越普遍：空挂户、寄挂户是否可以参与分配？落户在农村的城市职工是否可以参与分配？因婚姻关系而进入本集体的人口是否可以参与分配？未达到法定劳动年龄的人口是否可以参与分配？已经超过劳动年龄的老年人口是否可以参与分配？已经在集体企业就业的人口是否可以参

与分配？不少基层为了平息矛盾，采取以集体内部协商或投票的方式予以确定，但其中很有可能存在以多数人决议剥夺少数人正当权利的情况；个别基层领导借此机会谋取私利的情况也并不鲜见。进一步看，农村集体土地所有权的法定代表被界定给了集体经济组织，但在实践中代行的多为村民小组或者村委会，长期以来，这三者之间的关系并没有得到明确的说明。

二、社会保障问题分析

基于历史的遗留及改革中存在的偏差，中国农村社会的保障体系建设相比城市而言，明显处于相对落后的状态，这是中国农村社会发展中的一个明显短板，但是由于被征地农民情况的特殊性，这个"短板"产生的消极后果在被征地农民这个特定群体的身上表现得尤其明显。

（一）建设被征地农民社会保障体系的必要性

农村基本社会保障的公共产品属性可以从两个方面得到解释。① 第一，公共产品的不可分割性。无论是基本社会保障惠及农村居民整体、带来农村社会稳定这一直接效应，还是有助于缩小城乡差距、带来城乡社会和谐这一间接效应，其效用都具有非常明显的正向外部性。② 第二，公共产品的非排他性。③《中华人民共和国宪法》第四十五条对此已经有明确体现，但据对现实的观察，社会保障的某些项目可能具有一定的排他性。社会保障的实际运行结构一般是政府、集体与个人共同参与，其运行结果会让保障支出成为个人的一种可支配收入，而一旦成为个人财产，就会出现明晰产权的要求，有能力缴纳更多费用、希望得到更高保障水平的个体，会要求其利益尽量不被其他个体分享。事实上，社会保障水平也确实与个体的缴费水平存在关系，一定程度的排他性是客观存在的。基于此，农村社会保障可以被理解为一类准公共产品。④

在较长的一个时期内，我国社会保障体系建设主要集中在城市，对于城市

---

① 《中华人民共和国宪法》第四十五条规定："中华人民共和国公民在年老、疾病或者丧失劳动能力的情况下，有从国家和社会获得物质帮助的权利。国家发展为公民享受这些权利所需要的社会保险、社会救济和医疗卫生事业。"
② 马雁军，孙亚忠. 农村社会基本养老保障的公共产品属性与政府责任 [J]. 经济经纬，2007（6）：111-114.
③ 《中华人民共和国宪法》第四十五条"中华人民共和国公民在年老、疾病或者丧失劳动能力的情况下，有从国家和社会获得物质帮助的权利。"
④ 马雁军，孙亚忠. 农村社会基本养老保障的公共产品属性与政府责任 [J]. 经济经纬，2007（6）：111-114.

居民而言，这是低工资制度的必要辅助；农村的社会保障体系建设在整体上是缺位的，只针对个别特殊困难群体有特定的补助项目。农民作为群体的保障在一定程度上是由土地来提供的，如耕地的人均分配、宅基地制度安排等都具有一定程度的最低生活保障、就业保障或居住保障功能。但是，征地之后，土地这种隐形的社会保障功能不复存在，而农村缺乏制度性社会保障体系的弊病迅速显化，农民的隐性失业问题显性化，其最低生活保障无处着落，而直接进入城镇社会保障体系，对于被征地农民而言，并不是一个可以轻易跨越的门槛。一旦被征地农民在就业方面遇到困难，或者出现重大疾病、丧失劳动能力等，社会保障体系的缺位弊端就会以非常极端的形式表现出来。

从制度根源上分析，农村的社会保障体系建设其实与征地行为之间没有任何逻辑联系，无论是否存在征地行为，无论农民是否因征地而失去土地，社会保障体系的存在都是应当的。不能用农民拥有土地这一现象来论证农村不需要单独建立社会保障体系，也不能用农民失去土地作为获得社会保障体系的依据。农民获得社会保障，是其作为公民的基本权利，与其是否拥有土地没有关联。之所以特别强调被征地农民的社会保障问题，是基于这一群体面对这一问题的特殊性，而不是主张让农民用自己的补偿费用购买社会保障，以此掩盖政府在这个问题上长期缺位的事实；农民自愿以部分征地补偿费用缴纳某种类型的社会保障，是农民自行支配其财产的个人行为，是个人的消费行为，不能认为政府因此已经尽到为农民提供社会保障的基本职能。政府不能因为职工或者城市居民自行购买某种保障就认为无需再为其提供社会保障，同样也不能将农民自行加入社会保障的行为等同于政府已提供该公共产品，更不应要求农民以"补足历史缴费"为前提来加入政府提供的社会保障体系，因为在有关农民社会保障投入方面存在"历史欠款"的首位主体并不是农民。

(二) 被征地农民社会保障的基本内容

从地方实践来看，越来越多的地方政府已经将因征地而失去土地的农民逐步纳入社会保障体系，其具体项目主要涉及养老保障[①]与最低生活保

[①] 一般的操作方式是：对已经达到养老年龄线以上的被征地农民，可以直接实行养老保障；对劳动年龄段内的被征地农民，为其建立个人专用账户，按年龄段不同一次性或分批缴足基本养老保障费用，政府、集体、个人出资部分一并计入个人专用账户；对征地时未达到劳动年龄段的人员或在校学生，按征地补偿规定一次性发放安置补助费，当其达到劳动年龄或毕业后，即作为城镇新生劳动力直接参加城镇职工基本养老保险。

障①等，也有部分地方政府提供一定形式的医疗保障或就业救助。例如，成都市为被征地农民提供了养老保障、医疗保障及就业救助，根据不同年龄段及不同户籍所在地支付一定年限的基本养老保险费与住院医疗保险费②，并一次性发放一定数额的就业补助或生活补助③。同时，成都市先后制定了《成都市非城镇户籍从业人员综合社会保险管理暂行办法》《成都市征地农转非人员社会保险办法》和《成都市已征地农转非人员社会保险办法》等规章制度，建立了规范统一、同城镇职工社会保险制度接轨的被征地农民和农民工社会保障制度。

在制度操作上，成都市先后成立了成都市非城镇户籍从业人员综合社会保险管理中心、成都市社会保险事业管理局征地农转非人员社会保险管理处。国土资源部门负责参保的具体组织协调和对参保人员的界定，劳动保障部门负责社会保险业务办理、社保关系续接、社保待遇拨付和日常管理，财政部门负责

---

① 一般的操作方式是：以被征地农民中基本生活无保障的人员为对象，即一时或永久低于或等于国家公布的最低生活水平的人群；被征地农民家庭收入低于当地最低生活保障标准的，按规定被纳入城乡最低生活保障范围；在城镇规划区内，征地后已转为城镇居民的被征地农民，按规定被纳入城市居民最低生活保障范围，享受城镇居民最低生活保障；在城镇规划区外，征地后符合享受农村居民最低生活保障条件的被征地农民，按规定享受农村居民最低生活保障。

② 根据成都市人民政府制定的《成都市征地农转非人员社会保险办法》有关规定，（1）男（≥60周岁）和女（≥50周岁）：征地部门一次性为其缴纳一定年限的基本养老保险费（城镇企业退休人员最低基本养老金标准×120个月）和住院医疗保险费（本市职工平均工资×本市城镇职工住院医疗保险缴费比例×10年）；从征地部门缴费的次月起，户籍关系在本市五城区和成都高新区的农转非人员，社会保险经办机构按当年本市城镇企业退休人员最低基本养老金标准发给基本养老金；户籍关系在本市其他区（市）县的农转非人员，按当年本市城镇企业退休人员最低基本养老金标准的70%发给基本养老金。这类人员今后享受国家规定的基本养老金调整，同时享受城镇职工住院医疗保险待遇。（2）男（50~60周岁）和女（40~50周岁）：征地部门一次性为其缴纳一定年限的基本养老保险费（本市职工平均工资×60%×本市城镇个体劳动者基本养老保险缴费比例×15年）和基本医疗保险费（本市职工平均工资×本市城镇职工住院医疗保险缴费比例×10年）。（3）男（40~50周岁）和女（30~40周岁）：征地部门一次性为其缴纳一定年限的基本养老保险费（本市职工平均工资×60%×本市城镇个体劳动者基本养老保险缴费比例×10年）和基本医疗保险费（本市职工平均工资×本市城镇职工住院医疗保险缴费比例×5年）。

③ （1）男（50~60周岁）和女（40~50周岁）：按每人6000元标准发给一次性就业补助金。（2）男（40~50周岁）和女（30~40周岁）：按每人8000元标准发给一次性就业补助金。（3）男（18~40周岁）的和女（18~30周岁）：按每人20000元标准发给一次性就业补助金。（4）不满18周岁的人员：按每人10000元标准一次性向其法定监护人发给生活补助费。上述人员就业后按照城镇职工社会保险制度的规定参加社会保险并缴纳社会保险费。

政府补贴的筹措、安排和使用监督,被征土地所在地的镇(乡)政府、街道办事处会同原征地单位、当地公安派出所负责提供本行政区域内已征土地的相关基础资料,各司其职。[①]

从全国的整体情况看,现行法律法规和政策性文件就被征地农民的社会保障工作已经有了比较明确的规定,但是在实践中依然存在一些问题,比较突出的问题集中在两个方面:①未严格遵照工作程序,如资金未及时足额入账、资金尚未到位就已经开始实施征地甚至开始用地;②资金来源存在问题,其突出表现在部分地方政府推卸基本责任,不承担或少承担社会保障资金,或者直接从征地补偿费用中挪用部分用作本应由政府支出的社保资金,或要求农民自己补超额或者补"历史欠账",这实质上依然反映出前文所提及的一个问题——部分地方政府有意将农民社会保障体系与征地制度联系起来,将"征地"视为一个建立被征地农民社会保障体系的前提条件。

(三)现有保障制度的供给缺口

整体而言,农村的社会保障体系建设是农村社会发展中的显著短板,由于中国农村人口基数较大,农村经济社会发展较城市相对落后,而且农村人口流动逐渐频繁,种种原因导致中国农村社会保障体系建设任务依然任重道远。在此背景下,土地的社会保障功能的重要性虽然较改革开放初期已经有大幅度下降,但在一定时期、一定区域内依然存在,在某些群体中甚至还表现得非常明显。在改革开放之后的一段时期内,被征地农民并没有被纳入任何形式的社会保障体系当中,因而既丧失了土地提供的某些基本保障,又未获得新的保障形式。虽然从货币总额而言,征地补偿费对于农民可能是一笔较大的收入,但这笔收入显然不具有长期性与持久性,考虑到农民普遍需要搬迁和安置新宅,这笔收入甚至会在较短的时期内就被消耗;失去土地的多数农民在非农就业领域并不具有明显的技能优势,如果再遇上个人或家庭发生变故,境况堪忧。依靠一次性征地补偿费用及非农就业收入维持生计的农民需要基本社会保障,虽然当前这一缺失情况已经得到较为明显的改观,但这种改观是与此前几乎空白的情况相比而言的,如果做城乡之间的横向比较,其社会保障能力在很大程度上受到被征地农民自身收入较低、缴费能力较弱的限制,其保障程度难以提高。

征地制度改革的阶段性表现在社会保障制度方面,其在较长时期内缺乏明

---

① 王德平. 统筹城乡话医保——成都市失地农民和农民工医疗保障制度巡礼 [J]. 中国劳动保障, 2006 (11): 37-38.

确的目标与一致的举措，各地具体举措往往由地方政府根据政府财力与征地进展等情况"量力而行"，具有一定的随意性且欠缺连贯性。社会保障体系建设有其自有的发展逻辑，也有其制度内在的运行要求，但是在征地行为中却成为一项附属性质的工作，即在不能提高法定补偿标准的情况下，为了能顺利推进征地工作而增列的"优惠"项目。由于缺乏明确目标与硬性要求，被征地农民要不要被纳入社会保障体系、如何纳入社会保障体系等事项的裁量权基本掌握在地方政府手中，而地方政府作为或者不作为，并没有明确的法律规范要求。

农民社会保障体系建设相对滞后与落后，虽然有特定的历史背景，但直到党的十四大之前，农村社会保障体系依然存在实质性的空缺，这显然不能再归咎于历史：除个别救助救济项目外，各级政府在农村社会保障体系建设上鲜有投入；农村集体经济组织在经历乡镇企业的快速发展阶段之后，纷纷进入转型困难、增长缓慢的阶段，村级积累有限。农村的发展自20世纪90年代之后进入一个缓慢甚至停滞的时期，农民收入增长缓慢，虽然工资性收入增长占据农民收入增幅中越来越大的比例，但绝大多数农民在城镇务工却难以被城镇社保体系接纳。资金问题成为农村社会保障体系建设中不可回避的关键性问题之一。

征地过程中的社会保障体系建设同样面临资金问题。从五级土地管理制度看，地方政府同时掌握土地规划、土地审批及出让金收取等关键性权力，虽然有国务院、自然资源部等上级部门，但也不能有效地防范或预控地方政府的不规范行为，尤其是市、区及县、乡（镇）一级的职能部门，形成土地寻租市场的负面激励因素较强；在集体经济组织一端，由于集体所有权的具体代表并不明确，其权利也容易落入村庄的某些实际代理人之手，如村委会领导甚至可能是乡（镇）领导，他们都会控制集体所有土地的管理运行。由此造成的后果是，无论是地方政府职能管理部门或是乡村基层干部，在处置征地补偿资金事项上所受到的监督都是有限的，虽然社会保障体系的资金来源实行国家、集体与个人共同负担的基本原则，但在地方政府与集体层面都存在比较复杂而又缺少资金运作监管的问题，尤其是在农村社会保障体系建设的责任主体界定并不明确的情况下，农民社会保障体系建设往往缺乏制度化的支持。

三、征地程序问题分析

征地关系农民集体的土地权利、农民家庭的生存与发展，但是，农民集体与个体的参与依然呈现出非常不对称的状态：制度内的参与通道不畅，制度外的参与方式无序。在部分地方政府及基层干部的工作流程中,"征地公告"等同于催促农民"办手续"的通知书,不少地方政府为提高征地效率而省略甚至忽略与农民的征询与协商过程,尽量避免农民参与其中;而随着农村社会的发展,农民的主体意识开始觉醒,但是,一则多数农民并不懂得如何正确运用规则,二则多数农民也没有被告知规则,于是制度内的沟通压制与制度外的沟通无序就可能并存,追求"提高效率"的地方政府往往欲速不达,最后出现双方的矛盾与对抗。

2017年《中华人民共和国土地管理法(修正案)》(征求意见稿)提出进一步规范征地程序,地方政府在征地前须先与农民签订土地补偿安置协议,落实补偿安置资金,这体现被征地农民的知情权、参与权、监督权。早在《国有土地上房屋征收与补偿条例》的相关条款中,就已经反映出政府在处理有关土地与房屋征收问题上的观念变化,体现出征收行为应该追求社会公平、平衡民意的基本准则,也体现出政府行政行为应趋于民主的基本取向。党的十七大报告提出,"推进决策科学化、民主化,完善决策信息和智力支持系统,增强决策透明度和公众参与度,制定与群众利益密切相关的法律法规和公共政策,原则上要公开听取意见",这一论述非常明确地表达出一个具有战略高度的理念:民意是执政的资源。但是,从理念落实到行动,仍有一段道路需要跋涉,中国社会还比较缺乏公民参与的制度性实践。2017年《中华人民共和国土地管理法》的修订在土地征收与补偿程序方面提出了新的措施,通过程序公正促进行政民主[1],在信息公开、民意反馈等方面都有了更加明确的要求,但是无论是制度设计本身还是制度在实践中的运行,都还存在问题。下面仅就社会风险评估制度与民主协商机制做简要分析。

(一)征地社会风险评估制度设计自身存在矛盾

社会稳定风险评估作为一类特殊的行政程序机制,其制度定位与设计自身具有特殊性。风险评估程序并非以权利保障为核心主旨,其实践操作有两项重要的隐性功能:对政策进行宣传,对群众进行动员。它实际带有明确的价值判断与立场倾向,以实现政策倡导、沟通协调为隐含目标,"防患于未然",不断加强被征地拆迁群体对征地拆迁行为的接受程度,尽量避免在项目启动后出现群体性事件。虽然从内容本身看,社会风险评估应包括合法性评估、可行性评估、稳定评估等多个事项,但在中国的国情下,对政府启动的征地项目进行

---

[1] 徐莺.《房屋征收与补偿条例》的民主行政趋向[J]. 传承,2011(25):84-87.

"合法性"评估,更多的仅仅是一种象征性意义,何况土地征收决策的合法与否与社会稳定之间并没有必然联系,甚至风险评估之中是否应当包含合法性评估也是存在疑问的,所以地方政府真正关注的不是项目是否合法,而是项目是否会引发群体性事件。但是,一定区域内的征地项目是否会引发群体性事件的诱因非常多,某些诱因并不一定存在于区域内部。例如,虽然征地补偿标准在规则上是一致的,但具体执行的结果却在很大程度上依赖地方政府的财政情况,财政收支有较大运作空间的某些地方政府有可能给出更为充分的补偿,而这种行为无疑会产生一定的外部性,成为诱发不稳定的因素,这更是超越了合法性判断的涵盖范围。在社会稳定风险评估实践运作中,合法性评估与稳定风险评估之间的冲突很难调和,反而可能诱导作为利益相关者的被征地方以制造社会不稳定的方式影响最终的征收决策。中共十八届四中全会《中共中央关于全面推进依法治国若干重大问题的决定》试图解决这一冲突,即在执行重大行政决策时必须同时开展稳定风险评估与合法性审查,合法性审查被独立于风险评估程序之外。但是,合法性审查又如何开展?实际上依然是在制度内运行,即由法制办(政府法制办公室)负责在行政系统内部进行审查,自己审查自己是否"合法",对于公共决策的审查功能事实上受到极大限制,这从侧面进一步表明了一个尴尬的事实:在制度内进行合法性评估,往往有名无实;在制度外进行合法性评估,在国情下无法实现。概言之,虽然社会稳定风险评估在制度设计上讲求"合法性",但在实践中讲求的是预防群体性事件的实用主义治理。这一制度带有强烈的工具主义色彩,自身的程序价值依然值得讨论。[①]

(二)民主协商机制在实践中的"变形"

就民主决策本意而言,民主协商致力于通过公民参与下的公平磋商达成共识,但是从实践看,有可能演化成另外一种形式:双方讨价还价,反复周旋,最后甚至可能走向合谋。之所以出现这种状况,原因在于:从被征地农民一方分析,虽然在征地过程中他们并不占据主导地位,但是其中不少的农民大致了解了基层政府的行为底线,明白基层政府承受的维稳压力,也明白如何进行讨价还价,他们并不惮于提出背离常理的利益要求或者逃避某些本应承担的基本责任,有可能用"情绪"或者"点子"来主导"民主协商"过程而不是用"情理"或者"法理";负责协商的基层政府工作人员同样有着复杂的动机与行为选

---

① 卢超."社会稳定风险评估"的程序功能与司法判断——以国有土地征收实践为例[J]. 浙江学刊, 2017 (1): 175-183.

择，因为这些工作人员并不能从征地过程中获得直接利益，却必须面对工作考核的压力，他们所能够采取的工作方式也显然开始受到越来越多的制约而不太容易再随心所欲，更何况，即便他们真的能够做到"文明执法"，在征地这种事关重大利益的问题上，也几乎不会奢望能够顺利得到农民的配合。民主协商的结果，实际上并不由基层政府工作人员的工作态度和工作方式直接决定，可是在现行政绩考核体制下，基层政府工作人员必须完成工作任务。在这种情况下，重要的是完成任务，他们追求的是在不损害自身利益的前提下在形式上完成工作，至于用什么样的手段完成、是否符合民主协商的制度本意或者程序要求，并不是他们关注的重点，哪怕因此需要做出某些违背原则的退让或者合谋行为，也并不奇怪。[1]

进一步看，随着征收制度明确以公共利益为准则，征收体现公权力，更加强调计划性与单向性，补偿标准的"硬约束"作用会体现得越来越明确，双方能够协商的内容有限。既然土地补偿标准、被征收房屋价格与面积等事项都属于"硬约束"，那么按照法定程序进行评估、调查、确认、核准再公布、公示后，就没有什么可以协商的了，在标准不能被随意调整的情况下，每个被征收人的补偿数额都基本确定，协商并不能讨论这些标准，征收当事人只能就补偿方式和房屋的地点、层次、套型以及补偿金额、支付期限及方式、搬迁期限等事项进行协商。由此可见，以公共利益为基本原则，征收时代的"协商"与拆迁时代的"协商"的含义相去甚远，工作理念也因此大相径庭，但是拆迁时代的"协商"可能已经给农民造成一种既定印象：标准不是"硬约束"，谈判能力决定补偿水平。[2]

（三）征地全程监管程序还有待进一步完善

从各地实践看，现行的全程监管制度，尤其是征地批后监管还存在有待完善的地方。从2014年开始，全国各地推行土地利用巡查制度，该制度是批后监管制度的核心内容，依托土地市场动态检测与监管系统，重点巡查两个方面：中央的供地政策是否在地方得到落实，国有建设用地是否切实履行出让合同或划拨决定书。从启动之后的情况看，各地工作进展还不平衡，有的地方工作机制还不健全，各地暴露的问题主要集中在以下方面。

---

[1] 张丽琴，唐鸣. 协商、周旋、博弈：乡镇治理转型中的减让履行现象分析——以一次征收计划生育抚养费过程为个案 [J]. 社会工作，2013（1）：122-129.
[2] 覃应南. 警惕房屋征收中的"协商陷阱" [J]. 上海房地，2012（8）：61.

1. 批后监管工作的核心与重点是检查土地项目利用是否切实达到合同约定的各项要求，因为这既能反映土地的利用率，也能反映土地管理职能部门的管理水平。但是，从实际情况看，不少土地管理部门并没有把握这一工作核心，其监管只着眼于项目的缴款、交地、开工和竣工等环节，因为这些环节相对而言更为程序化、显性化，至于项目类别或者权益情况等更复杂、更深层的问题，则被轻轻带过，出现管理"真空"，无法体现监管工作的核心价值和实际意义。例如，出让单位的性质或规模等不尽一致，对各类地块的效益可能也有迥异的预期，但是管理部门的监管对于这些涉及实质性内容的项目没有给予足够关注，只关注标准化的条款，不关注项目实质需求，没有真正触及用地需求的核心。

2. 违约处置规范缺失。虽然不少地方的管理部门将监察重点放在程序化的环节上，但是，一旦这些程序真的出现问题，如没有按期办理交地手续、延期开工或者竣工等，鲜有管理部门会进行实际的处罚，几乎都以各类督促措施代替，轻者通知，重者也不过是约谈，"雷声大雨点小"成为心照不宣的默契。

3. 对于与本部门利益有关的内容，监管上比较重视；否则，就比较缺乏积极性。例如，在出让环节可以收取土地出让金，因此对出让环节高度重视；出让完成之后的环节，对于本部门没有直接关联的利益，就"得过且过"。区县一级的出让人对出让之后的环节"睁一只眼闭一只眼"，市级纵然明知可能存在问题，也不能代替区县一级直接进行管理，而无非通过行政系统内部向下予以督促，其结果是区县一级几乎很少会因此而真的向受让人追究违约责任。[①] 让情况可能更加恶化的是，在某些大城市，区县一级的国土部门会将应由其承担的监管职责继续分解下放到乡镇一级，其后一直下放到街道办事处，或者成立一个基于政府平台的公司进行具体运作，越到基层，监督越有可能变得有名无实。

之所以出现以上种种问题，其直接原因在于主管部门角色错位，只在意出让金收益，对于某些违约行为非但不予以制止或处罚，反而调整原定合同款项并美其名曰"服务企业"，置市场公平与法律规则于不顾。由此涉及一个问题：谁来对"监管者"进行监管？政府既是征地行为的批准者，也是征地拆迁的实施者，《中华人民共和国土地管理法》中虽然有针对"法律责任"的表述，但是并没有明确规定政府该如何进行自律，又该如何进行监督管理。在既定体制

[①] 姚礼豪. 出让土地批后监管机制优化探索[J]. 上海房地，2016 (7)：24-26.

下，监管只能成为一种政府自己发文、自己约束的行为。①

四、住宅补偿问题分析

（一）农村住宅征收相关法律法规缺位，补偿缺乏统一标准

集体土地征收是集体土地上房屋拆迁的前提条件，二者存在严格的逻辑先后关系。从法律关系角度进行分析，集体土地被征收后的房屋拆迁主要涉及三个方面：集体土地的所有权属于集体，由集体土地（农地）所有权派生出农民对农地的承包经营权；农民在集体土地（宅基地）上建房，获得宅基地使用权，并拥有房屋的所有权；征收集体土地后对房屋进行拆迁，集体失去对土地的所有权，农民失去对农地的承包经营权、对宅基地的使用权及对房屋的所有权。其中，土地承包经营权及宅基地使用权等已经由《中华人民共和国物权法》确定为用益物权，就法律主体地位而言，农民与农民集体是各自独立、平等的产权主体，作为用益物权主体的农民应获得相应补偿。房屋的被拆迁人为集体宅基地上的房屋所有权人，其对应方——拆迁人应如何界定？各地在操作中的界定并不一致，如果拆迁方是取得拆迁许可证的用地单位或项目建设单位，则拆迁方与被拆迁方之间的关系将被理解为民事法律关系，其拆迁补偿应根据市场原则，实行全面补偿；如果拆迁方是政府设立或指定的专项工作小组，则双方之间的关系将被理解为行政法律关系，其补偿原则将类比于征地补偿原则。②

国有土地房屋拆迁和集体土地被征收之后的房屋拆迁各有不同的上位法依据。在国有土地房屋拆迁方面，1991年国务院专门出台了《城市房屋拆迁管理条例》，2001年进行了修订，2011年又出台了《国有土地上房屋征收与补偿条例》；但是，农村房屋拆迁的主要法律依据包括《中华人民共和国宪法》第十条与第十三条③、2004年修订的《中华人民共和国土地管理法》第二条④、《中华

---

① 杨珍惠，佘明勇. 加强征地批后监管的探索与思考——以成都的实践为例［J］. 中国土地，2016（9）：20-22.
② 闻丽英. 集体土地上房屋征收与补偿的立法反思［J］. 西安财经学院学报，2016，29（6）：122-126.
③ 第十条规定："国家为了公共利益的需要，可以依照法律规定对土地实行征收或者征用并给予补偿。"第十三条规定："公民的合法的私有财产不受侵犯。国家依照法律规定保护公民的私有财产权和继承权。国家为了公共利益的需要，可以依照法律规定对公民的私有财产实行征收或者征用并给予补偿。"
④ "中华人民共和国实行土地的社会主义公有制，即全民所有制和劳动群众集体所有制。国家为了公共利益的需要，可以依法对土地实行征收或者征用并给予补偿。"

人民共和国物权法》第四十二条①等，并没有针对征收农村集体土地后的房屋拆迁立法。

现有法律条款对农民房屋征收拆迁的补偿存在非常明显的缺陷，无论是《中华人民共和国物权法》第四十二条第二款规定，还是《中华人民共和国土地管理法》第四十七条第四款规定，都非常简单地把农民房屋纳入地上附着物，没有给予房屋所有权人和土地所有权人同等保护，公私混淆，在处置农村集体土地财产的同时"附带"处置农民个人家庭财产。不仅如此，尽管《中华人民共和国土地管理法》第四十七条第四款规定只有省、自治区、直辖市才有权对被征收土地上的附着物进行规定，但是很多省级政府却将之下放至市、县一级政府部门来制定相应的规范，概言之，上位法缺位，下位法混乱。

在补偿安置的实践方面，国有土地房屋拆迁基本上采取市场评估的办法，按照市场价进行补偿；征地房屋拆迁主要是货币补偿结合经济适用住房（拆迁安置房）模式；各地对农村房屋拆迁之后的补偿安置模式一般是统拆统建，即房屋置换，也可以根据情况，采用自拆自建、货币补偿、置换股份等模式②，但是由于缺乏明确标准，征收工作中常常引发各类争议纠纷。基层政府认为，根据相关法律，已经给予农民足额甚至超额的补偿；而农民则认为补偿远远不能弥补损失，因为他们认为现值补偿根据的是重置成本，可是房屋因用于生产经营或者出租等而产生的价值却没有得到补偿，即便不予以完全补偿，也距离相当补偿有一段差距。③

（二）产权面积认定与补偿范围的争议

在农村，农民通常会把家庭绝大部分积蓄甚至收入用于建新房，房屋成为农民积蓄的重要体现，是农民最大的财产。因此，对农村房屋进行拆迁必须严格依法办事，并给予被拆迁者合理的价格补偿，在相关标准确定的情况下，如何认定可以得到补偿的房屋产权面积成为实践工作的核心问题之一。在农村集体土地房屋征收中，首要的是必须厘清农民宅基地上的合法住宅与农民在自家

---

① "为了公共利益的需要，依照法律规定的权限和程序可以征收集体所有的土地和单位、个人的房屋及其他不动产。征收单位、个人的房屋及其他不动产，应当依法给予拆迁补偿，维护被征收人的合法权益；征收个人住宅的，还应当保障被征收人的居住条件。"

② 陆跃进，杜小娅. 新农村建设中农民房屋拆迁补偿安置的思考［J］. 中国集体经济，2011（34）：8-9.

③ 胡瓷红. 论土地征收补偿原则——以比较法为视角［J］. 杭州师范大学学报（社会科学版），2011，33（2）：36-40.

宅基地上自建的非法住宅、农村土地上的合法非住宅项目与非法非住宅项目、租用农民土地的各级各类企业的合法建筑与非法建筑等各种情况，特别是要对农民宅基地上的合法住宅与农民在自家宅基地上自建的非法住宅进行明确界定并采取相应的处置方式，否则，既严重违背了立法意图，也人为制造了社会不公。[①]

1. 在各地农村集体土地上，都不同程度地存在大量非法建筑，而且一旦某些区域即将进入征收范围，非法建筑就很有可能以更快的速度蔓延，其中就包括农民在自家宅基地上自建的非法建筑，突击建设建筑物、构筑物或设施及突击种植农作物、突击建设各类大棚等行为屡见不鲜，一旦蔓延，不仅侵蚀城乡发展的公共资源，威胁城乡发展环境，也危害社会公平和市场秩序。这一点在城郊地区表现得尤其突出，城郊地区往往存在违章建筑物数量众多、面积巨大的共性问题。近郊的主要是规划违章，远郊的主要是土地违章，尤其是其中部分违章建筑建造时间较长，导致政策认定界限难以划分，这对征收带来较大的困扰：将此类房屋一律认定为违章建筑，很难被农民接受，但如果将其认定为合法建筑，则与相关法律法规的规定存在出入，也可能刺激助长此类行为频繁发生。

2. 即便农民在合法取得的宅基地上建造住宅，要认定可以获得补偿的产权面积，也存在若干困难。（1）住宅与非住宅认定较难，有一部分居民的房屋常被用于某些生产经营活动而并不是居住，房屋被用于经营后的非住宅证明是不齐全的或干脆没有，一旦遇到拆迁，很难从相关证书上认定其性质。（2）对住宅用房及其相关附属设施的性质进行区分非常困难。不同性质（不同用途）的房屋和附属设施其拆迁补偿价格差异较大，而我国的农村居民住房大都属于自建型，建筑质量未必很高，但是一些相关附属设施的建筑质量却相对不低，在征收拆迁的时候往往造成很大争议。另外，庭院、空地、水井、沼泽池等不属于住宅建筑面积部分，不被纳入补偿范围，但是这些设施对于农民的经济价值又是客观存在的。（3）在农村房屋拆迁过程中，房屋产权不确定现象时有发生，包括房屋建筑缺少相关证明、房屋所有权不清晰；在相关房产证明方面，标注的情况与房屋实际情况存在一定出入，房产证等相关文件记录存在涂改现象、

---

① 闫晓峰，韩玉娟. 农村集体土地房屋拆迁立法中调整对象及调整方式研究——基于《国有土地上房屋征收与补偿条例》的启示 [J]. 法制与社会，2013（1）：210-212.

不符合相关规定等。[①]

上述问题的产生，除了有农民自身原因，与集体土地产权制度本身也有关系。另外，政府管理上的缺陷也导致此类问题长期存在：对违章建筑的处罚力度不够，造成违章建筑越来越多；对国土部门建设不够重视，尤其是农村土地管理方面历史欠账较多，对农村房屋建筑的基础资料存在管理缺位，对农村房屋建设审批不严等。

（三）农民房屋征收拆迁的程序存在缺陷

如前所述，农民房屋征收缺乏明确的上位法规定，各地主要依据地方性法规或者政策进行操作，程序粗疏、方式粗暴、缺乏程序正当性的问题比较普遍；相关部门行政执法水平有待提升，拆迁力量不足、拆迁人员素质低下，因态度粗暴、方法简单而激化社会矛盾的事件屡有发生。

根据《中华人民共和国土地管理法》相关规定，只有县级以上人民政府有资格进行征地拆迁，但现实生活中一些乡镇政府都可以进行征地拆迁，而且在大量拆迁项目中，农民的知情权与参与权都难以得到保障，第三方制约和监督更是无从谈起。[②] 另外，在农村房屋拆迁补偿环节中，普遍缺乏评估机构的参与，但即便引入评估机构，也有诸多问题需要解决。从国有土地房屋拆迁补偿实践看，被拆迁方选择的评估中介机构，多数与城市土地管理部门或者城市建设部门有各类联系，不少评估中介机构都是由之前相关部门的内设机构转制而来。在具体的技术标准方面，根据《建筑面积计算规则》的具体规定，各类补偿计算有法可依，但是一旦考虑被拆迁房屋的区位、用途、建筑结构、新旧程度、建筑面积等因素，由于农村区域分散，灵活性相对较大，评估机构与农民就会出现分歧。[③] 由此可见，就农村住房的征收补偿而言，无论是法律法规还是技术标准，无论是管理模式还是工作程序，都还有很多空白需要填补。

[①] 卢珺. 农村房屋拆迁价格补偿问题及法律对策［J］. 价格月刊，2015（10）：27-30.

[②] 闻丽英. 集体土地上房屋征收与补偿的立法反思［J］. 西安财经学院学报，2016，29（6）：122-126.

[③] 黄婷，刘梦跃. 房屋拆迁补偿的房屋价值评估问题研究［J］. 商品与质量，2012（6）：160-161.

第三节　征地行为主体的理论分析

从微观的征地过程来看，征地拆迁是一个"交易"过程，主体一方为城市及县乡政府，另一方为普通农民及村民小组，这一交易"嵌入"在既有结构性社会关系中，既定制度和社会关系存量都会对这一交易过程产生影响。国家强制规定的政治经济制度，包括产权制度、财税制度、行政管理制度等确立了征地利益格局的基本框架，但是城乡政府作为行动主体，其动机与行为对这一框架起着调整、束缚和构建作用，两者的结合最终呈现出征地的实际景象。

一、城市政府征地行为的理论分析

一种得到较为广泛认同的观点是，中国征地制度的弊病（所谓"征地悖论"）源自法律设定①，只要对《中华人民共和国宪法》及相关下位法进行修订，就可以解决征地行为中的弊病。但是，地方政府显然从未因公共利益前提就对征地行为进行自我约束，《中华人民共和国宪法》及相关法律中确实存在自相矛盾的问题，但这只是为地方政府的行为提供了一种选择空间，地方政府为何选择遵守某些条款、为何可以忽视某些条款，地方政府的行动逻辑是什么，同样值得深究。

（一）城市化与工业化进程中城市政府的自利追求

基于不同的理论研究范式或者思想意识形态，对于政府的角色定位或者职责功能有不同的理解，需要解释的一个基本事实是：中国的地方政府有比较明显甚至强烈的自我目标，其行动轨迹并不完全符合中央政府的预设，虽然中央政府可以通过各种手段对其进行引导或约束，但信息问题或者成本问题使得这种引导或者约束并不总是有效。

---

① 例如，周其仁认为中国征地制度的根源在于1982年颁布的《中华人民共和国宪法》，其中"城市的土地属于国家所有"（第十条）这一条款意味着未来所有的城市土地都属于国有，从而造成征地范围过宽的困境。这个理论隐含的推论是，如果对《中华人民共和国宪法》相应的条款及对应的其他法规中的条款进行修改，那么就可以从根本上解决征地制度问题。同时，《中华人民共和国宪法》还规定了征地的"公共利益"原则，这就导致了周其仁提出的"征地悖论"：对于不符合公共利益用途的农地转用，征地违背了《中华人民共和国宪法》的"公共利益"准则，不征用则违背了《中华人民共和国宪法》中"城市的土地属于国家所有"准则。

让-马里·巴兰（Jean-Marie Baland）等西方学者研究了转型国家与发展中国家的政府行为，认为这类政府行为有两个基本特点：政府拥有垄断权力，参与经济活动的力度大、程度深；市场基本制度尤其是法律制度方面存在欠缺，为政府寻租活动留下空间。在某种程度上，中国的地方政府行为也具有这两个基本特征。就征地行为而言，集体所有权转变为全民所有权，这个过程既不可能真的在"全民"框架下操作，也不可能由中央政府全程执行，其关键性环节都由地方政府掌控。地方政府在法律授权下，合法行使以农地用途为成本的征地权力；至于农地的非农用途，属于农民集体、全社会还是其他特定区域内的群体？制度没有明确界定，这部分价值置于边界模糊的公共领域之内，而地方政府通过征地获得了这部分潜在价值，再通过招、拍、挂途径将其变现为市场价格，其间的差异是巨大的。尤其在城市化发展加速的背景下，土地农业用途的价值部分相对比较稳定，即便增长也并不显著，政府的征地成本相对较低；而土地非农用途的价值部分却迅速增长甚至膨胀，农民或农民集体对这部分价值的争取也日益强烈，但现行制度并不支持农民对这部分价值的合法索求，地方政府从中得到了不断递增的征地收益。寄望于地方政府自我约束滥征地行为，几乎无可能。

地方政府何以有如此强烈的自我利益目标？这种利益目标在很大程度上恰恰又是中央政府诱导的结果，是赶超型发展战略在地方政府层面的落实。中央政府将任务分解到各个地方政府，相应地，也必须将一定的权力下放到地方政府——尤其在分税制财政背景下。地方政府的选择项其实有限：资本是最重要、最关键的要素，要在短期内（任期内）培育起足够吸引资本要素流入的内生性竞争优势，并不现实，而通过控制某些要素市场、压低某些要素价格可以制造出"要素成本优势"，土地就是其中的重要组成部分。虽然土地的总量是有限的，但是土地的利用结构却可以被改变，将土地的农业用途改变为非农用途，重要的是不仅获得了征收成本与出让收益之间的差额，还带来了产业与项目、带动了GDP的增长，地方政府因此能在竞争中胜出，实现了地方政府收入增长与个人政治地位晋升这两个基本目标。

（二）对城市政府行为的制度约束

农村土地集体所有制的产权是受限的，涉及非农用途时，农地的产权实际上并不属于村集体。即使某些地区的农民失地后被允许分得部分土地增值收益，但村集体对该土地的非农用途并没有多大决策权，而由城市政府代表国家行使相关权力。对于各地城市政府的征地冲动，中央政府一直力图予以一定的控制，因为群体性事件一旦失去控制，对社会秩序的冲击是中央政府不愿看到的，如信访制度或者维稳领域的"一票否决制"都可以视为中央政府对地方政府的一种制约。而近年来逐步推行的社会稳定风险评估制度，也可以被视为中央政府对地方政府征地冲动的又一种制约工具。因为征地引发群体性事件的重要背景是地方政府为获得"土地财政"而难以遏制的征地冲动，在不改变中央与地方财权分配的前提下，中央政府既要激励地方政府发展经济，又要确保社会秩序稳定，这种两难抉择正是社会稳定风险评估制度的"合法性"与"实用主义"之间矛盾的时代背景。中央政策对社会稳定的强调构成了对地方政府城市化进程的直接约束，在传统信访制度运行成本居高不下的情况下，推广社会稳定风险评估的法定程序，其制度成本相对较低，也更加符合社会主义法治建设的趋势，同时它也体现了中央对地方关注事项的调控排序，迫使地方政府在发展经济的同时更加注重社会稳定。如果地方政府违反这一程序并触发社会不稳定，国家更多是采取行政问责而不是行政诉讼。归根到底，如何协调传统治理模式与现代程序法治之间的关系，将是一项持续性的议题。①

二、县、乡政府征地行为的理论分析

（一）县、乡政府的角色定位与职能演变

中国农村社会的区域面积极为广阔，人口众多，要实现对农村的治理，自古以来都非常不易。改革开放前，政府曾经试图通过"人民公社"这样一种政经一体的全能型组织实现这一任务。但是，无论是农村社会的经济结构还是社会结构，都无法支持这样庞大的国家机器的运行，这种农村基层行政管理体制是无法长久的。改革开放后，这一体制被废除，农村社会治理的基本框架变为乡（镇）政权、村级自治。但是，"人民公社"制度的遗留依然产生着长期的影响，中国政治结构中的诸多基本问题也一直在影响农村社会的基层治理。这些问题包括：政党政治与政府政治之间的关系，国家行政权力与基层自制权力之间的关系，职能部门在管理权限上条块分割的问题，事权与财权的匹配问题等。

自20世纪80年代中期开始，乡镇一级政府结构臃肿、人员膨胀问题日渐突出，其间也曾经历过若干次改革，如撤并乡镇、精简编制等，但问题没有得

---

① 卢超．"社会稳定风险评估"的程序功能与司法判断——以国有土地征收实践为例［J］．浙江学刊，2017（1）：175-183．

到有效解决。乡镇一级是中国行政体系的末端，乡镇政府工作人员面对的主要对象是广大的基层民众，但是其任务目标与绩效考核主要来自上级，乡镇建制规模越扩大，需要完成的上级任务越多，造成基层社会的治理成本居高不下，但是治理效率却未必有明显改善。

在改革开放之后的一段时期内，乡镇政府的机构设立几乎沿袭了上级政府的"全能"型设置，政治、经济、社会等各类管理职能，事无巨细，无一遗漏。当然，在不同的时期，乡镇政府的管理在内容与手段上都各有侧重。改革初期，农业生产（尤其是粮食生产）是乡镇政府管理的重点内容之一，而管理手段基本沿用计划经济时代的做法，基层政府拥有很强的调控权力，管"财"、管"事"，也管"人"，协调各方，总揽全局，具有较强的政府威信。自进入改革中期，随着地方政府的 GDP 政绩压力不断增加，即便居于行政体系最末端的乡镇政府也开始要为 GDP 增长负责，政府不仅要找项目，还要建项目；不仅要找市场，还要建市场。政府工作的第一责任完全倾向于经济增长，对市场的干预不断加深。同时，既是为了应对越来越多的工作任务，也是为了尽量获得上级转移拨付的资源，乡镇政府机构设置的膨胀几乎到了失控的地步。乡镇一级政府直接经营项目、经营市场的做法，虽然在一定程度上提高了经济数据，但却给基层治理带来了更多的问题。随着改革的深化，乡镇政府才逐步卸掉了部分承担经济增长的责任，而将更多的资源与精力转向行政、法政与民政等方面。

近年来，各界有关如何改革乡镇体制的讨论一直都在进行，也曾经推行过如县改市或乡改镇的改革，以及在乡镇内部撤销或合并某些乡镇与行政村。基本的思路是以整体区域资源的方式来提高乡镇一级的资源配置效率，避免有限资源在投入中"撒胡椒面"式地过度分散。其改革不能说没有成效，但是基础政府组织的角色定位与基本职能问题没有得到彻底解决，乡镇可能已经改为街道社区，但治理思路或手段的改变却相对滞后。

县、乡政府是中国五级行政体制的内部构成部分，在整体上与整个行政体系保持一致。但是，一方面，县、乡政府距离中央政府较远，受到调控与引导的力度相对有限，其行动有相对更大的自由空间；另一方面，县、乡政府贴近最广大的基层群众，应能更及时地响应民众的需求，这也要求其具体工作方式具有相对的独立性甚至创新性，但是这对基层政府的行政管理水平提出了较高的要求，而且与行政体系运行的程序性原则可能存在冲突。在经济相对发达，尤其是民营经济相对发达的县、乡区域，民本意识相对更浓厚，县、乡政府掌握了较多的可调配资源，也更具有现代政府组织管理的基本特征。而经济发展相对落后的县、乡区域，基层政府的运行更多地依靠上级资源，对于区域内事务管理体现出更强烈的传统行政色彩。自改革开放之初到现在，县、乡政府一直处在上级政府的压力与基层民众的压力这二者之间，其自身的利益格局也因改革而多有变化，某些转变对于县、乡政府而言并非自愿。

（二）县、乡政府在征地中的动机与行动分析

可以看到，改革中的县、乡政府呈现出一种强烈的谋利动机，这种动机在征地行为中往往会体现得淋漓尽致。县、乡政府的角色与功能定位，是由整个国家行政体系的基本框架决定的，但是县、乡政府所需完成的各项功能与其能够掌握和调配的各类资源之间并不匹配。在县、乡财政紧缺背景下，县、乡政府本能地想在征地中分享一部分利益，由此不仅要充分利用规则允许的合法手段，在必要时也会主动"解释"某些表述上并不明确的规则，乃至创造出某些针对具体事务存在空缺的"规则"，更有甚者，直接走到了法律的对立面。当然，作为国家行政体系中的一分子，在多数情况下，县、乡政府的行为不会超越底线，以免遭遇上级处置，或者出现基层的群体性事件。事实上，县、乡政府工作人员的个人利益主要来自上级政府的考核，与基层民众评价几乎没有直接关联。处理如征地这样会大面积牵涉基层的事宜，县、乡政府首先必须完成上级政府交付的"政治任务"，其次在可能的情况下为本级政府谋求利益，且尽可能避免引发基层冲突，这其实意味着县、乡政府首先必须也必定是上级政策的执行者，同时也是自身部门利益的谋取者，而对农民集体利益的考量则不会成为县、乡政府处理征地事项的前列选项。

三、农村基层组织行为的理论分析

（一）村委会角色定位分析

村委会作为农村基层组织，并不是正式的政府组织，但是实际权力极大。其本身角色被定位为农民集体代表[①]，事实上又起着政府"代理人"的功能，一旦村级领导运用其权力寻租，就可能产生农村特有的权势阶层。村委会是农村社会事务的法定组织者与管理者，而由于集体经济组织的虚化与缺位，村委

---

① 《中华人民共和国村民委员会组织法》第二条规定："村民委员会是村民自我管理、自我教育、自我服务的基层群众性自治组织，实行民主选举、民主决策、民主管理、民主监督。村民委员会办理本村的公共事务和公益事业，调解民间纠纷，协助维护社会治安，向人民政府反映村民的意见、要求和提出建议。村民委员会向村民会议、村民代表会议负责并报告工作。"

会在很大程度上成为农村经济活动的实际组织者与管理者。集体经济组织虽然在内部成员权利界定方面并不清晰,但是不同集体经济组织之间的权利边界是清晰的,可是长期以来集体经济组织却很难进行法人登记或者经济实体的注册登记,在法律上没有明确且独立的经济主体地位。依据《村民委员会组织法》第二条、第八条等有关规定,村委会显然不是集体经济组织,也不负责开展集体经济活动,但在第八条中,村委会又被赋予管理集体财产的职能。①

有关法律法规对集体经济组织本身的属性与地位没有说清楚,村委会的属性与地位虽然被表述得很清楚,但是与集体经济组织的关系又出现不一致的表达。村委会在相当程度上成为农村中集政治活动、经济事务与社会管理于一体的实权组织,其实际功能与权力都超过了法律给出的框架范围:(1)必须完成上级政府下达的政治任务,虽然并不一定是日常行政事务,但是任何与党和国家大政方针有关的事务,他们都绝对不能与上级政府之间出现偏差,而且上级政府对村委会负有"指导、支持和帮助"的职责;(2)可以管理包括集体土地在内的集体财产。例如,即便村委会不是集体土地的所有者代表,也可以开展集体土地的承包或发包工作;村委会还必须完成相关法律要求完成的公共事务与公益事业,虽然他们未必具有完成这些任务所需的基本资源。

村委会担任多种角色,具备多重功能,但是不同角色地位、不同功能发挥的权力来源却并不一致。村委会不是国家行政体系中的组成部分,也不是国家的基层政权组织,上级政府对村委会虽有指导的责任,但没有权力直接干预村委会事务;但是,村委会是党领导下的基层组织,必须坚持党的领导。② 在无法有效区分党务与政务的情况下,"村民委员会协助乡、民族乡、镇的人民政府开展工作"(《中华人民共和国村民委员会组织法》第五条规定)中的"协助"二字其实是一种刚性的政治存在。村委会也是基层党组织,这就决定其合法性与权威性不能离开上级党组织的肯定。另外,村委会不是集体经济组织,不是集体财产的所有者代表,如果村委会要管理集体资产事务,其合法依据不可能来

---

① 《中华人民共和国村民委员会组织法》第八条规定:"村民委员会应当尊重并支持集体经济组织依法独立进行经济活动的自主权,维护以家庭承包经营为基础、统分结合的双层经营体制,保障集体经济组织和村民、承包经营户、联户或者合伙的合法财产权和其他合法权益。村民委员会依照法律规定,管理本村属于村农民集体所有的土地和其他财产。"

② 《中华人民共和国村民委员会组织法》第四条规定:"中国共产党在农村的基层组织,按照中国共产党章程进行工作,发挥领导核心作用,领导和支持村民委员会行使职权;依照宪法和法律,支持和保障村民开展自治活动、直接行使民主权利。"

自农民集体的授权,只能来自法律法规,即便法律法规本身存在矛盾之处。同时,村委会是法定的"基层群众性自治组织",其成员由民主选举产生①,其权威性与合法性来自社区内部全体成员的一致意见。如果上级政府下达的工作任务与本社区的群众意见出现冲突,村委会该如何自处?村委会是作为上级机构的代理人,还是作为社区群众的代理人?党代表着最广大人民群众的根本利益,但这并不能否定确实存在不同群众内部利益冲突的可能性,村委会或许被上级政府指定、被基层群众期望能起到从中协调的功能,但要求村委会发挥此种功能的激励究竟何在?

村委会陷入多重代理人的尴尬角色,不同委托人给出不同的激励,都希望村委会的行动更有利于自己,这中间不可避免地产生一些混乱。村委会认为自己是依法开展由上级政府授权的某些活动,但这可能根本不能得到集体的认可,至少在集体所有制的土地产权结构中,村委会是一个无法在理论上证明其存在性,却又在法律上具有可能性的组织。更何况村委会可能还有自己独立的利益目标,这会使情况更加复杂。进一步看,改革开放之后,人民公社制度很快被废除,但是人民公社制度的惯性却一直潜在地影响着中国农村基层治理的模式,生产大队虽然变为村委会,可是其角色与功能却并未真正转变到"基层群众性自治组织"的模式内。不仅如此,由于法律的某些模糊表述及上级政府事实上的强力影响和行政干预,村委会多重代理人的身份不仅在一定程度上延续了生产大队的角色设置,更取得了法律与行政的双重支持,成为农村基层治理中重要却尴尬的组织。不可否认,近年来中国农村基层民主有比较明显的发展与进步,但是,民主选举似乎并没有解决村委会的角色与功能定位这样一个基本问题,因为这是由中国政治结构与行政体制的整体框架决定的,不能因为农民可以选举村委会成员而改变这一状况。

(二)土地制度变革凸显村委会角色定位冲突

一旦涉及征地这样的重大事项,在征地过程中,村委会或者村干部角色的

---

① 《中华人民共和国村民委员会组织法》第十一条规定:"村民委员会主任、副主任和委员,由村民直接选举产生。任何组织或者个人不得指定、委派或者撤换村民委员会成员。"第十二条规定:"村民委员会的选举,由村民选举委员会主持。村民选举委员会由主任和委员组成,由村民会议、村民代表会议或者各村民小组会议推选产生。村民选举委员会成员被提名为村民委员会成员候选人,应当退出村民选举委员会。村民选举委员会成员退出村民选举委员会或者因其他原因出缺的,按照原推选结果依次递补,也可以另行推选。"

尴尬就会表现得尤其明显：征地是上级政府交办的"政治任务"，不可能拒绝；征地事关集体内多数甚至全部成员，不可能不面对群众；此外，村干部自己也有可能是集体成员，在征地过程中也要面对补偿问题。如果征地范围与村干部本人土地无关，那么纵然他们积极争取征地的有利条件，也不过是为村下属的小组谋利，除了获得赞誉以外，村干部实际上得不到任何合法或者正当的利益——经济利益或者政治晋升。村委会很难得到有效的正向激励，他们不能（或不愿）代表村民的利益，而上级政府也不会给予他们实质性的激励。当然，较村干部更下一级的小组代表，反而可以更加彻底地站在维护小组利益的立场上，因为他们的利益和村民小组的集体利益紧密联系，在征地过程中，村民小组是一个比村更为重要的行动单位。

在村委会干部中，不同的产生方式也影响着干部在征地中的表现。一般而言，由"海选"产生的村干部（主要是村主任）相对而言更加敢于和政府对抗，这不仅是因为他们由村民直接选举产生，很重要的一点在于，在现有体制下，"海选"村主任晋升乡干部的可能性微乎其微。相对而言，由上级政府任命的村干部（主要是村支书），要得到村民信任相对更难，其当选既然得到了上级的提拔，自然可能表现得更为"忠诚"。在这种情况下，村支书身为上级政府的代理人，在如征地这样的事项中极有可能不会为村民表达和争取利益，而只是履行上级政府的宣传、说服等政治任务。

在多数情况下，县、乡政府并不直接管理村组织，在征地过程中，县、乡干部只能对村干部进行引导、说服或安抚，即使村民有意见和反抗，也难以对县、乡政府官员构成真正的困扰，除非这种反抗引发了更高层级政府部门的关注或干预，县、乡政府官员对自利活动的关注将远远高于对农村基层治理的关注。在这种情况下，来自农村社区内部的自治就显得至关重要。在国家的行政体系中，县、乡干部是体制内人员，有体制内的政治晋升途径，但村干部不是公务员，没有此类利益与权力机理，因此，在缺乏乡村"精英"的地方，或者"精英"不能（或不愿）投入一定的资源进行村庄管理，那么无利可图的村干部职位就有可能难以引起地方精英竞争的积极性，某些趁势而上的个人就可能攫取该职位并在有机会的时候大肆以权谋私。当然，这并不意味着村庄必定会陷入无序和"流痞化"状态，因为村干部毕竟还要受到国家法律、上级政府及村民监督的约束。①

---

① 李丁. 过程背后的"结构"——透过一个征地案例看农村基层社会结构及其发展 [J]. 研究生法学，2007（2）：37-58.

四、农村村民小组行为的理论分析

（一）村民小组的行为选择分析

在现行体制下，在土地"征收与否"问题上农民基本没有真正的发言权，农民抗争的最高目标就是争取得到合理补偿，农民的大量行动发生在村民小组内部有关补偿款项分配的问题上，因为村民小组最为密切地与农户直接联系，而且集体所有制也将集体土地的所有权界定给了村民小组，以村民小组为单位，共同协商并决议包括土地在内的有关集体资产的处置事宜，既有事实基础，也有法律基础。农民接受这一安排，基层政府也对此默认，对具体分配事宜不会进行干预。在此场景中，"乡规民约"作为非正式制度的影响力，远远超过正式制度的影响力。小组成员的身份确认至关重要，只要能够被确认为小组成员，就可以顺理成章地享受集体成员的权利并承担义务，由此就引出一些关键问题：由谁来确认小组成员身份？用什么标准来确认小组成员身份？村民小组是否有权以"集体的名义"否认某些人的集体成员身份？这样的问题并非凭空假设，而是在现实中已经发生。①

---

① 以下是一则经媒体报道的真实案例。马巷镇西坂村是一个偏僻的贫困村，全村人口不足 2000 人。2003 年 8 月，厦门市翔安区政府决定在马巷镇西坂村建设巷南高科技电子园，征用西坂村 534 亩土地（主要位于该村一组），征地补偿费总额为 1908 万元。1997 年，西坂村村委会和村民们签订了一个土地承包合同，当时每位村民分得 0.788 亩农田，此后西坂村没有再重新分配土地，但在随后的六年时间里，西坂村各家的人口发生了变化，对于如何分配，村民有三种看法：第一类村民家中人口已减少，他们希望补偿款能按 1997 年在册的人口平均分配这笔钱；第二类村民家里人口已经增加，他们要求按现有人口分配这笔钱；第三类村民家中人口不增不减，他们反对村委会搞平均主义。最终，西坂村村委会以村民代表投票表决的方式形成了《土地款分配方案》，决定按 1997 年第二轮土地承包时在册的人口（包括 1997 年第二轮土地承包之后已死亡的人口及外嫁的人口）对每人补偿 27737 元，1997 年后的新增人口每人补偿 14142 元，但是 1997 年后家里有新增人口的 22 户共 36 人坚决反对这一方案，他们于 2003 年 11 月将村委会告上法庭，经过一审、二审将近一年的诉讼后，2004 年 6 月 18 日，厦门市中级人民法院做出终审判决，判令西坂村村委会赔偿 22 户 36 个村民每人 27737 元，共计 99.8 万元。二审法院认为，西坂村村委会根据少数服从多数的原则制定的村规民约违法，征地补偿应维系失地农民原有生活水平，西坂村一组关于新增人口按每人 14142 元补偿的规定，造成实际需要依靠土地赖以生存的新增人口所获得的补偿远远低于 1997 年承包土地现已死亡的人口所获得的补偿，有违征地补偿款重在维系失地农民保持原有生活水平的原则。法院从 36 位新增村民的户籍、土地承包和生活基础情况进行考量，确认他们享有与其他有承包土地的村民同等分配征地补偿款的权利参见郭风情.征地补偿款分配引发争议 36 名村民告赢村委会获赔百万 [J]. 中国供销商情（村官），2007（3）：36-37.

村小组内部就集体资源的分享，普遍遵循"成员权"逻辑；但是，这种"成员权"逻辑并不是征地款被均分的充分条件，必须要有其他因素配合，如在集体经济发展有限的地区、市场发育比较落后的地区，或者乡村干部公信力低下的地区，村民都会更加倾向于一次性分配完所有补偿款，坚决反对任何集体从中截留以用于发展集体经济或者提供其他社会保障的措施。总之，村民小组是此类农村中核心的利益主体，在此种逻辑下，村民小组作为一个集体的整体行动通常比较稳定和坚定，希望借助整体力量能够和上级政府及其他相关利益主体进行谈判协商。在这个过程中，农民的行动是具有理性考虑的，当他们感到征地不公的时候，会搜集相关的信息以确定自己得到的补偿是否公平合理，然后会向上反映情况并要求得到解决。如果解决方案不能被接受，他们才有可能"把事情闹大"，但会避免冲击底线，形成一定的社会舆论压力，或者借助更上一级政府施加行政压力来帮助他们解决问题，而这种行为对应的是制度内自下向上表达机制的缺失。

（二）以组为单位的组织化行为存在的问题

尽管如此，这种以组为单位的利益表达与争取方式存在某些天然的缺陷。首先，清晰的利益边界和利益分化给组织化行动带来了重大的阻碍，在大多数情况下，这种组织化的水平是比较低的，因为农民天然受到自身利益边界的约束，即村民小组的利益边界。在相邻地域内，只要一个生产队争取了一定的权益，其他生产队就能轻易获得同样待遇，此时不仅"搭便车"成为理性选择，而且随着抗争进程的推进，利益的分化也会逐步出现，因个人利益而退出抗争是完全可能出现的情况。其次，即使农民的这种组织化能够达到一定的水平，在预期的"收益—成本"对比下，经济政治力量微弱的村庄不可能与政府进行"整体性"抗争，在政府面前，带头者或者组织者个人不仅要付出相当高的经济或心理成本，还要承受一定的社会风险，在"预期收益"无法确定的情况下，农民能够追求的只能是眼前利益，即使现实中成本的解决可能采取"可能受益"者平摊的方式，但"搭便车"心理也决定了这种成本"分摊"在不同的村民小组之间很难实现，村民小组之间的联合是困难的。

需要强调的是，不能仅仅将农民的这种意识归咎于"素质低下"，它有着深远的历史根源与现实背景。长期以来，由于国家对农村公共产品的供给严重不足，以村民小组为单位的集资修路等形式的公共设施建设逐渐成为农民自发的自我补偿形式，此行为基于更易进行内部化成本—收益计算，而无需担心外溢效应，加之农村社会既定的社会结构，以小组为单位，在成本上可控且操作上可行。一方面，农民的生产生活空间与生产小组的区划大体一致，农户居住比较集中，对分布在居住范围内的公共产品的分享也比较平均，较之以规模较大的行政村为单位的集资工程，费用的分摊可能更为合理，村民投资和出力的积极性大大提高；另一方面，村民小组规模一般为几十户人家，内部交往和互动频率高，而且往往是同姓家族，相比行政村来说是真正的初级群体和"熟人社会"，能够推选出大家都较满意的组代表，并对其进行有效监督。

第三章

被征地农民问题的现实考察

随着工业化、城市化进程加快,各种用地需求大量增加,征占农业用地力度越来越大,被征地农民人数越来越多,一些被征地农民在生产和生活方式的转变中出现一些不适应,形成一个新的社会群体,并给城乡社会发展带来了深刻的影响。

第一节 被征地农民问题的发生过程

被征地农民可被简要表述为一个国家在经济建设和社会发展过程中,因城市化和工业化用地而产生的失去土地的农民。[①] 对被征地农民的界定包括以下方面:因征地行为而失去(全部或部分)土地[②];在多数情况下,以户籍表示的身份发生转变,成为城镇居民,并以不同方式从事非农就业[③];在居住方面,通

[①] 金兆怀,张友祥.失地农民的权益损失与保障机制分析[J].经济学动态,2006(6):34-37.

[②] 农民失去的土地大致可分为四种用途:国家征收农村集体土地进行基础设施、公共事业等建设,把农村集体土地变为国有;按照城市规划,政府要求农民在集体土地上进行绿化建设,土地仍属农民集体所有,但是农民实际上失去了对土地用途的支配权;村或社区占用集体土地进行非农产业建设开发,原来务农的那部分农民不能继续从事农业生产;开发商根据城市规划,通过法定程序将农用地变为建设用地进行非农开发,农民由此失去土地。

[③] 根据城市政府对失地农民的补偿安置办法,可以将失地农民的职业身份分为三类:第一类是"农转工"人员,这部分人在被"农转非"的同时,以征地单位安置就业或乡(镇)、村留用的形式被安排了工作;第二类是自谋职业人员,这部分人在"农转非"时没有被直接安置就业,而是政府给予他们一笔征地补偿费和生活安置费(货币安置),鼓励他们自谋职业;第三类是"超转"人员,在"农转非"期间这部分人的年龄低于或已经超过劳动年龄,属于非经济活动人口,在"农转非"时政府不为他们安排工作,也不给予安置补偿费。

常以群体聚集方式居住在城郊或者城内某一特定区域。需要指出的是，被征地农民固然是城镇劳动力市场的参与者，但是部分地方在征地过程中也会将原有的集体资产以股份制或者股份合作制等方式让农民成为集体经济的股东，所以这部分被征地农民兼有"劳动者"与"股东"的双重经济主体身份。①

一、相对"积极"的接受阶段

在某个特定的历史时期，农民曾经有强烈的意愿"失去"土地，这个时期从城乡二元体制确立开始，一直持续到20世纪90年代中期。改革开放之前，农民被限制在农村社会内生活、在农业领域内就业，除极少渠道，农民几乎没有进入城市的可能。中华人民共和国成立之后，工业化发展速度较快，中国在较短的时间内就从自然、半自然的农业经济阶段进入工业化起步阶段，但是与之对应的城市化发展明显滞后，甚至一度出现"逆城市化"现象。虽然这一现象有特定的历史背景，但造成的后果是，在改革开放前，中国的城市社会与农村社会之间已经形成较大的差异。在这个时期，一旦土地被国家征收，就意味着农民将极有可能拥有城市身份与非农职业，"失地"几乎成为可遇不可求的人生机遇。

改革开放之后，农村经济在20世纪80年代中期之前曾有过突飞猛进的发展，但也不过仅仅是解决温饱问题而已。随后，国家改革开放的中心转向城市，农村经济社会发展由于各种原因，至20世纪90年代中期增长缓慢甚至停滞。改革开放之后，城乡之间的信息交流远远比计划经济时代全面和深入，农民对城乡差距的对比感更加深刻，无论纵向上比较农村有多么巨大的改变，都不能让农民忽略城乡之间横向差距巨大的现实。这种差距集中体现在三个方面。（1）就业与收入水平方面。20世纪80—90年代，承包耕地释放的巨大生产力暂时告一段落，每家靠种几亩承包地能吃饱饭但不能致富成为农民的现实认知。中国农村居民收入的增长点主要来自非农就业收入，农民实现非农就业的主要途径包括在本地乡镇企业及城市务工等。在城市，国有企业曾经因实行承包制而有过一段发展良好的时期；个体、私营经济的发展为城市居民带来收入增长甚至致富的良好机遇；各类外资企业进入，其中相对高收入的岗位基本上也都由城市劳动力获得。在相当长一段时期内，自发进城务工的农民工群体被政府

---

① 成得礼. 对中国城中村发展问题的再思考——基于失地农民可持续生计的角度[J]. 城市发展研究, 2008, 15 (3): 68-79.

及主流媒体视为一个需要"管理"的"盲流"群体。(2) 职工福利与社会保障方面。在计划经济时代，中国城市实行高就业、低工资、低物价政策，辅以福利与保障项目，虽然基本生活资料供给短缺是常态，但是也保证了城市劳动者能维持稳定的基本生活水平。在改革开放之后的一段时期内，城市经济单位（尤其是国有企业与外资企业）有较高的工资收入，同时还提供较好的福利项目，且城市居民整体而言都有一定的社会保障项目，包括医疗、就业、养老及教育等多个方面。而这些福利与保障项目不仅在整个农村社会基本不存在，即便在城市务工的农民工也很难获得。(3) 社会公共产品供给方面。无论教育资源、医疗资源、卫生资源还是文体设施等，城乡之间都存在数量与质量之间的巨大差距，农民或许可以凭借个体的多劳多得而缩小与城市居民的收入水平差距，但是农村很难凭借单个集体之力或者基层政府之力而缩小在公共产品供给方面与城市的巨大差距，即便农民富裕起来，也无法在公共产品供给严重匮乏的情况下提高生活质量。

上述差距并非完全不能缩小，如农民进城务工可以缩小收入差距，但是农民工很难取得城市户籍身份，无法获得与户籍有关的一切福利或者社会保障，而且务工收入也很难支持他们在城市定居。不仅如此，农民进城务工还曾经被指责挤占城市各项公共资源而引发城市社会的排斥。在这种情况下，农民的直接感受是，只有首先从户籍上彻底转变为城市居民，才有可能在就业、社会保障等各个方面享受与城市居民同等的权利，而征地似乎提供了一个一次性解决方案：农民可以借此获得城市户籍，可以获得一笔仅依靠自己家庭收入而很难短期内积蓄起来的货币资产，甚至可能获得由政府安排的工作岗位。

二、由积极向消极转变

从20世纪90年代中期开始，农民对征地的态度开始发生变化：一方面，城市户籍身份乃至城市生活带来的吸引力逐步下降，农民会仔细考量失去一切之后所获得的城市身份是否还有足够的"含金量"；另一方面，农民（尤其是城区内或者城郊边缘地区的农民）敏锐地发现了农村土地在城市化进程中的巨大增值空间，他们即便愿意失去土地，也不再愿意按照既定标准获得补偿，尤其对于某些地区的农民而言，他们缺乏唯有通过失地途径才能改善生存状态的迫切需求，既然土地"奇货可居"，那么就"待价而沽"。综合起来的表现是：农民或者不希望失去土地，或者即便愿意失去土地，也要求有更高的补偿，对于政府的征地行动，他们的态度由积极向消极转变，甚至出现抵触或抵抗情绪。

20世纪90年代中后期，中国城市化进入一个飞速发展的阶段，城市人口增长迅速，城市规模不断扩大，在各个方面都给城市发展带来了影响，与农民关系最直接的影响之一表现在就业方面。国企改革开始进入建立现代企业制度的新阶段，带来的一个后果是大量国企职工下岗，他们成为城镇中的隐性或显性失业人员，城市出现为数不少（在某些城市甚至是大量）的贫困家庭，解决这部分群体的就业困难问题是城市政府首要的政治任务，再加上城市新增青年劳动力数量庞大，大学扩招也无法从根本上解决问题，排挤农民工就业成为部分地方政府的解决办法。对于农民工而言，城市就业环境已经相对恶化。国有领域依然很难对农民工开放；虽然外资或者民营经济为农民工提供了大量就业机会，但工作环境普遍恶劣，工资待遇长期难以提升；在城市从事个体经济，政策环境也并没有给予明确积极的支持。欠缺友好的就业环境与飞速上涨的城市物价让农民不得不选择城市务工、农村生活的"两栖"方式，他们不再将获得城市身份作为追求目标。较之城市职业的不确定性，在农村拥有土地反而成为一种虽然低水平却非常可靠的收入保证。

城市化迅速发展给农民带来的另一个影响是：部分农民直观地感受到土地的增值潜力与补偿额度之间的差异。土地一旦由农业用途转变为非农用途并经市场交易，其市场价格较征地补偿会出现若干倍的增长。反观农民的补偿额度，却不可能有同等幅度的增长；而且，在补偿方式上，就业安置已经越来越难以实行，在绝大多数情况下，农民只能选择货币补偿的方式，缺乏就业岗位及依托就业才能实现的基本社会保障，一次性货币补偿对农民的吸引力下降，一旦再比对城市土地市场的价格，农民在征地过程中的"失去感"就有可能超过"获得感"，于是，农民从个人意愿上开始抗拒征地行为——至少是不愿接受沿袭原有补偿制度的征地行为。

20世纪90年代末期，政府曾试图控制城市化发展过快的进程，以缓解其产生的各类消极效应。但是，在短暂的整顿期之后，进入21世纪，中国城市化进程加速前进的势头并没有放缓，即便在号称"最严格的耕地政策"下，耕地面积减少的趋势依然无法得到有效控制，虽然不能将耕地面积减少与城市化进程直接画上等号，但事实却是大多数的耕地减少都是城市规模外延扩大、城市产业发展的直接结果，因为自然或生态等原因导致的耕地减少相较而言并不占主要比例。征地行为的大量发生，意味着被征地农民的数量日益上升，尤其是越来越多的征地行为比较集中地发生在经济相对发达的区域或者大中城市，这些地区本来就存在比较突出的人地矛盾,而经济水平相对较高的社会环境更容易激发农民对征地补偿标准的不满。在一定程度上,相对发达地区(或者城市近郊)的被征地农民因其典型性而成为被征地农民的代表,虽然仅就群体数量比例而言未必如此。①

三、被征地农民与失地农民问题

诚然,农民失地并不必然出现失地问题。从世界各国工业化与城市化进程看,农民失地是一个普遍现象,在不同的历史时期,不同的国家对此采取了不同的政策,所导致的社会后果也并不完全相同。英国在早期也出现过较为极端的被征地农民问题,而在当代西方发达国家,失地对于农民而言基本上不会成为对个人生存和发展权益造成损害的"问题"。即使在中国,在20世纪90年代大规模强制性征地现象出现以前,"失地"对于农民而言甚至是某种"福音"。因此,被征地农民出现于工业化和城市化的一般进程之中,而失地农民问题则与特定时期的制度安排有关。

从一般意义上来说,中国的二元社会结构是农民(包括被征地农民)权益缺失的体制性根源。现阶段的中国城乡二元结构经济是一种转型二元经济,是发展经济学家所描述的常规二元经济在中国经济转型背景下的一个变种,是两种"二元"的叠加:(1)来自传统计划经济时代且由行政主导而形成的"二元";(2)来自市场经济改革后由市场主导而形成的"二元"。改革开放之前,行政主导型的二元结构主要围绕户籍制度、就业制度、教育制度、主副食品供给制度等因素构造,它造成城乡之间的彻底割裂;改革开放在一定程度上突破了传统二元结构的坚冰,但是并没有让其完全消融,而市场经济的主导又开始叠加新的二元结构,导致整个中国实际形成了一种"三元结构":真正的城市社会、真正的农村社会以及夹在两者之间的边缘群体社会——农民工、被征地农民及城中村。在这种情况下,被征地农民问题各种表象的背后,无不与其由农村社会向城市社会转变中的权益变化有关,城乡权益的差距在被征地农民这样一个转型群体中体现得淋漓尽致。

改革开放已40余年,中国农村社会一直在寻求解决"三农"问题的思路与途径。家庭联产承包责任制在农业领域内解决问题,将生产经营的权利还给农

---

① 王作安. 中国城市近郊失地农民生存问题研究 [M]. 北京:经济科学出版社,2007: 30–40.

民，基本解决了农产品供给与农民温饱问题；乡镇企业将解决问题的眼界放得更宽一些，试图在农村内部解决"三农"问题，在农村培育出市场主体与市场体系，农民第一次拥有"农业劳动者"之外的经济主体身份；统筹城乡发展的战略设计终于让农民开始摆脱城乡分割状态下的不平等状态，工业反哺农业、城市反哺农村的倾斜性路径让农民与农村有可能获得实质上的公平对待。对于被征地农民而言，如何获得与城市居民一样的公民待遇，较之其他农民群体而言似乎更为迫切，因为城市已经成为他们赖以生存、生活与发展的空间。就业、收入与保障，这些都是失地农民问题的具体表现，其核心问题是如何确认并保障被征地农民的合法权益，其中不止包括补偿或者收入问题，而且包括失去土地之后是否能获得新的生存条件与发展资源。马克思明确指出"无产阶级的第一批政党组织，以及它们的理论代表都是完全站在法学的'权利基础'之上的"。在农民完全失去土地的情况下，解决被征地农民问题，需要从制度上保障被征地农民各项生产与发展的基本权益，只有这个问题解决了，被征地农民的就业、收入、社会保障等一系列具体问题才能得到解决。被征地农民是城乡二元结构转型中的一个特殊群体，被赋予填平与跨越城乡鸿沟的象征意义，如果连被征地农民这样一个因国家强制力而进入城市的群体都无法成为真正的城市公民，那就无须讨论那些还真正生活在农村的农民享受的城乡一体化政策。被征地农民与城市居民依法享有《中华人民共和国宪法》规定的平等公民权利，只有尊重和保护被征地农民的权利，被征地农民充分参与城市社会与经济的公共生活，通过现代社会的基本公共规则来博取利益，被征地农民才能在城市得到全面的发展，以人为本才能得到实质体现，城乡和谐才有可能实现。

第二节　被征地农民就业收入问题分析

一、被征地农民就业问题分析

（一）被征地农民就业的基本情况

在就业安置模式下，一度实现了就业的被征地农民，由于素质、能力等方面的原因，多数已经逐渐处于离岗状态；已离岗的征地劳动力，又由于同样原因，难以重新进入劳动力市场；因征地新产生的劳动力，由于"谁征地、谁安置"的政策不符合市场规律,且给企业带来很大压力,已难以再被安置进入单位;而已被安置进入单位的劳动力,又由于"身份制"等歧视,大多未能参加社会保险。

1. 被征地农民就业率普遍不高

本书课题组在成都市第三圈层县域调查了112户失地农户,[①] 共有303个劳动力(男性为16~60岁、女性为16~55岁,均属于就业年龄段)。这些劳动力中只有23%被有关部门安置就业,其余只能自谋职业,而自谋职业的劳动力中有41%找不到工作,尤其是土地被全部征用的农户基本赋闲在家的富余劳动力占比更大,占调查户全部富余劳动力的62.5%,其中男性失业的情况比女性严重,因为女性相对而言更容易在一些低技术、低工资的服务部门就业。第一圈层地区的情况相对而言较为理想,政府安置的比例相对较高,在调查的某乡93户共157个劳动力中,由当地政府安排工作的比例达到56%,其余劳动力也多数能够通过一定的途径自谋职业,这主要与当地较为发达的乡镇经济有关。第二圈层地区的情况则不容乐观,调查56户共135个就业年龄阶段劳动力,其中通过政府安置解决就业问题的只有31%,自谋职业的有25%,其余人员均赋闲在家。总体而言,在经济较为发达地区,被征地农民的就业机会相对多一些,因此就业率相对较高。但也有例外情况,如成都市金牛区地处大城市近郊,就业机会相对较多,但是被征地农民就业率却低于相比而言经济发展水平更低的其他地区。究其原因在于,当地被征地农民虽然失去土地,但是由于通过发展股份合作集体经济等渠道,获得了虽然不高但是相对稳定的收入,农民对就业岗位有了一定的选择心态,在各种就业条件暂时不能满足心理预期的情况下,宁可选择暂时失业,从而造成一定时期内就业率偏低的局面。

2. 被征地农民就业后的失业率偏高

随着劳动用工制度的改革和企业的转制、兼并和倒闭,过去已实现招工安置或就业安置的被征地农民大多被裁减或失业回乡。调查显示,被征地农民就业后又再度失业的情况,在经济相对较为发达的地区或者相对欠发达的地区,都同样存在。例如,某区2012年依托附近一工业园区内的缝纫厂解决了当地45

[①] 成都三圈层是指成都市在区域发展格局中的三个层次,具体包括:一圈层,包括成都市的中心城区和成都高新区,分别是锦江区、青羊区、金牛区、武侯区、成华区。二圈层,包括成都市近郊的6个区(县),分别是龙泉驿区、青白江区、新都区、温江区、双流区、郫都区。三圈层,包括成都市远郊的8个县(市),分别是都江堰市、彭州市、邛崃市、崇州市、金堂县、大邑县、蒲江县、新津县。

名女性被征地农民的就业问题,但是由于该缝纫厂经营不善,2016年底陷入困境,在经过两次裁员后,45名就业农民全部再次失业,只有极少数女工还能够利用在缝纫厂学习到的技术通过租赁门面的方式在当地县城经营小裁缝店,其他女工则多数没有相对稳定的职业。

(二) 制约被征地农民就业的直接因素

下面两个访谈案例来自课题组在成都市金牛区某村进行的调研。

访谈1:张某某,男,36岁。

问:你家的房子修得很好啊,装修也不错,你们这一片房子都是这样的吗?

答:房子是集体统一修的,都差不多,我这个不大,还有更大的。装修,其实我开始都不想装的,家家户户都在装,你一家不装,也不好意思。

问:那家家户户都按照你们这样装修,你们征地的补偿款还是可以啊。

答:征地款大头都没有发下来,集体拿到修这个小区了,一部分房子就是我们村里的人住,剩下的集体拿来出租,然后分房租。装修的钱,多数还是自己拿的。

答:你们还可以在集体拿分红啊?除了房租还有哪些呢?方便说一下吗?

答:一个是房租,还有集体办的厂子,我们有股份的,也可以分,去年每户还是分了些,像我这种,我、老婆、娃儿,算三个股份,每个月房租加其他的,有一千元左右吧,我爱人在厂子里面做事,每个月还有一千多,加起来,吃饭还是没有问题。

问:那你们村其他人的情况呢?还有其他村呢?

答:我们村的分红算中间水平,其他村有更高的,也有更低的,这个还是看领导行不行,厂子办得怎么样,门面出租怎么样,集体搞得好,就分得多点。年纪大的,还要好些,因为他们还有养老金嘛。各家情况看个人了,年轻人有技术的就好办,工资也高;我们这种没有技术的,年纪不大不小的,就不好办。

问:那有没有组织你们培训什么活动呢?

答:有是有,不过,我们这个年纪了,学东西也学不进什么了。反正现在家里吃饭过日子还是没有问题。

问:那村里和你一样暂时没有工作的多不多呢?

答:还是不少。说实话,我们这种,你说技术吧,也没有,去卖力气吧,也不划算,还不如闲在家里,以后有合适的机会再说。

访谈2:李某某,女,32岁。

问:我看到你们这儿家家户户都装修得很不错啊,小区里面都还停了小车。

答：房子都修起了，当然还是要装好。车子基本都不是我们的，领导的、其他人的，都是外地人在我们这儿买房子的。

问：你们现在主要就是从集体分钱？

答：是啊，征地款不是修了房子，就是拿去入了集体股份，当然就要从集体分钱了。

答：有没有想过，万一集体厂子办不起走了怎么办？

答：怎么没有想过，哪里有稳赚不亏的。不过领导也说了，保证每年都分钱，要不还不如拿去存银行。我们村还好，主要是修门面、收房租。有些村就不行。

问：你们家几口人呢，都在做事吗？

答：我们家就我一直在城里做事，我爱人以前在家种水果，现在在打点零工，也没有固定的，以后可能还是想办法找点本钱做生意，毕竟还是年轻人。

问：你们村里的青壮年基本上都有工作吗？

答：不好说。天天在屋里打麻将的也不少。我们有娃儿要读书，家里还要养老人，必须做事。家里负担轻的就是天天耍。还有些年纪大的，以前就只种田，现在想找事做也找不到。

该村所在的金牛区是成都市主城区之一，从整体上看，当地农民在生活方式方面与城市居民相比没有特别显著的城乡差异。上述访谈因为地域具有一定的特殊性而不具有普遍性，以下调研（表3-1）在一定程度上反映了被征地农民对就业率偏低原因的自我认识（其中，成都市第一圈层样本总量为247人，第二圈层为240人，第三圈层为368人）。

表3-1 被征地农民对就业率偏低原因的认识

	社会就业岗位不足		政府安置力度不够		缺乏就业技术		缺乏社会关系		缺乏就业信息		本人不愿就业		其他原因	
	人数（人）	占比（%）	人数（人）	占比（%）	人数（人）	占比（%）	人数（人）	占比（%）	人数（人）	占比（%）	人数（人）	占比（%）	人数（人）	占比（%）
第一圈层	145	58.7	188	76.1	215	87.0	58	23.5	14	5.7	7	2.8	10	4.0
第二圈层	130	54.2	205	85.4	189	78.8	104	43.3	19	7.9	5	2.1	7	2.9

续表

	社会就业岗位不足		政府安置力度不够		缺乏就业技术		缺乏社会关系		缺乏就业信息		本人不愿就业		其他原因	
	人数（人）	占比（%）	人数（人）	占比（%）	人数（人）	占比（%）	人数（人）	占比（%）	人数（人）	占比（%）	人数（人）	占比（%）	人数（人）	占比（%）
第三圈层	132	35.9	320	87.0	209	56.8	247	67.1	96	26.1	7	1.9	7	1.9
平均	407	47.6	713	83.4	613	71.7	409	47.8	129	15.1	19	2.2	24	2.8

注：调研要求农民选择认为造成自身就业率偏低的三项主要原因。

从调研数据看，第一圈层地区被征地农民认为就业率偏低的主要原因依次是：缺乏就业技术、政府安置力度不够、社会就业岗位不足。第二圈层地区被征地农民认为就业率偏低的主要原因依次是：政府安置力度不够、缺乏就业技术、社会就业岗位不足。第三圈层地区被征地农民认为就业率偏低的主要原因依次是：政府安置力度不够、缺乏就业技术、缺乏社会关系。

从调研可以看出，整体而言，被征地农民认为政府安置力度不足，应当承担被征地农民就业率偏低的主要责任；同时，被征地农民也普遍认识到，自身就业技能缺乏也是重要原因。不同地区的差异主要体现在：第一圈层地区由于市场经济较为发达，信息获得相对更为充分，农民对就业问题的认识相比而言能有更为宏观的把握（如对全社会就业岗位不足的认识）；而第二圈层地区与第三圈层地区相对更加看重社会关系在就业中的作用，尤其是对第三圈层地区的调查表明，该地区农民对政府安置有较高的期望，但是也并非一味依赖政府，他们还是有一定的自谋职业意识，只是苦于缺乏社会关系和就业信息，难以就业。这同时也反映出相对闭塞的就业环境妨碍了被征地农民的顺利就业。当然，以上只是粗略分析，具体到个人，也与其家庭现有经济条件有关，农民在不同程度上对社会就业岗位不足、自身技能缺乏等都有认识，相当一部分青壮年劳动力选择暂时在家待业，这与当地有较为发达的集体经济能够为农民提供较为稳定的红利、股利收入有关。

均分性质的耕地制度具有一项重要的社会功能：为农村劳动力提供基本的就业机会。在中华人民共和国成立之后，直到改革开放之前，由于特定的城市化道路与工业化道路，城市产业对农村劳动力的吸纳能力有限，为了避免大规模农村劳动力涌入城市的现象出现,国家采取限制农村劳动力在城乡间流动的政策。改革开放之后,农村劳动力流向城市的政策壁垒逐渐消解,越来越多的农村劳动力进入城市、进入非农产业。但是,其一,农村劳动力向城市与非农产业的转移是一个长期过程,在较长的时期内,存量巨大的农民依然必须从事农业劳动,而耕地则是从事农业劳动最基本的生产资料;其二,绝大多数农民在城市非农产业的就业并不具有长期稳定的性质,带有普遍的兼业化特征,虽然耕地对于他们而言越来越失去提供主要收入来源的意义,但是依然构成其家庭收入当中的重要部分。在失去土地之后,农民只能在非农就业领域获得劳动性收入,但是鉴于多数农民,尤其是被动失去土地的农民,他们并没有为自己在非农领域就业准备充分的劳动技能,就业机会有限;部分具有一定投资技能或者经营技能的农民,可以将货币补偿用作相关资产性投资或者生产型投资而得到财产性收入,但这并不会成为普遍现象。整体而言,被动失去土地的农民在就业转型问题上都面临程度不等的困扰。

(三) 被征地农民就业问题成因

造成被征地农民就业困难或者失业的成因是多方面的。从就业个体的供给角度进行分析,首先,部分农民确实缺少在非农领域里就业所需的技能或者素质;其次,也有部分被征地农民的失业带有一定的资源性质,本人没有强烈的就业意愿,如依靠租金收入或者财产性收入就可以维持基本生活开支的农民(尤其是城郊区域的被征地农民往往可以获得相当数量的补偿性收入或者租金收入)。从劳动力需求度的角度分析,在不少村镇或者乡镇,集体企业或者中小企业的发展都较为困难,不能提供足量的非农就业岗位;新兴产业的兴起比较缓慢,在短期内能够吸纳的劳动力非常有限;另外,征地的过程同时也是城镇化与工业化推进的过程,工业化与城镇化可以产生一定的就业需求,但这种需求需要较长的时间才会逐步显现,而被征地农民的就业问题则是即时性问题,供求之间不但在岗位结构上可能存在错配,也在时间上可能存在错配。

上述成因不难解释被征地农民就业困难或其失业问题所具有的群体特殊性。被征地农民的产生具有制度性背景,在城市化的早期阶段,国家对农民的征地补偿与安置中,就业是非常重要的一个构成部分,农民通常可以在国有企业得到就业安置,并转换为城市户籍,这对于他们而言是非常明显的社会地位改善。但是,一方面,随着城市化的大范围推进,征地范围不断扩大,被征地农民数量相应扩大;另一方面,随着城市国有企业制度改革的逐步推进,企业用工逐步走向市场化,政府已经很难再将被征地农民直接安排为企业职工。在此情况下，政府越来越倾向于采取货币补偿方式来取代原有的就业安置方式，农民可以拿到总量不等的货币补偿，但需要自行通过市场化途径完成职业转换，尤其在"农转非"被逐步缩小范围直至取消之后，农民无论是在职业上还是在户籍关系上都不再可以"顺理成章"地转变为市民。

如果农民在离开土地或者农村之后能够较为顺利地完成向非农产业的劳动力转移，则被征地农民的再就业或者失业只会成为一种类似于摩擦性失业的短期或局部问题；但是，考虑到征地制度所具有的城乡二元社会背景，实际问题更为复杂。在较长的时期内，征地给予农民的货币补偿是以耕地的农业产值为依据的，并不考虑耕地所具有的其他功能价值，农民获得的补偿本身并不充分；失去耕地的农民不能再从事农业生产，在进入非农领域就业的转换过程中，他们很难得到充分的就业支持，因为相关的就业支持或者社会保障需要以拥有城市户籍及稳定的就业关系等为前提，这样就将多数被征地农民排除在外，地方政府虽然能够给予这部分被征地农民一定的养老保障，但多为最低限度的保障力度，对于更需要就业与收入的被征地农民群体而言，政府的力量较为有限，加之制度建设长期落后，政府也缺乏主动向农民提供支持与保障的动力与压力，对征地所造成的被征地农民的补偿与安置事宜的处置力度都界定在维持社会稳定的最低标准上。

正是由于制度上的缺陷与操作中的失范，导致一个时期内被征地农民的就业问题没有受到足够的重视，这部分农民群体在就业中因此遭受了显性或隐性的排斥。农民要转换为市民，首先需要完成经济角色的转变，实现从农业领域就业向非农领域就业的转移，但是，传统户籍制度使得城乡劳动力市场被分割，被征地农民多数只能在次级劳动力市场得到工作机会，其职业环境、薪酬及保障等都与一级劳动力市场存在较大的差距；在一个时期内，不少地方政府甚至以政策手段人为地巩固或扩大一级劳动力市场与次级劳动力市场之间的差距，致使包括这部分被征地农民在内的次级劳动力市场就业者的就业条件难以得到有效改善，不少用工企业也都不同程度地存在侵犯这部分劳动者合法权益的情况。农民失去土地后的就业行为呈现形式化、短期化的特征，即便能在统计数据意义上实现就业，其就业的质量也普遍偏低，被征地农民很难依靠这种就业活动实现向市民的顺利转化。不仅如此，在社会交往中，被征地农民在社会结构中的群体地位也难以在短期内得到主流社会的接纳，他们的社会交往呈现比较明显的内向化特征，其社会支持很难得到外向的扩展。这些农民在地域上可能生活在城市或城镇，但是他们在较长的一个时期内都处于由农村向城市的过渡状态当中，无论是基于自我认知，还是城市群体的接受态度，他们都不会被轻易地视为城市居民。在更加极端的情况下，这有可能使他们陷入所谓的"社会断裂"状态。从公正或公义角度看，如果被征地农民对于城市与工业的发展而言始终只是一种工具性的存在，在资源获得的角度需要这些被征地农民，却又未能实现这些被征地农民的社会需求，那么这显然有悖于我们建设和谐社会的目标追求。

二、被征地农民收入问题分析

（一）被征地农民收入水平的基本情况

失地引发农民收入渠道变迁。长期以来，土地收益的产出与增值功能是土地最基本的社会功能之一，主要体现在种植业给农民带来收入，以及一些土地租赁收入等方面。农民家庭收入的主要来源是经营土地所获取的收益，拥有耕地的使用权是农民能够获取稳定经济收益的基本保障。改革开放以来，由务工带来的经常性现金收入在许多农村家庭收入中所占的份额逐渐增加，土地的经济收益功能有弱化的趋势。对于被征地农民这一群体，从农民失去土地后的收入来看，虽然部分被征地农民依靠区位优势获得了相当收益，特别是失地之初获得了较多的一次性补偿，其绝对收入较以前有所上升，但总体来说，这一群体与城市居民相比，相对收入差距正在拉大，有的甚至绝对收入也呈下降趋势。表3-2是农民对失地前后的收入水平做出的评价，表3-3是农民对失地前后生活水平的变化进行的评价。（需要说明的是：因回答问题的有效性不同，各表的样本总量存在一定差异）

表3-2 被征地农民对失地前后收入水平变化的评价

	大幅提高		有所提高		基本不变		有所下降		大幅下降		难以比较	
	人数（人）	占比（%）	人数（人）	占比（%）	人数（人）	占比（%）	人数（人）	占比（%）	人数（人）	占比（%）	人数（人）	占比（%）
第一圈层	15	6.1	31	12.5	119	48.0	66	26.6	14	5.6	3	1.2
第二圈层	6	2.5	25	10.5	128	53.5	52	21.8	21	8.8	7	2.9

续表

	大幅提高		有所提高		基本不变		有所下降		大幅下降		难以比较	
第三圈层	人数（人）	占比（%）	人数（人）	占比（%）	人数（人）	占比（%）	人数（人）	占比（%）	人数（人）	占比（%）	人数（人）	占比（%）
	20	5.5	57	15.5	150	40.9	112	30.5	15	4.1	13	3.5
平均	人数（人）	占比（%）	人数（人）	占比（%）	人数（人）	占比（%）	人数（人）	占比（%）	人数（人）	占比（%）	人数（人）	占比（%）
	41	4.8	113	13.2	397	46.5	230	26.9	50	5.9	23	2.7

表3-3 被征地农民对失地前后生活水平变化的评价

	大幅提高		有所提高		基本不变		有所下降		大幅下降		难以比较	
第一圈层	人数（人）	占比（%）	人数（人）	占比（%）	人数（人）	占比（%）	人数（人）	占比（%）	人数（人）	占比（%）	人数（人）	占比（%）
	7	2.7	26	10.1	130	50.4	61	23.6	16	6.2	18	7.0
第二圈层	人数（人）	占比（%）	人数（人）	占比（%）	人数（人）	占比（%）	人数（人）	占比（%）	人数（人）	占比（%）	人数（人）	占比（%）
	4	1.7	25	10.5	109	45.6	68	28.4	14	5.9	19	7.9
第三圈层	人数（人）	占比（%）	人数（人）	占比（%）	人数（人）	占比（%）	人数（人）	占比（%）	人数（人）	占比（%）	人数（人）	占比（%）
	8	2.2	54	14.7	180	48.9	105	28.5	8	2.2	13	3.5
平均	人数（人）	占比（%）	人数（人）	占比（%）	人数（人）	占比（%）	人数（人）	占比（%）	人数（人）	占比（%）	人数（人）	占比（%）
	19	2.2	105	12.1	419	48.4	234	27.1	38	4.4	50	5.8

调研数据反映出两个方面的问题。（1）失地以后，多数农民的收入水平并没有得到显著提高。（2）与收入水平相比，农民对生活水平的评价更为复杂，认为生活水平不变甚至降低的比例高于认为收入水平不变或者降低的比例，这意味着，即使部分农民认为收入水平有所提高，也并不代表他们同时认为生活水平有所提高，可能的原因在于，虽然名义上收入增加，但是由于支出更大幅度地增长而导致真实收入降低；认为难以比较的比例也有所提高，这可能也反映出部分农民面对由乡村生活向城镇生活转化时产生了心理困惑。

以下访谈案例（根据记录整理）有助于进一步认识这一问题。

访谈地点为成都市双流区RD小区，时间为2018年6月，访谈对象为部分小区居民。

问：你们现在这个小区的村民都是被征地后一起过来的吗？

答：有我们村的，也有其他村的，政府搞了一个工业园，这个小区里面住的差不多都是建这个工业园被征地的村民。

问：那征地款呢，都发给你们好多啊？

答：哪里发哦，都没发。

问：为啥子呢？你们咋不向上级反映呢？

答：反映有啥子用，村里头说不发下来，用征地的钱修了这个小区，你看到这个小区，其实就是我们自己的钱修起来的，说要统一规划的。

问：那就全部修这个小区啊？那你们生活咋办？

答：说是修完以后剩余的就可以发下来，到现在还在村委会账上头挂起，不晓得到底发不发得下来。生活个人想办法。

问：征地没有安排你们工作啊？

答：工业园里面招工，还是可以去，园里的保安和保洁，我们村里有人做，不过哪些人去，还是要有关系才进得去。

问：那你觉得现在和以前比，住在小区里面咋样嘛？

答：太花钱了，啥子都要钱！别的不说，光水电费，我屋里头上个月用了一百多啊，我以前一个月才用几块钱。冲厕所要用水，拖地也要水，又没有一口井！还要收我们物业费。其实我们也理解，城里头都要收，问题是我们怎么可能和城里相比嘛，连那个路灯电费都要我们出钱，那个路灯又不是我屋里在用。

问：那你说，还是没有原来好啊？

答：也不是这么说，住得确实好一些，问题是没这个钱，没工作，住得好，把小区扫得再干净，没用。

这段访谈可以反映出两个问题：（1）农民对于城镇生活有一定的向往，与乡村生活相比，城镇生活模式确实更具吸引力；（2）被征地农民更关注的是收入问题，修建集中居住的农民新村一类的方式，虽然有助于城镇化建设和提高农民生活质量，但是如果不能解决农民的收入问题，那么提高的生活质量对于农民而言只能意味着更高的生活成本。城镇生活方式所带来的生活成本迅速上升，对于缺乏稳定收入的被征地农民而言，其带来的忧虑远远大于喜悦。相比有地农民，被征地农民更多从市场上购买生活用品，特别是食品和住房支出，市场价格与自产自销的价格存在差距，因此，从人均水平看，农民失地后的实际生活质量不如有地农民，更不如城镇居民。

（二）制约被征地农民收入提高的直接因素

近年来，新闻报道中经常出现一个名词——"拆二代"，意指农民通过征地拆迁可以得到大笔现金收入，尤其是部分发达地区大城市近郊的某些农户，可以得到不菲的现金收入。不可否认，在某些区域，确实存在部分农民因获得拆迁补偿而"一夜暴富"的情况，但是选择货币补偿的农民通常需要重新购置或者装修住房，扣除各项居家重置，再考虑到他们之后只能进入城市生活，还往往面临种田无地、就业无岗、社保无份的窘境，因而不能以偏概全地认为被征地农民全都会成为"百万富翁"。更普遍的情况是，多数地区的被征地农民将征地补偿标准与市场地价挂钩，认为标准偏低，加之被征地农民就业情况普遍困难，直接制约其收入水平提高。以下两个案例均来自课题组在四川省南充市的调研。

案例1：李某某，男，38岁，现个体老板，2014年失地。李某某主要种植水稻和果树，于2004年结婚并于次年生下一个儿子。2006年开始从事水果零售生意。2014年土地被征用后，得到土地补偿费和安置费共约35万元，在政府帮助下，李某某将水果生意从零售做到批零兼营，加上政府对被征地农民就业与创业政策的优惠，李某某一家的生活水平稳步提高。

案例2：蒋某某，男，54岁，2014年失地。蒋某某于2014年失地，现无职业，两个儿子在珠三角一带打工，从事非技术工作。家中原有数万元积蓄，全部用作修建房屋。2014年失地时，政府支付补偿费和安置费共38万元（两个儿媳因为是从外地迁入，在征地的时候不能算作本集体人口，没有得到相应补偿）。家中现有5人，由于本人、其爱人均无业，两个儿媳在家抚养小孩，做一些零时性工作，家中主要的收入来自在外打工的两个儿子。与失地前相比，家庭成员的就业渠道没有发生根本性变化，但是各项开支增加，导致生活水平相对下降。

在这两个案例中，两户人口获得的补偿款项大致相同，最大的区别在于：李某某的家庭在失地以前其主要的收入渠道除务农外，还有很重要一部分来自经商，在失地以后，通过原有积蓄和政府扶持，相对顺利地转到城镇就业渠道内；蒋某某的家庭在失地以前，其主要收入来自务农和打工，原有积蓄全部用于建房，在失地后，缺乏自主创业的资金和途径，原来的打工渠道带来的收入不可能大幅增加，家庭缺乏新的城镇就业渠道。显然，能否顺利地由农业就业渠道转移到城镇就业渠道，成为直接决定农民收入的最主要因素。在不能依赖征地补偿大幅度上升的前提下（事实上，征地补偿本身也不可能承担为农民提供可持续收入的重任），如何为被征地农民提供就业机会与如何增加被征地农民收入，其实只是一个问题的两个方面而已。

第三节 被征地农民社会保障问题分析

一、被征地农民养老保障问题分析

失地直接导致农民社会保障模式变迁。土地的社会保障功能主要体现在四个方面。(1) 向农民家庭提供食物。绝大多数农民通过经营土地来获得收入，以维持基本生存和需要。(2) 提供养老保障。在农村，老年人在丧失劳动能力后或将土地交给其他家庭成员经营，或通过土地流转来获得一定租金收入以用于养老，土地因而成为一种有效的养老保障载体。(3) 为农民提供公共物品。目前大部分村庄都留有一定数量的集体用地，其经营收入通常用来提供公共物品，甚至为困难家庭支付一定数额的救济金。(4) 起到失业保险的作用。由于从事土地劳作的技术含量低且为农民所熟练掌握，农民在非农岗位失业时极易退而务农，土地起到了失业保障或"退农保障"的作用。

在被征地农民安置实践中，部分地方已经或正在探索为被征地农民建立社会保障制度，并且取得了许多具有重大意义的改革成果。各地的基本做法是参加农村养老保险，如北京市的大兴区、通州区主要由村集体用征地补偿费和安置补助费为农民参保筹资，地方政府给予一定的财政支持；城市规划区内的被征地农民参加城镇职工基本养老保险。部分地区也探索了生活补助和农村养老保险结合型，即为60岁以下的村民发放生活补助金，将60岁以上的村民纳入农村养老保险体系。还有一些地方实行具有补贴性质的农民老年退休金制度，依据实际条件，标准有高有低。尽管如此，相比数量巨大且规模不断增加的被征地农民，当前的养老保障制度还存在较大的制度优化空间。

以成都市被征地农民社会保障制度为例，《成都市征地农转非人员社会保险办法》从2004年开始实施，在调研中我们了解到，整体来说，农民更愿意接受按月领取的方式代替一次性补偿，尤其是已经享受到养老金的老年被征地农民对政策的满意度最高。对政策满意度最低的群体则是40~50岁的被征地农民，他们距离领取养老保障还有较远的时间年限，而在就业上，基本没有任何专业技能，而且他们的教育基础和年龄也决定了即使接受培训，也很难与年轻人在技能上竞争；与此同时，这个年龄段的农民又是家庭责任最重的群体，上有老、下有小，压力之大，可想而知。至于20~30岁的年轻人，则大多根本没有主动参加养老保障的动力。随着城市化进程加快，被征地农民的征地补偿本就不足以维持生活，如果就业情况也不理想，那么不仅农民本人压力增大，政府社会的保障压力也非常沉重。

（一）被征地农民对养老保障的制度需求

中青年农民是养老保险持续发展的后备动力，其养老意愿决定投保行为，而现在的投保行为又影响将来农村社会养老保险的发展。本次调研的重点人群年龄段为18~45岁，有关调研数据信息的情况如下表（表3-4至表3-7）所示。（需要说明的是：因回答问题的有效性不同，各表的样本总量存在差异）

表3-4 被征地农民对社会化养老方式的接受意愿

地区	愿意		条件适合，可以考虑		不愿意		无法回答	
	人数（人）	占比（%）	人数（人）	占比（%）	人数（人）	占比（%）	人数（人）	占比（%）
第一圈层	30	26.3	35	30.7	27	23.7	22	19.3
第二圈层	25	13.4	40	21.4	92	49.2	30	16.0
第三圈层	34	9.9	50	14.5	239	69.5	21	6.1
平均	89	13.8	125	19.4	358	55.5	73	11.3

表3-5 被征地农民对土地是否能提供养老保障功能的评价

地区	能		基本能		不能		无法回答	
	人数（人）	占比（%）	人数（人）	占比（%）	人数（人）	占比（%）	人数（人）	占比（%）
第一圈层	21	19.8	24	22.6	43	40.6	18	17

续表

地区	能		基本能		不能		无法回答	
	人数(人)	占比(%)	人数(人)	占比(%)	人数(人)	占比(%)	人数(人)	占比(%)
第二圈层	41	21.9	45	24.1	67	35.8	34	18.2
第三圈层	78	22.7	83	24.1	118	34.3	65	18.9
平均	141	22.1	151	23.7	228	35.8	117	18.4

表3-6 被征地农民对以土地换取养老保障的接受意愿

地区	愿意		条件适合，可以考虑		不愿意		无法回答	
	人数(人)	占比(%)	人数(人)	占比(%)	人数(人)	占比(%)	人数(人)	占比(%)
第一圈层	41	35.9	28	24.6	32	28.1	13	11.4
第二圈层	59	31.8	54	29.0	48	25.8	25	13.4
第三圈层	97	28.2	50	14.5	85	24.7	112	32.6
平均	197	30.6	132	20.5	165	25.6	150	23.3

表3-7 被征地农民对参与社会养老保障的接受意愿

地区	愿意		条件适合，可以考虑		不愿意		无法回答	
	人数(人)	占比(%)	人数(人)	占比(%)	人数(人)	占比(%)	人数(人)	占比(%)
第一圈层	32	28.3	55	48.7	17	15.0	9	8.0

续表

地区	愿意		条件适合，可以考虑		不愿意		无法回答	
	人数（人）	占比（%）	人数（人）	占比（%）	人数（人）	占比（%）	人数（人）	占比（%）
第二圈层	50	26.6	76	40.4	27	14.4	35	18.6
第三圈层	83	24.1	162	47.1	48	14.0	51	14.8
平均	165	25.5	293	45.4	92	14.2	96	14.9

调查数据呈现出农民养老意愿的两个特点。

1. 对以养老院为典型代表的社会化养老方式接受程度低，即使接受程度相对较高的第一圈层地区也如此。而且，调研对象为18~45岁的中青年农民群体，他们是思想观念较为开放的一代，也是未来农村推行社会化养老的直接对象。可能的原因在于家庭养老的传统观念思想不可能在短期内被消除，其与中国的传统文化及伦理道德有关，也说明当前的养老院对农民缺乏吸引力，这既可能是因为养老院建设本身不能尽如人意，也可能是因为政府在相关宣传方面还有欠缺，让农民对养老院的认识还停留在收留"鳏寡孤独"的层面上。

2. 农民对土地养老保障功能的评价并不高，这与当前农民收入中来自土地产出的比例逐渐降低有直接的关系，多数青年农民都有一定渠道的非农收入，务工收入成为他们非常重要甚至主要的收入来源，对土地的依赖逐步降低；也正因为如此，有约一半的农民表示，愿意或者可以考虑用土地换取养老保障，这也表明，在农村推行社会化养老，有一定的潜在需求空间。

但是，当被问及是否愿意缴费参加养老保险的时候，农民的心态表现出一定的矛盾与犹豫，表示肯定愿意或者不愿意的都不多，多数选择的是要看条件。农民所指的条件，主要是两类：（1）养老的保障程度如何；（2）缴费比例如何。农民对现在养老保障模式的评价并不高。对于农民，尤其对于青年农民而言，信用问题是他们最为关注的，对于在数十年以后，自己是否真的能按照约定领取到相应的养老金，这些农民是没有确切把握的，即使有政府信用作为担保，但是一个不可否认的事实是，农村基层政府的信用在农民心目中是有折扣的，尤其是在征地问题方面存在矛盾的地区。

从调研中可以得出一些基本的结论：农民思想观念被束缚，固然在一定程度上阻碍了农村社会化养老保障的推行，但是农民也确实认识到土地在养老保障功能上的弱化，有一定的参与养老保障的需求，而在现实中制约农民参与养老保障意愿的因素包括保障程度、缴费比例及政府信用问题，这些也是主要的因素，要推行农村养老保险，必须解决上述基本问题。

（二）当前被征地农民养老保险制度存在的缺陷

养老保险政策设计上的缺陷是被征地农民参保率低的主要原因。（1）养老保险政策缺乏一定的强制性。被征地农民由于受多种因素制约，理财能力不足，养老观念相对滞后，仅靠"自觉"使更多的被征地农民参加养老保险是很困难的。（2）个人缴费比例过高。农民失地后其生活支出普遍上升，缴费能力极为有限。不少地方在设计被征地农民缴费比例时认为个人负担部分可用安置补助费支付，但现行征地补偿标准普遍偏低，不足以支付养老保险费用，即使部分地区的安置补助费能够支付，也会对被征地农民的生产、生活造成很大影响。（3）保障水平过低。目前各地的养老金发放标准多在二三百元，有的地区不到一百元，在当前农村消费水平较低的情况下刚刚能维持温饱，可是城市消费水平和物价水平都远远高于农村。（4）保险层次单一，满足不了被征地农民不同层次的保险需求。比较富裕的被征地农民希望将来的保障水平能高一些；经济状况较差的被征地农民则只求将来能保温饱。但目前各地养老保险大都缺乏层次性，致使部分被征地农民因保险层次过低而不愿投保，部分又因缴费负担过重而无力投保。

实施过程中的操作性问题也会降低被征地农民的参保积极性。（1）宣传不到位，影响养老保障工作的开展。（2）养老金不能足额、准时发放，影响被征地农民的参保积极性。没有参加被征地农民养老保险的人中，有一部分对此是持观望态度的：如果这一政策实施情况良好就参加，否则继续观望或转而求其他。从实际情况看，拖欠被征地农民养老金已成为比较严重的问题，这种状况不仅会影响老年被征地农民的生活状况，而且会挫伤尚未参加养老保险的被征地农民的投保积极性。（3）实施过程中知情权、监督权、参与权缺失，导致被征地农民对这一制度不放心，对养老保险的"保险度"产生怀疑，影响养老保险工作的开展。① 养老保险资金的安全性缺乏有效的制度保障。审计署对我国部分省市社保基金的审计结果表明，在现行制度下，社会保障基金被违规挪用的情况较为突出。从趋势看，现行的保障资金存在巨大的财务压力。我国社会发展出现提前进入老龄化社会的特殊国情，而社会养老制度在从完全的现收现付制转轨到统账结合的部分积累制过程中，因出现"空账"问题、社会养老制度设计本身未解决"逆选择"问题而导致企业逃避参保、养老基金不能有效"开源"、社保资金管理运作低效等，使政府在推进现行社会养老保险制度的过程中面临越来越大的财政压力。②

二、被征地农民医疗保障问题分析

从全国范围看，城镇医疗社会保险覆盖被征地农民的比例不高，而被征地农民对城镇医疗社会保险的需求又巨大，为缓解这样一对矛盾，许多地方政府进行了相当有益的探索，并总结出一些值得推广的经验。综观各地的被征地农民医疗保险方法，可以发现以下特点及问题。(1) 各地均结合本地的经济发展水平、社会发展状况及被征地农民的特点采取相应的医疗保险模式，如缴费责任、待遇水平、结算方法等都因地制宜，这种状态在今后相当长的一段时间内依然会保持。(2) 从已经推行被征地农民医疗保险的地区看，农民医疗保险的参保率相比参合率较高，但医疗保险的水平都较低，而且医疗保险待遇的起付线对于被征地农民群体来说还可能略高，尤其对于那些失地后没有能够顺利就业的农民而言，可能并不能真正帮助到被征地农民抵御一般的疾病风险。(3) 各地有关被征地农民的医疗保险制度都严格规定了保障的对象，从而将被征地农民与本地的城市居民严格划分，二者采取不同的制度模式、运行方式。这种政策考虑了被征地农民群体的特殊性，但随着我国城市化进程加速及户籍制度的改革，这两种制度之间缺乏衔接，被征地农民的医疗保险制度面临转制问题。③

---

① 史先锋，曾贤贵. 我国城市化进程中失地农民养老保险问题研究 [J]. 经济纵横，2007 (2)：25-27.
② 秦士由. 商业保险参与被征地农民养老保障体系建设：重庆模式 [J]. 中国金融，2007 (12)：17-19.
③ 孙方. 上海、成都、北京、深圳四地农民工医疗保险制度比较 [J]. 中国社会保障，2006 (10)：43-45.

（一）被征地农民参与医疗社会保障的基本情况：以成都市为例

被征地农民可以参加的医疗社会保障包括针对城市居民的城镇职工基本医疗保障、政府专门为被征地农民建立的医疗保障，也包括新型农村合作医疗。新型农村合作医疗保障不算医疗社会保障，但作为向医疗社会保障的过渡形式，对于解决目前我国被征地农民的医疗社会保障问题具有一定的积极作用。整体上看，被征地农民参与各类医疗社会保障的占比不高。表3-8至表3-11是调研得到的基本数据。（需要说明的是：因回答问题的有效性不同，各表的样本总量存在一定差异）

表3-8 被征地农民对参加医疗保险的接受意愿

地区	愿意		条件适合，可以考虑		不愿意		无法回答	
	人数（人）	占比（%）	人数（人）	占比（%）	人数（人）	占比（%）	人数（人）	占比（%）
第一圈层	137	55.5	63	25.5	26	10.5	21	8.5
第二圈层	148	61.7	57	23.8	21	8.8	14	5.8
第三圈层	254	68.8	77	20.9	20	5.4	18	4.9
平均	538	62.9	198	23.1	67	7.8	53	6.2

表3-9 被征地农民参加各类形式医疗保障的基本情况

地区	合作医疗		被征地农民医疗保障		城镇职工医疗保障		未参与任何医疗保障	
	人数（人）	占比（%）	人数（人）	占比（%）	人数（人）	占比（%）	人数（人）	占比（%）
第一圈层	49	19.8	35	14.2	15	6.1	159	64.4

续表

地区	合作医疗		被征地农民医疗保障		城镇职工医疗保障		未参与任何医疗保障	
	人数（人）	占比（%）	人数（人）	占比（%）	人数（人）	占比（%）	人数（人）	占比（%）
第二圈层	45	18.8	38	15.8	14	5.8	163	67.9
第三圈层	47	12.8	32	8.7	17	4.6	285	77.4
平均	141	16.5	105	12.3	46	5.4	607	71.0

注：因为存在少数被征地农民同时参与1项或2项医疗保障的情况，各项比例汇总不等于100%。

表3-10 被征地农民对没有参加医疗保障原因的认识

	政府没办理		承担不了缴费		保障标准太低		政策兑现执行有问题		其他原因	
	人数（人）	占比（%）	人数（人）	占比（%）	人数（人）	占比（%）	人数（人）	占比（%）	人数（人）	占比（%）
第一圈层	88	35.6	77	31.2	109	44.1	66	26.7	15	6.1
第二圈层	102	42.5	107	44.6	87	36.3	65	27.1	10	4.2
第三圈层	201	54.6	195	53.0	172	46.7	139	37.8	24	6.5
平均	391	45.7	379	44.3	368	43.0	270	31.6	49	5.7

注：要求未参保被征地农民选择三项主要原因。

表 3-11 被征地农民对医疗保障政策执行效果的评价

	有很大帮助		有一定的帮助		帮助比较小		没有帮助		不好判断	
	人数(人)	占比(%)	人数(人)	占比(%)	人数(人)	占比(%)	人数(人)	占比(%)	人数(人)	占比(%)
第一圈层	39	15.8	61	24.8	89	35.9	26	10.5	32	13.0
第二圈层	36	15.0	66	27.5	73	30.4	37	15.4	28	11.7
第三圈层	69	18.8	105	28.7	127	34.7	49	13.4	16	4.4
平均	144	16.9	232	27.2	289	33.9	112	13.1	76	8.9

1. 被征地农民普遍希望获得医疗保障，因为农民收入增长缓慢，而近年来医疗费用增长较快，因此他们认为只要政府政策允许、有人组织，合作医疗就能办，贫困家庭尤其希望得到帮助，希望有合作医疗或医疗保险作为保障，希望有人来组织医疗保障。总的来说，各个地区被征地农民对医疗保障的需求都比较强烈。但是，在经济发展水平不同的区域，农民对医疗社会保障的需求意愿存在一定的差异。医疗社会保险基金由政府、集体、个人三方筹资，第三圈层地区尤其是第三圈层地区中经济发展相对落后的地区，农民对医疗保障的需求更加强烈；第一圈层地区由于市场经济较发达，被征地农民就业的机会较多，面临的风险相对较小，对医疗社会保障的需求不如第三圈层地区那么强烈；而且，医疗社会保险在第一圈层的覆盖率高于第三圈层，暴露出的问题和缺陷较多，引起的被征地农民的不信任程度反而相对较高。

2. 从农民实际参与医疗保障的情况看，其参与比例与当地的经济社会发展程度有关。医疗社会保障作为一种混合产品是由政府、个人及个人所在企业（集体经济组织）共同筹资建立，整体保障水平取决于筹资水平，而筹资水平又取决于政府、个人及集体组织的经济实力或支付能力，若政府和集体经济组织的实力雄厚，农民本身也有较强的支付能力，则被征地农民参与医疗社会保障的比例就会相对较高；若地方财政匮乏，集体经济组织发育缓慢，农民增收难，则医疗社会保障的覆盖率就低。

3. 从农民对现行医疗保障的评价看，客观地说，并不高，即使在相对不发达的第三圈层地区，这一比例也没有超过50%，在第一圈层地区，这一比例只有约40%。出现这一现象的原因主要有三个：政府没有主动为他们办理（直接操作征地过程的地方政府）；承受不了个人缴费的负担；认为保障标准太低，缺乏实际意义。此外，对于政策答应兑现的承诺，农民也普遍存在怀疑心态。因此，虽然被征地农民对保障存在需求，但大多数因为对现行医疗社会保险制度存在某种不满或担忧，且政府对被征地农民是否参加医疗社会保险实行个人自愿的制度，因而按照理性人原则做出不参加医疗社会保险的决策。

（二）被征地农民医疗社会保障制度缺陷分析

被征地农民医疗社会保障的缺失，从根本上源于传统城乡二元医疗社会保障制度的安排。1949年以后，农村合作医疗虽不是社会医疗保障，但是毕竟对保障农民的基本医疗及服务需求曾经起过重要的作用；随着合作医疗制度逐步退出，当农民失去土地，他们实际上没有附带任何医疗社会保障。

新型合作医疗制度存在缺陷，影响农民参合意愿。对于合作医疗制度的发展前景，农民的态度并不乐观，多数农民认为：在经济上，集体经济已经没有积累；在组织上，家庭经营下各家各户都是单干，已经没有组织；在管理上，存在管理者或者领导干部以权谋私的可能；在观念上，合作医疗本来就有再分配的内涵，容易造成心理不平衡。对于医疗商业保险，农民的态度更加悲观消极，即使是持谨慎态度的农民，也认为医疗商业保险必须讲信用，实施要长久，不能朝令夕改，即使要参加，也应该由政府组织，而不是由商业保险公司组织，而且也必须至少是由县以上政府出面组织。但是，也有部分农民认为，相比"说变就变"的政策，大的商业保险公司反而更加值得信任。[①]

1. 新型农村合作医疗的给付结构，直接决定看病农民医疗花费报销比例，直接影响农民的就诊倾向，从而对农民参保意愿起到制约或者促进作用。照现行合作医疗给付机制，就全国来说，报销比例一般在30%~50%；再结合地方财政状况和具体实施政策的灵活性，很多地区达不到这一比例。由于给付结构不合理，自付比例过高，农民眼中那些所谓的"小病"治疗，并不能得到有效补贴，直接影响了对农民基本医疗健康需求的满足。即使"大病统筹"，对恶性病

---

① 李卫平. 农村医疗保障调查报告——农民健康保险意愿访谈分析［J］. 社会保险研究，2003（4）：20-25.

症的报销比例还是较低。这对于花费较大的恶性病症的治疗，不能起到有力的外部救济目的，尤其是对一些农村社会弱势群体、中西部落后地区的救助效果不明显。给付结构不合理，造成小病不想医、大病无力医的现象，引发弱势群体参保意愿极大降低，于是最应该得到救助的弱势群体得不到救助，而有实力的参保群体得到了更好的社会福利外部支持。事实上，从卫生投入绩效的角度权衡，对大病的干预所获得的健康效果远不及对常见病和多发病进行及时干预的效果。

2. 受益群体的利益权衡也凸现出制度设计的缺陷。如果将参合农民划分为医疗低风险群体和医疗高风险群体两类，农户参保意愿的差异容易导致低风险人群参合率低，结果直接影响了合作医疗基金基数的稳定和充足，客观上造成新的社会福利不均等，高风险群体得不到有力的外部支持，政策作用得不到有效发挥。新型农村合作医疗制度原则上采取的是农户自愿的方式，这与社会保险的强制性原则相违背。政府之所以在自愿的前提下推行新型农村合作医疗，是因为中央政府出于防止地方政府以此为借口，加重农民负担，遏制农村滥收费的考虑。但是，在全民还没有形成自觉自愿、扶危济困的社会格局背景下，客观情况决定了这项旨在改善农村医疗状况的互助救济制度，或许需要采取强制性的推进措施。在政府与农民缺乏相互信任机制的假设下，博弈的结果必然是双方均选择"不信任"对方的占优策略。事实上，这种占优策略也是"纳什均衡"，这种消极无为的行为倾向产生了"个体理性导致集体非理性"，社会福利缩小。如果不对政府服务角色进行重新定位，政府服务不到位，那么农民对强制性合作医疗只能采取不信任的消极抵制态度。

3. 新型合作医疗保障体系中的一个重要角色是定点医疗机构，"新农合"政策采用"定点就诊制度"，是本着规范就医秩序、合理分布医疗资源的社会目的。但是，定点医疗机构是否会利用新型合作医疗进行政策创收，引发"重治轻防，小病大医"的医疗道德风险？在信息不对称的情况下，这并非杞人忧天。而且，定点医疗机构和医院转诊制度的确立，一定程度上阻碍了患者自由选择就医地点和医生的权利。在市场化环境下，从长远来看，这种政策不利于社会平等竞争，不利于医疗效率提高，不利于维护患者利益。何况，如果当地医疗环境和质量符合患者的健康需求，农民作为绝对"精打细算"的理性"经济人",是不会舍近求远,"逆向选择"在报销范围之外、完全自付的医疗机构的。①

被征地农民除了选择新型合作医疗保障体系,也可以选择参加城镇医疗保障。但是,被征地农民由于自身的文化素质、技能水平等原因,在劳动力市场上处于弱势,大部分就业较为困难,因而很难通过就业的方式加入城镇社会医疗保障体系;部分被征地农民即使能够就业,由于其流动性较强,加上信息不对称,政府部门也很难查证就业单位是否为其办理了相应的社会保险。

整体而言,各地在被征地农民社会保障体系建设方面都有所成就,基本提供了以养老和疾病为主要内容的社会保险,但是在建设步伐上有快有慢,保障的标准上有高有低。由于经济技术条件、区位及政策比较优势等诸多因素影响,各地区之间被征地农民的保障状况出现较大差异。浙江、江苏等经济较为发达的东部省市已经制定了有关政策,以保护被征地农民的权益。相比东部沿海发达地区,中西部地区的制度创新较为滞后。但是,各地的社会保障都存在一些共性的问题,集中在以下方面。

第一,保障方式单一、水平过低,这几乎是各地被征地农民反映最普遍的问题。除中心城市或者发达地区城市能够提供较为完善的保障以外,更多的地区主要是提供一定程度的养老保障,而医疗、失业等其他保障方式则很少涉及,保障方式过于单一。而且养老保险的保障水平过低,难以满足广大被征地农民的养老要求,也无法达到制度设计者的预期效果。目前,在我国绝大多数农村地区,农民的生老病死全由个人承担,土地成为农民社会保障的主要依托。即使在城市,尽管在全社会范围内已经建立起"三条保障线",但社会保险资本金账户远未做实,而仅此一项不仅费时耗力,且所需资金庞大,因此在建立起能够覆盖广大农村的多层次社会保障体系之前,土地的社会保障功能还远未到退出历史舞台之时。

第二,缺乏规范统一的标准,导致各类潜在风险。在被征地农民之间,存在不同时期、不同片区之间的差异比较,危险暗伏其中,风险较大。部分地区的社会保障措施仅停留在村级范围,缺乏法律的明确规定,各地的具体措施有差别,尤其是其中的运行、管理、监督等制度处于混乱、于法无据的状态。②

---

① 徐明增. 新型农村合作医疗中的农民逆向选择问题探讨——由一则就诊案例引发的思考 [J]. 中国卫生事业管理, 2009 (2):122-123.
② 王婷,杨小炜. 制度经济学视角下的失地农民社会保障研究 [J]. 价格月刊, 2007 (4):23-25.

第三，各种安置措施带有浓重的行政色彩，缺乏激励机制。各地为推出所谓独创性的安置措施，往往强制性地扣留农民的土地征用补偿费，具有浓重的"行政干预"色彩，只注重为农民提供一定程度的生活保障，缺乏基本的措施激励他们从思想意识、生活方式、综合素质等方面主动完成从农民向市民的全面转化。

总之，当前被征地农民的生存状态既有别于农民，又不同于城市居民。他们既不享有土地的保障，也不享有同城市居民一样的社会保障，处于社会保障的真空地带，成为一个边缘群体。被征地农民由于在就业、收入等方面存在不稳定性，依托家庭保障的模式越来越受到冲击。部分被征地农民"种田无地、就业无岗、社保无份"，生活在城市的边缘，在就业、子女就学、社会保障等方面又享受不到有关政策，导致被征地农民大量转化为城市贫民，已影响到城乡的社会稳定。①

第四节　乡村振兴视角下的制度影响

乡村振兴战略提出"农业强、农村美、农民富"的远大目标，为了实现目标，党中央也提出全面实施乡村振兴战略所必须坚持的一系列基本原则，包括党管农村原则、农民主体原则、城乡融合原则等。以乡村振兴战略为视角反观现行征地制度，可以发现，征地制度对农民个体、集体及城乡社会所造成的影响，均在一定程度上偏离了乡村振兴战略的目标与要求。

一、对农民群众"获得感"的影响分析

以字面理解，"获得感"即为个体获得利益之后的满足感，它在基础上是一种物质利益的满足感，但同时也具有精神层面的意义，如实现某种价值追求而带来的满足感。对于农民而言，生活富裕是最基本、最普遍的愿望，是提升"获得感"的主要途径；同时，现代化场景下的农民，也要求生活得更有尊严、更加安全，在精神与价值层面提升"获得感"。如何提升农民的"获得感"？第一是让农民"获得"利益，第二是让农民"感受"所得，第三则是"持续"发

---

① 王作安. 中国城市近郊失地农民生存问题研究[M]. 北京：经济科学出版社，2007：15-18.

展。提升农民"获得感",才能实现社会主义所追求的共同富裕与农民的美好生活,才能实现城乡之间的公平正义。以"获得感"为标准来衡量征地制度对被征地农民的影响,可以更好地体现制度的效果。

(一)经济"获得感"的影响分析

在工业化和城市化进程中,农民的损失是综合性的,农民失去的不仅仅是土地,还有就业岗位、居住房屋、生活保障及集体资产等,从而失去了维持农民全家生存、发展的低成本生活方式和发展方式。他们不仅不能与城市居民一样获得同样的就业机会和社会保障,还要付出转变就业方式、生活方式的成本,这使不少农民的不满情绪和逆反心理加深,导致对土地征用采取抵制态度,直接影响社会稳定。

1. 对于农民而言,失地意味着失去一种相对低成本的生活方式。在中国许多地区,农民生活中的许多方面和环节都直接来自土地赋予、亲戚邻居互助和家庭成员互补,带有自我服务和自然经济特点,与城市生活相比较,是一种成本低得多的生活方式。被征地农民家庭离开农村进入城市后,很难承受比农村高出许多倍的日常生活开支,以及购房、结婚、生育费用。除了极少数原本就生活在城市近郊的农民,多数被征地农民对城市生活的最深体验是生活成本大幅上升,个别地方甚至出现了被征地农民因生活拮据而以捡破烂为生的情况。

2. 失地意味着失去一种相对低成本的发展方式。对于有些农民来说,将土地、房屋和积蓄有机组合,就能够开办小加工厂、发展庭院经济等,对于许多城郊农民来说,经过农业产业结构战略性调整和都市型农业的发展,从事农业的收益增加很快。于是,农民失地后同时也失去了基本要素,失去了低成本的致富机会。搬迁新居虽然使被征地农民改善了生活条件,但毕竟是一种强制性的提前消费,征地补偿费难以让被征地农民保持以前的生活水平或消费水平,更不足以保障农民在失去农业生产资料后取得相应的第二产业和第三产业的生产资料,实现再创业、再发展,也难以保障被征地农民在失去土地后赚取与从前经营土地相当的收入。①

3. 在很大程度上,失地意味着失去生存和发展的保障基础。房屋和土地是农民最基本的生存和发展保障,房屋对于农民来说是家庭经济收入的重要来源、积累财富的重要途径,不仅是生活资料,也是发展庭院经济的生产资料。农民

---

① 李一平. 城市化进程中失地农民利益受损的制度分析与对策[J]. 中州学刊, 2004 (2): 144-147.

失掉房屋的同时，也失掉了宅基地。宅基地作为一种特殊的土地，其价值对于农民来说并不比农田低，它的外部环境和基础设施条件优于一般的农田，也是农民家庭的财产。农业土地收益比例虽然下降，但这是农民最基本、最可靠的收入，是在市场经济条件下农民抵御市场风险最稳定的经济基础。对于一些连基本社会保障都没有的老年农民来说，土地转租收入和房屋转租收入是他们度过晚年的经济来源。政府征用土地也使一些地方集体资产被征用，特别是在城乡接合部的镇、村或经济强村，其集体资产比较多，农民可以从中得到分红、享受到福利或得到各种免费服务，也在一定程度上为一些经济比较贫困和老年病残的农民提供了生活保障。① 由于多数地方政府采用一次性经济补偿，没有建立系统、长期的社会保障制度，被征地农民难以从根本上解决养老、医疗及子女教育等问题。

农民失去土地后虽在某种意义上成为城市居民，但这种城市居民却因为其生成的人为性和中国农民本身的特殊性而产生了被征地农民群体的特殊性。(1)土地情结。农民与土地结下的眷恋情结源远流长，要想使我国农民解开土地情结，其难度是可想而知的。(2) 地域情结。农耕文化与工业文化同在一个区域，而且在工业文化占明显优势的区域内撞击，它们的深层融入在短期内是极其有限的。(3) 地缘特色。我国的城镇化有着较强的人为性，绝大多数被征地农民都是城镇周围的农民，形成一种以农耕文化为根基且与城市文化机械掺和的混合型文化，这种二元结构机械掺和的文化对原有城市文化群体产生冲击甚至对抗，尽管最终完全融合并产生新型的城市文化，但这是要付出代价的。(4) 群体分化。一方面是资源型分化，包括社会性资源获取型分化与个体性资源利用型分化；另一方面是文化型分化，有的被征地农民以一种积极的态度对待差异和文化的撞击，在较短的时间里与城市文化基本融合，而有的则刚好相反。

(二) 心理"获得感"的影响分析

当地处城镇边缘的农民成为被征地农民以后，我国社会二元结构的特殊性和中国城市化的人为快速化，在现实的条件下又产生了被征地农民的个体现实社会心理特殊性。最初，当一夜之间成为城里人，自然会有一种由衷的兴奋感；但是，当兴奋感逐渐冷却，失落感便油然而生。失落感形成的原因有三个方面：失去土地，新的生存方式还未确立，生活无着落；在他们成为城里人时，昔日

---

① 浙江省人民政府研究课题组. 城市化进程中失地农民市民化问题的调查与思考 [J]. 浙江社会科学, 2003 (4): 90-95.

城里人由国家包干一切的优越性已经丧失；对他们的安置基本上都是按下岗工人的办法处理，一进城就有了"被征地农民的名，下岗工人的身"。随后，便是陌生感，熟悉城市外貌却不熟悉城市文化，熟悉城市人却不熟悉城市人心，熟悉城市的街道却不知道自己前进的路在何方。他们也会想方设法尽快消除这种陌生感，但是将付出心理、生理、精神、物质等各种代价，这个过程随时都会引起心理撞击和冲突。最后，就是忧虑感，包括生存无着落、子女教育等各个方面。而忧虑感的存在则产生两种可能：退缩后自我封闭和压抑后产生对抗。

表3-12是运用社会心理学分析工具——症状自评量表SCL-90对被征地农民心理健康问题进行实证分析后的结果。症状自评量表SCL-90，是世界上著名的心理健康测试量表之一，是当前使用最为广泛的精神障碍和心理疾病门诊检查量表。调研对象来自成都周边三圈层的被征地农民，共得到有效问卷300份。调研主要围绕失地前后就业渠道变化、失地后是否享有社会保障（包括养老、医疗、就业）等方面进行设计，试图发现失地行为对农民心理健康的影响。

表3-12　被征地农民SCL-90各因子得分与全国正常成人常模差异检验结果 X±SD

项目	X±SD 被征地农民	X±SD 常模	t
躯体化	1.16±0.31	1.37±0.48	−11.66**
强迫	1.25±0.26	1.62±0.58	−24.56**
人际关系	1.75±0.67	1.65±0.61	2.64**
抑郁	1.62±0.53	1.50±0.59	3.83**
焦虑	1.51±0.44	1.39±0.43	4.75**
敌意	1.56±0.49	1.46±0.55	3.75**
恐惧	1.21±0.40	1.23±0.41	−0.79
偏执	1.17±0.26	1.43±0.57	−28.54**
精神病性	0.93±0.30	1.29±0.42	−11.07**
阳性项目数	34.05±6.83	24.92±18.41	23.16**

注：** 表示在0.01置信水平达到显著。

从分析可以发现，在人际关系、抑郁、焦虑、敌意四个因子得分上，本调查中被征地农民得分显著高于全国常模，说明被征地农民的心理健康问题主要集中在人际关系、抑郁、焦虑、敌意这四个方面。在其余各因子得分上，本调查中被征地农民得分低于常模水平,说明被调查者心理状况都较正常。在阳性项目数上,本调查中被征地农民高于常模,且差异显著,有可能是因为被征地农民中有部分的因子得分偏高。

鉴于人际关系、抑郁、焦虑、敌意四个因子得分显著高于常模,故重点对不同群体在这四个因子得分方面做差异显著性检验,对其余各因子不做进一步分析。进一步检验结果如下。

1. 不同性别的被调查者在这四个因子得分上不存在显著差异。

2. 不同区域的被调查者在人际关系因子得分上存在显著差异,$F(1, 298) = 4.90$,$p<0.01$;第一圈层被调查者得分显著高于第二圈层被调查者,第三圈层被调查者得分显著高于第二圈层被调查者。不同区域被调查者在抑郁因子得分上存在显著差异,$F(1, 298) = 5.44$,$p<0.01$;第一圈层被调查者得分显著高于第二圈层被调查者,第三圈层被调查者得分显著高于第二圈层被调查者。不同区域被调查者在焦虑因子得分上存在显著差异,$F(1, 298) = 3.28$,$p<0.05$;第一圈层被调查者得分显著高于第二圈层被调查者。不同区域被调查者在敌意因子得分上不存在显著差异。

3. 不同居住地(城内、城郊、乡镇)的被调查者在这四个因子得分上不存在显著差异。

4. 不同年龄段的被调查者在人际关系因子得分上存在显著差异,$F(1, 298) = 3.81$,$p<0.05$;18~40岁年龄段的被调查者得分显著高于40~50岁年龄段的被调查者,50~60岁年龄段的被调查者得分显著高于40~50岁年龄段的被调查者。不同年龄段的被调查者在抑郁因子得分上不存在显著差异。不同年龄段的被调查者在焦虑因子得分上存在显著差异,$F(1, 298) = 3.68$,$p<0.05$;18~40岁年龄段的被调查者得分显著高于40~50岁年龄段的被调查者,50~60岁年龄段的被调查者得分显著高于40~50岁年龄段的被调查者。不同年龄段的被调查者在敌意因子得分上存在显著差异,$F(1, 298) = 6.80$,$p<0.01$;50~60岁年龄段的被调查者得分显著高于18~40岁年龄段与40~50岁年龄段的被调查者。

5. 不同教育水平的被调查者在人际关系因子得分上存在显著差异,$F(1, 298) = 12.36$,$p<0.01$;小学教育水平被调查者得分分别显著高于初中、高中及大学教育水平被调查者。不同教育水平的被调查者在抑郁因子得分上存在显著差异,$F(1, 298) = 8.77$,$p<0.01$;小学教育水平被调查者得分分别显著高于初中、高中及大学教育水平被调查者。不同教育水平的被调查者在焦虑因子

得分上存在显著差异，F（1，298）= 15.63，p<0.01；小学教育水平被调查者得分分别显著高于初中、高中及大学教育水平被调查者。不同教育水平的被调查者在敌意因子得分上存在显著差异，F（1，298）= 16.24，p<0.01；小学教育水平被调查者得分分别显著高于初中、高中及大学教育水平被调查者。

6. 失地前不同职业的被调查者在这四个因子得分上不存在显著差异。

7. 不同就业状况的被调查者在人际关系因子得分上存在显著差异，F（1，298）= 105.89，p<0.01；不同就业状况的被调查者在抑郁因子得分上存在显著差异，F（1，298）= 154.14，p<0.01；不同就业状况的被调查者在焦虑因子得分上存在显著差异，F（1，298）= 74.88，p<0.01；不同就业状况的被调查者在敌意因子得分上存在显著差异，F（1，298）= 31.89，p<0.01。均表现为失业或无业被调查者得分显著高于已就业被调查者。

8. 不同养老保障的被调查者在人际关系因子得分上存在显著差异，F（1，298）= 19.64，p<0.01；不同养老保障的被调查者在抑郁因子得分上存在显著差异，F（1，298）= 46.86，p<0.01；不同养老保障的被调查者在焦虑因子得分上存在显著差异，F（1，298）= 16.38，p<0.01；不同养老保障的被调查者在敌意因子得分上存在显著差异，F（1，298）= 220.12，p<0.01。均表现为未参加养老被调查者得分显著高于参加养老保障被调查者。

9. 不同医疗保障水平的被调查者在人际关系、抑郁、焦虑因子得分上不存在显著差异；但在敌意因子得分上存在显著差异，F（1，298）= 17.19，p<0.01，表现为未参加医疗保障被调查者得分显著高于参加医疗保障被调查者。

10. 不同失业保障的被调查者在人际关系因子得分上存在显著差异，F（1，298）= 13.69，p<0.01；不同失业保障的被调查者在抑郁因子得分上存在显著差异，F（1，298）= 38.61，p<0.01；不同失业保障的被调查者在焦虑因子得分上存在显著差异，F（1，298）= 11.59，p<0.01；不同失业保障的被调查者在敌意因子得分上存在显著差异，F（1，298）= 189.33，p<0.01。均表现为未参加失业保障被调查者得分显著高于参加失业保障被调查者。

由上述实证分析得出如下基本结论。

（1）作为一个群体，被征地农民的心理健康状态比较良好，没有群体性心理健康问题出现。但是，在阳性项目数上，被征地农民高于常模水平，在某些方面，被征地农民存在一定的心理问题，具体体现在人际关系、焦虑、抑郁与敌意这四个方面。

（2）区域对被征地农民心理健康的影响主要体现在焦虑、抑郁与人际关系这三个方面，实证分析给出的结论是：第一圈层地区与第三圈层地区被征地农民在这些方面遇到的问题相比第二圈层地区被征地农民而言更为严重。在此，被征地农民心理健康程度与区域经济社会发展程度之间似乎并无简单的线性联系，关于这一点或许可以做如下解释：影响被征地农民上述三个方面心理状况的因素，不仅有当地经济社会发展因素，也有其他因素，如区域内城乡差距、被征地农民征地补偿模式与保障制度的建设等。

（3）从年龄段看，一般认为，中青年农民相比中老年农民而言，其农村生活方式更容易向城镇生活方式转变，但是从课题的分析结果看，在人际关系、焦虑这两项上，问题相对严重的是18~40岁年龄段，也就是一般意义上的中青年年龄段，这或许与这一年龄段被征地农民通常是家庭主要的经济支柱、相对而言承受了较大的经济压力有关；但是在敌意这一项上，得分最高的却是50~60岁年龄段，虽然具体原因需要进一步研究才能予以解释，但是课题组认为可能的原因之一在于，这一年龄段被征地农民基本已经丧失了通过市场就业获得劳动收入的可能性，而如果相应的社会保障体系不能对其即将到来的晚年生活提供基本保障，对于已经完全习惯农村生活的这一群体而言，城镇生活则意味着丧失了数十年的故土家园却换得一个可能没有保障的老年。

（4）从受教育水平与被征地农民心理健康的关系来看，在人际关系、抑郁、焦虑、敌意这四方面，问题最严重的群体正好都是受教育水平程度最低的群体，这一点可以被解释为，他们很可能是被征地农民群体中竞争能力最低的群体。

（5）从就业情况对被征地农民心理健康的影响看，在人际关系、抑郁、焦虑、敌意这四方面，失业或无业者的情况较就业者的严重，这一点与现实中的直观感受也是相吻合的。

（6）在社会保障方面，尽管从医疗保障看，是否拥有医疗保障对被征地农民心理健康的影响并无差异，但是从养老保障与就业保障看，没有保障者的心理健康都显著劣于拥有保障者，可见社会保障对于确保被征地农民的心理健康确实具有积极的正面意义。

①虽然被征地农民的生存状态比较差、社会心理也不太平衡，但他们的生存要求较低，一般不会引发不稳定事件，除非是到了不能生存的地步。②农民群体意识较弱，一般不会产生大规模群体事件。③被征地农民一般不会因枝节问题而在失地时形成大规模的群体事件。被征地农民发生群体事件主要出现在以下情况：安置过程和结果极不公平；野蛮拆迁；村组织领导贪污挥霍征地款被征地农民发现。尽管如此，这并不意味着矛盾已经得到消解，如果征地工程

大、牵涉人数多，则容易引发群体性不稳定事件；如果支付征地补偿费用后，被征地农民还未就业、生活出现窘况，则被征地农民容易形成跨区域的大规模群体性不稳定事件；当被征地农民的社会总量达到某一个数值，引发大规模群体性不稳定事件的原因就可能不仅仅是安置与拆迁问题。①

二、对构建乡村治理新体系的影响分析

乡村振兴战略提出"建立健全党委领导、政府负责、社会协同、公众参与、法治保障的现代乡村社会治理体制，坚持自治、法治、德治相结合，确保乡村社会充满活力、和谐有序"。法治乡村建设是乡村治理新体系的重要方面，法律要成为维护农民权益的有力工具，要成为规范市场运行的基本准则，要成为化解农村矛盾的权威准绳。改革直接指向基层，要求综合行政执法改革向基层延伸，提高基层执法队伍的能力与水平；同时，大力加强包括乡村调节、县市仲裁及司法保障等在内的纠纷调处机制，尤其在关系农民土地权益的重要问题上，要通过对农民的法律援助和司法救助等途径健全农村公共法律服务体系，帮助农民正确认识与合法保护自己的土地权益。

多年来，如何解决由于土地征收而引发的农村社会矛盾，一直是基层治理中的一个工作难点。由于征地补偿制度在农民看来欠缺合理性，或者征地程序上存在重要环节的缺失，或者集体组织在分配征地补偿款项时没有经过民主程序、接受民主监督，从而出现农民认为显失公平的现象，一旦基层处置不当，最后都有可能演变成群体性的冲突事件，进而出现各类上访行为。

对于农民而言，容易引发争议甚至纠纷的问题主要包括：第一，补偿标准偏低，尤其是诸如道路建设等公益性征地项目的补偿标准，往往引起农民普遍性的不满；第二，补偿标准不统一，例如，同一时间的同一区块会因征地的不同用途而产生标准差异，或者同一区块同一用途的征地会因时期不同而产生差异，或者因不同征用主体而产生差异等，这些差异的存在对于征地方而言可能具有合理性，但是对于被征地农民而言，他们的直观感受是欠缺平等或公平；第三，补偿的分配方案欠缺规范，不同的集体可能会制定不同的分配方案，如关于可参与分配的对象、集体留存的比例、发放的时间或时期等，其中最容易引发矛盾的往往是可以参与集体分配的对象资格界定，是按照人口进行界定还

---

① 陈运遂. 失地农民的社会心理对社会稳定的影响及对策 [J]. 农村经济, 2007 (9): 109-112.

是按照被征用土地面积进行界定？如果按照人口界定，时间节点如何确定？诸如此类的问题，由于缺乏明确的制度规范而将大量的裁量权置于基层，一旦操作程序本身缺乏透明性，就很容易成为引发农民矛盾的导火线。

下面两个调研案例有助于进一步认识农民上访问题。

1. 调研地点为 GX 省 NN 市

问：你们这一带的征地都很顺利吗？有没有和政府谈过？

答：我们村还算顺利吧，谈肯定要谈，不过主要还是和乡长、镇长谈。再往上，我们也见不到。县里面去过一两次。

问：主要是谈哪些问题呢？

答：看文件啊，中央都说了，征地要有政府的文件，我们起码要知道，哪个征了我们的地，征了干什么用，政府在里面拿了好多钱。主要就是谈价钱。

问：怎么谈呢？你们集体去，还是派了代表？

答：开始是在村里谈，就和村主任谈，村主任说做不了主，喊我们找乡长，那就找乡长，主要是年纪大的老人出面，有分量，万一谈不好，他们也不敢拿老人怎么样。不过，我们还算好的，吵归吵，没动手出事。

答：你们觉得和他们谈有没有作用呢？

答：作用肯定还是有，原来说每亩给 10000 元，青苗费给 1500 元，我们谈到最后是每亩给 13000 元，青苗费给 2600 元。

问：除了谈价钱，你们还谈了哪些？你们的工作怎么安排？给不给买保险？

答：这些都是后来谈出来的。开始的时候上头根本不给我们说这些，就说了一个价钱，就要我们签合同。我们是自己找文件来看，然后谈下来的。征地以后说是修市场，你们去看，现在哪里修市场，都修成房子了。保险啊，给我们买了养老保险，不过还是要自己交钱，其他的就没有听说了。

问：你们不去反映吗？

答：地都不是自己的了，反映给哪个？

问：那当时有没有其他部门也涉及的，如公安局、派出所？

答：我们这边没有。其他地方有没有，你们去问就知道了。

问：那你们觉得，政府有哪些地方做得你们还算满意，哪些地方还不够好呢？

答：要说最满意的就是没有硬拆房子，野蛮拆迁。其他的不好说，最不满意的就是，我们不问，他们就什么都不对你说。你们要真想了解其他的情况，到我们旁边那个 XC 村去问就知道了。

2. XC 村所在地是当地镇政府所在地，全村约有 60 户，总人口不到 300 人，两轮承包后的稻田面积大约为 100 亩，2014 年村委会已经被改为居委会。2015 年年初，镇政府决定征用 XC 村与邻近一些村的土地，修建一个集贸市场。但是由于镇政府并没有报上级主管部门审批规划，镇政府不能向农民出示批文，农民对征地产生了质疑。部分此次没有被征地的农民怀疑，如果在下一轮承包中，那些本轮因征地而失地的农民又要重新参与承包，那么补偿款就必须在全村平均分配，除非政府保证这些农民永远不再参与本村的土地承包。在农民进一步向市政府、省政府信访的时候，镇政府首先推平了部分同意征地农民的田地，因为其中少数同意征地的农民通过一些私人渠道，得到了高于合同条款的补偿，此举加深了农民之间、农民与镇政府之间的对立。农民通过向上级的信访了解到相关征地政策之后，更加不愿同意这个低价的违法征地项目。更大的矛盾发生在随后镇政府所谓的"土地拍卖"中，农民从各种非正式渠道得知拍卖价格远远高于政府允诺的征地价格。随后开发商进场，由于镇政府并没有完成全部的征地工作，在开发商的要求下，镇政府试图进行强制拆迁，双方陷入了围困僵持的局面，冲突达到顶点。最后，农民代表、居委会、镇政府三方会谈，经过反复协调，形成妥协方案，此时，已经是 2017 年下半年。

　　从调研看，农民在征地中最关注的是征地价格问题，最不满意的是知情权，这两个问题一旦交织起来，若没有合理的化解疏通途径，就很可能产生矛盾。此外，对于"政府在征地当中拿了好多钱"这个疑问，也是农民关注的一个焦点。被征地农民表达最明显的两种态度：一是怀疑，它源于知情权被剥夺；二是无奈，它来自参与权被剥夺。"把事情闹大"并不是多数农民的目的，大多数时候，农民要求的只是他们认为正当合法的权利，虽然他们对权利的认识有一些偏颇或者存在投机的心态，但是如果不从征地制度与政府行政的角度对此进行深层次认识，而是将问题简单归结为"农民思想觉悟不高"或者"部分基层工作人员工作方式粗暴"，不要说标本兼治，可能连治标都困难。

　　XC 村征地事件所暴露出来的问题具有典型性。政府征地动机被农民质疑，征地行为被农民抵触，征地标准被农民拒绝，尽管最后妥协了，但是政府威信严重受损。虽然农民在征地中出现了某些群体性的冲动之举，但是在维权意识上，他们要求镇政府出示征地批文，其法律常识或许比较欠缺，但是对于合法与违法的基本界限有着清醒的认识，明白自己的权利边界所在；在维权手段上，被征地农民并没有一开始就走上与镇政府直接对立的道路，而是积极向上级政府信访，了解相关政策法规，只是到了镇政府出动力量强制推平农地的时候，才诱发了他们的群体反抗；在三方谈判力量中，居委会（某些地方是村委会）

作为农民与政府之间的一方,地位尴尬,左右摇摆,他们既想从政府征地利益中分一杯羹,又不能不支持社区农民。推动整个事件被平息解决的,还是农民及农民代表,由于土地已经被推平,虽然明知这个项目违法,农民也只能在争取更多补偿的前提下同意这个项目。征地制度必须就补偿标准、征收程序等基本问题做出更有力度、更有实效的改革。同时,乡村治理新体系的建设必须将"法治"与"民主"的理念贯彻到具体举措当中,这样才能有效地预防、化解由于土地征收而引发的各类矛盾。

三、对重塑新型城乡关系的影响分析

乡村振兴战略的实施要求重塑城乡关系,走城乡融合发展的道路。重塑城乡关系,协调乡村振兴战略与推进新型城镇化之间的关系,不能将城市化发展的基本趋势简单化为农民全部进城,也不能将解决"三农"问题的出路简化为"减少农民数量",农村与城市始终要在一定的环境下共存。建设新型城乡关系,需要体制机制创新与政策落地,其中的关键是资金、土地与劳动力的要素供给问题,只要这些要素流动的基本趋势依然是由农村单向流向城市,乡村振兴战略就无法落地。从劳动力的基本情况看,由于我国依然处于城镇化发展阶段当中,农村人口向城市流动的基本趋势不会改变,但是流动速度与规模相对放慢和缩小,部分区域已经出现劳动力由城市向农村回流的现象;从土地的情况看,关键是如何让农村可以用活、用好自己的建设用地,让土地资源真正发挥要素的功能;从资金的情况看,除了财政支持之外,必须完善农村金融体系内生的造血机制,才能形成可持续的资金供给,而土地资源在这个领域的改革中同样扮演了重要的角色。

乡村振兴战略将城乡统筹进一步发展到城乡融合。城乡统筹促进了农村的发展,城乡之间的差距得到缩小,但是这个过程中也有一些更加深层次的问题逐渐表现出来,包括:政府的主导力量在一定程度上或在某些领域中已经取代了市场机制对于资源配置的基础作用;城市带领乡村发展、工业促进农业发展在某些实践中已经变成了城市代替乡村发展、工业代替农业发展,统筹城乡的改革在某些地区的实践中变成了只有城、没有乡;农民变成市民,就个人发展而言可能是一种改进与进步,但是当农民群体与市民群体的发展差距被设定为权利上的差距时,改革需要消除这个权利差距,而不是通过将农民转变为市民来进行弥合等。城乡融合就是要进一步解决这些在城乡统筹中逐渐暴露出来的

问题，让城市与农村两个板块能够融合发展，这需要机制体制的创新，让市场能够在城乡资源配置上发挥基础作用，抑制城市政府在某些领域力度过强、范围过宽的直接干预，使其致力于创造让劳动力、资金与土地合理流动的制度环境，并创造条件让农村能够更加便捷地得到要素、合理地利用要素，从而奠定农村与城市共同发展的基础。

以新型城乡关系及城乡融合的理念进行讨论，则既有的土地征收制度难以满足这一战略要求。在此仅以由于土地征收而进入城市的这部分农民群体为例，他们进入了城市，但是在很长一个时期却并不能融入城市，更重要的是他们的下一代将如何在城市当中生活与发展。国际经验表明，随着一国工业化和城市化的发展，农民失地有一定的合理性，同时，被征地农民由农民向市民转化也是一种必然的趋势。然而目前在我国，被征地农民流向城市的出口是敞开的，而城市接纳被征地农民的入口存在制度瓶颈，在较长的一个时期内，曾有大批被征地农民游离于城乡之间，被现行制度和既定的城乡生活方式边缘化，这部分被征地农民与农民工一起形成了一种具有"中国特色"的"三元社会结构"。

一方面，被征地农民已经不是完全意义上的农民，这主要表现在以下方面：失去了最主要的生产资料——土地，也就失去了个人及家庭收益当中最基本、最稳定的部分；就业方向发生重大变化，由纯农业劳动或者兼业劳动就业方式转变为第二产业和第三产业从业；与此相应的收入来源呈非农化和多元化倾向，收入的不确定性和风险性也在加大；家庭支出的数量与结构发生了明显变化，食品支出占家庭总支出的比例明显上升，同时各类保险支出及通信、教育与文体娱乐开支等都有所增加；农民的住房及居住环境发生变化，从以前的独家独院变成单元楼房，人口居住密度增大，市政基础设施一体化，物业管理社会化；家庭保障的基础发生变化，从土地保障向社会保障转化。另一方面，被征地农民也不是真正意义上的市民，这主要表现在以下方面：与城市居民相比，在经济上，大多数被征地农民收入水平低且不稳定，其收入主要用于衣食住用行等日常基本生活方面，消费水平不高，在生活质量上与城市居民有很大的差距；在社会制度上，被征地农民大多持有的是农业户口，在城市务工或居住都受到诸多限制，如经济适用房和廉租房与他们无缘，也难以享受应有的劳动保障；在政治权利与参与上，被征地农民的民主意识、参与程度与城市居民相比本就有着较大的差异，而心理上的自卑、自闭造成人际交往上的障碍，导致身处城市的被征地农民往往忽视自己的民主权利或不知道如何行使自己的民主权利与社会管理参与权利；在文化教育上，农村人口受教育的程度普遍偏低，由于城市是政治、经济、交通和信息的中心，城市文化具有现代性、开放性等特征，而农村由于长期受传统观念的影响，乡村文化具有保守性、封闭性等特征，被征地农民与市民在文化教育上有相当大的差别；在心理上，完全不同的生活方式和生活环境使被征地农民表现出与城市生活较大的反差和不适应心理。[1]

被征地农民的身份转换与角色重新定位并不仅仅涉及农民个体的生存与发展问题，在一定的制度环境中，它会演变成一个社会性的问题。世界历史上也曾经出现过规模巨大的农民失地和农村劳动力转移，基于马克思对工业化及人口迁移所做的评价，以及世界各国历史发展的事实，可以看到，包括被征地农民在内的人口流动，是世界上所有国家工业化与城市化的必经之路。但是，如果城市的法律与社会改革不能及时跟上，则中国可能面临一个新生城市贫困阶层与城市主流群体之间的冲突，甚至导致其他一系列与拉美国家类似的社会政治病症，这种发展中的矛盾不仅是城市基础设施和收入（城市生活所需硬件的困难），也是一场有关身份认同和权利这一使得城市社会得以运作的关键性软件的矛盾。这种关键性软件包括合法的身份和相关的获得工作、教育、医疗服务、保险及社会福利的权利，如果包括被征地农民、农民工等群体在内的城市边缘群体不能在实际中享有平等的权利，那么两极分化的城市社会、不断激化的城市矛盾和落空的经济承诺等将有可能最终演化出类似拉美国家的城市化问题。

中国城乡之间的鸿沟并不是一个改革开放后才出现的新问题，只是在很长一个时期内，这个问题因为种种原因而没有引起中国城乡社会之间的动荡。但是，当大量来自相对落后的农村地区的农民进入城市以后，他们较以往任何一个时期都更加深刻地感受到城乡之间的不公，这一点即使是快速城市化的理论支持者也都早已认识到，而且近年来中央政策也越来越关注农民工、被征地农民在城市生活中所应当享有的种种社会权益。但是，所有这些权益的保障都需要地方政府具有足够的财力支持，受限于地方财政，部分地方政府会对那些确立并保护农民工或者被征地农民权益的改革的积极性打折扣。

建设新型城乡关系，不能让这一类现象继续存在甚至蔓延。政策首先必须考虑这部分群体的公共产品供给与服务问题，更为基础性的层面需要考虑土地问题，农民留在农村、建设农村，得有要素支持，而土地是农民集体所拥有的最重要的要素，如果农民集体对土地要素没有用于发展的基本权利，那么农民

---

[1] 孔祥利，王娟娟．失地农民城市角色的定位与思考［J］．云南民族大学学报（哲学社会科学版），2006，23（5）：190-196．

最终会离开土地、离开农村——无论这种离开是因为土地征收的被动原因还是农民抛弃土地的主动选择，其结果都是农村缺乏建设者而城市承受日益沉重的治理压力。土地制度改革，对于城乡融合的实现具有一种枢纽性质的意义，无论是劳动力向农村回流或者资金向农村流动，土地都扮演着不可或缺的重要角色，因为产业振兴是乡村振兴的基础，而在城乡产业的重构过程当中，土地资源配置是能够影响资金在城乡间流动选择的重要因素之一。长期以来，城乡的土地资源配置都非常片面地只考虑城市的需要，无论是产业发展还是公共产品供给，都是以农村的土地资源支持城市，土地征收制度就是非常明确的体现。但是，在乡村振兴战略下，土地要能够支持乡村的各种新型产业或产业新形态，这涉及城乡间的土地权利结构调整，而土地征收则具有代表性。从这个意义而言，如果土地征收制度不进行改革，则乡村振兴战略下的城乡融合，无论是从人的角度，还是从产业的角度，都难以得到实质性改变，构建城乡新型关系需要土地征收制度做出更有力度的改革举措。

第四章

征地安置模式的比较分析

第一节 征地安置模式类型

中共十八届三中全会明确提出"完善对被征地农民合理、规范、多元保障机制",为建立多元化的征地补偿安置保障制度指明了方向。中国地域十分辽阔,社会经济差异十分明显,各地在征地问题上有不同的情况,也存在不同的理解和认识,因此,可积极探索多样化的补偿方式。

一、安置模式的基本类型

2004年11月3日发布的《国土资源部关于完善征地补偿安置制度的指导意见》(国土资发〔2004〕238号)提出被征地农民安置途径的四种方式分别:农业生产安置[1]、重新择业安置[2]、入股分红安置[3]、异地移民安置[4]。从各地的实践看,不少地方政府在国家有关规定的基础上,试行了一些新的补偿安置举

---

[1] 征收城市规划区外的农民集体土地,应当通过利用农村集体机动地、承包农户自愿交回的承包地、承包地流转和土地开发整理新增加的耕地等,首先使被征地农民有必要的耕作土地,继续从事农业生产。
[2] 应当积极创造条件,向被征地农民提供免费的劳动技能培训,安排相应的工作岗位。在同等条件下,用地单位应优先吸收被征地农民就业。征收城市规划区内的农民集体土地,应当将因征地而导致无地的农民纳入城镇就业体系,并建立社会保障制度。
[3] 对有长期稳定收益的项目用地,在农户自愿的前提下,被征地农村集体经济组织经与用地单位协商,可以征地补偿安置费用入股,或以经批准的建设用地土地使用权作价入股。农村集体经济组织和农户通过合同约定以优先股的方式获取收益。
[4] 本地区确实无法为因征地而导致无地的农民提供基本生产生活条件的,在充分征求被征地农村集体经济组织和农户意见的前提下,可由政府统一组织,实行异地移民安置。

措,虽然未必可以将其定义为某种类型或者模式,但确实有值得借鉴的思路。

首先,突出社会保障在安置中的地位。鉴于当前全国多数地方在进行征地安置的时候,无论采取何种安置模式,一般都要求提供一定类型的基本社会保障,但具体种类与保障水平则因地制宜,因此很难将社会保障安置视为一类单列的安置模式,它已经成为各类安置模式中的一个基本必选项。而之所以首先将此提出,原因在于这一举措无论是对于微观个体的生存还是对于社会群体的稳定,都起到了较好的"安全阀"作用。但是,正如前文已经指出,也有部分地方政府在这个过程中"明修栈道,暗度陈仓",直接从农民征地补偿款项中扣减经费以用于支付社会保障经费,而本应由政府支付的部分实际上根本没有从财政上支出,逃避了政府理应承担的基本职责。

其次,有关入股分红安置模式,在一些经济相对比较发达或者集体经济发展较好的地区,得到了较多的运用。这类模式又有不同的操作方式。例如,在珠三角地区兴起的留地安置方式,以预留一定比例建设用地给集体经济组织的方式来补充,甚至取代货币补偿方式,集体经济组织获得建设用地之后,在符合国土规划的前提下,自行开展土地经营活动。一般情况下,集体经济组织都会选择各类物业租赁(主要集中在商业、物流等领域,也有部分会选择工业类型物业)项目,因为相对而言,对经营管理水平的要求较低而收入较稳定,符合集体经营管理水平不高的现实情况与农民希望稳定分红的基本要求。这类操作的问题在于:①预留集体建设用地指标往往比较困难,因为农民愿意接受以建设用地指标替代货币补偿的地区,通常也正是建设用地指标比较紧缺的地区;②集体自己开展的土地经营活动,未必能与城市产业规划或者用地规划保持一致,可能存在宏观调控上的困难,而且这些土地经营活动的效率本身也参差不齐,多数经营活动的产出差强人意,以社会资源配置效率看,可能并没有达到土地资源配置的高效率状态;③农民以自然人身份成为集体经济组织的股东,但是这类股权的性质与运行在现行法律框架下是很难定义和规范的,而且在实际中也存在很多问题,如农民个人是否可以转让股权、农民如何退出等。

入股分红模式还有一种操作方式:集体以征地补偿款或者集体建设用地(经批准)作价入股,以集体身份成为用地单位项目股东,但集体股份在性质上一般为"优先股",不参与用地单位项目运营或管理,只享受分红。这种方式与留地安置操作方式的不同之处在于:留地安置需集体经济组织运行土地项目,而作价入股是由用地单位运营项目;留地安置的股东身份通常具体到集体经济组织成员个人(自然人股东),而作价入股通常是集体经济组织以类似"法人股东"的身份成为用地单位项目股东,从用地单位分红后再在集体经济组织内部分配。这类模式同样也是将一次性货币补偿转变为一种长期收益方式,在市场经济发展相对成熟的区域会得到较多的接受,因为对于用地企业,至少在短期内的用地成本是较低的。但是,这类模式存在以下问题:①集体经济组织的"法人股东"身份在法律上如何界定?谁可以成为集体股权的法定代表?这些问题在有关法律上一直存疑,而且集体作为股东,其股权实际上也是封闭的,不可能进行任何市场流转。②一般而言,用地单位的经营管理水平较集体经济组织更高、更符合市场效率要求,而农民的分红收益和用地单位的项目经营与管理水平挂钩,不可避免地会出现因用地单位经营效益下滑而导致农民分红无法得到保障的情况,如果农民就此产生意见,则可能会出现冲突。

再次,近年来,部分地区在补偿安置中采取了以提供住房补偿为补充,甚至为主的模式,由用地单位(通过自建或购买方式)向被征地农民提供住房,农民以征地补偿款进行购买,在很多情况下,被征地农民可以得到超过一套的住房补偿,还有部分地区将此种模式与项目入股分红方式结合起来。被征地农民集中居住,乡村生活方式转变为社区生活方式有助于他们的市民化转变,但是在这个过程中,也发生了部分地方政府强推这一模式以腾挪建设用地指标的情况。而且,对被征地农民而言,这虽然是一次改善生活环境的机会,但相应的生活成本也上升了,他们在就业与收入等方面承受了一定的压力。①

最后,至于就业安置模式,从实践看,由用地单位负责解决被征地农民就业问题的情况已经在逐渐减少,在某些情况下,即便用地单位负责解决了部分农民的就业问题,但在一段时期后,这些农民也可能因各种原因而失去工作。更为常见的方式是,由政府组织对被征地农民进行就业培训,提供就业信息及其他有关就业服务,对农民自谋职业或者创业进行帮扶,相比而言,这种方式更符合市场经济的基本原则,但是效果如何,在很大程度上是由农民个体差异性因素所决定的。

二、安置模式改革的要求

近年来,各地在开展征地补偿与安置工作的过程中,都根据当地实际情况,在既有标准与规定的基础上进行了不同程度的调整乃至创新,概括起来表现在:①由一次性支付向分期甚至长期支付方式转变,平衡短期与长期之间的关系,

---

① 李穗浓,白中科. 现行征地补偿安置模式比较分析 [J]. 中国土地, 2014 (2): 33-34.

尽量体现可持续生计的理念；②由以货币补偿与就业安置为主的形式发展为多种补偿与安置方式，包括提供一定种类的社会保障、供给住房、给予就业与创业帮扶等；③在传统的安置模式下，农民的参与是非常被动的，而补偿安置模式的改革逐步为农民提供了一定的参与途径，如各种入股分红的操作方式都在一定程度上要求农民发挥出自己的市场主体性，农民或农民集体的参与在一定程度上可以影响其长期收入水平。

中国的国土面积广大，农村经济社会发展的具体情况千差万别，各个地方政府的探索必须首先基于区域的基本情况，从区域实践上升到正式制度，尤其要落实到法律法规中。另外，也需要更明确的上层设计。基于已有的探索，可以预期，征地安置模式的改革，至少需要体现如下三个基本理念。①安置模式必须能体现农民的意愿选择，农民会因区域情况的差异而偏好某类型的安置模式，政府工作不仅应考虑"便于操作"或者预设某种模式的"合理性"与"先进性"，还应在宣传与沟通的过程中与农民就安置模式选择取得共识。②安置模式应在创新探索的基础上逐步制度化，尤其是中国城乡社会发展已经进入新的历史时期，城乡关系的协调需要有更为制度化的安排。长期以来，有关征地安置模式实践的主要依据多基于地方层面的政策文件或者地方规章，法律效力不够，而且经常变更，农民对政策的稳定性存疑，而附带的后果是法律的严肃性也在农民心目中大打折扣，导致某些本应或本可依法处置的事项在农民的认识中存在可以"讨价还价"的余地，政府某些可以合法开展的工作也因此增加了难度。③安置模式的整体思路应更突出可持续性发展的理念。就被征地农民而言，向市民的转变并不是一个短期内可以完成的过程，虽然身份或者居住方式的改变可以在短期内完成，但不仅收入水平的增长是一个长期的过程，而且个体思想、文化、意识等方面的培育也是一个渐进的过程，需要在征地安置模式中予以考虑，避免留下隐患而在后期造成遗留问题。同时，可持续发展也体现在政府、集体与农民及用地单位之间的利益关系合理性方面，在各方主体之间形成合理的利益关系，有利于各方（尤其是政府）更加准确地判断征地与用地的成本与收益，更合理地进行决策，降低因受到被扭曲的价格信号引导而滥用征地的负面激励，实现耕地保护与建设用地集约利用的目标。

第二节 开发型安置模式的现实考察

开发型安置的基本内容：集体利用留地或（和）征地补偿款，以集体组织为载体，组织农民进行各类产业开发，拆迁与安置相配套、建设与发展相结合、生产与生活相关联，将农民获得的一次性补偿转变为包括就业收入、租金收入、利润分配等各种形式的可持续收入。

一、开发型安置模式的案例分析

改革开放后，成都市金牛区农村逐步从以传统粮食种植为主的产品结构调整为成都市蔬菜基地。在成都市的扩张过程中，城市发展受到其地理空间的制约，此时，金牛区一些集体经济组织自发利用手中的集体建设用地，为企业提供车间、厂房等；利用其郊区的区位优势，发展加工工业；利用自身的劳动力资源优势，为城市提供配套服务。但是，由于农村集体经济组织固有的制度缺陷及城乡二元结构，尤其是城乡制度上的差异，使得金牛区农村集体经济组织并没有出现根本性的改变。从产业类型来看，仍然是以农业为主，产业主要定位于为城市发展提供配套服务；从生产经营模式来看，依然是以为农业生产提供配套服务来获得发展；从企业经营管理来看，企业规模很小，效率相对较低，业务单一，企业本身也缺乏明确的经营战略，很多传统的农村集体经济组织在市场经济的激烈竞争中走向濒临破产的边缘。

随着成都市推进城市化进程的加快，金牛区地处成都近郊，不可避免地产生大量被征地农民，随之产生了两个基本问题：钱从哪里来？人往哪里去？"钱从哪里来"的问题主要包括：①在农民向城镇集中的过程中，城镇基础设施建设、农民商品房建设都需要大量资金，完全依靠政府财政投入是不现实的；②农民的生产生活来源问题。

在这种背景下，金牛区尝试利用留地与征地补偿款，以集体建设用地为载体发展集体经济组织。以金牛区的两河森林公园项目为例，金牛区推出"两河模式"，其具体做法是：生态产业区资金主要以区政府投入资本金、市财政专项补贴资金共7000万元作为建设启动资金，后续资金均由入驻企业解决。集中居住区和商业配套区的建设政府不投入资金，由两社区委托所在地的金泉街道办事处按市场化融资运作，而金泉街道办事处采用以集中居住区和配套商业区的房租收益实现社会融资的思路（由两社区的集体经济组织提供一定比例的出租房和商业铺面），赋予投资方一定年限的使用权作为回报，吸引民间资金进入项目投资。两河森林公园生态产业区被文化部批准为国内唯一的"非物质文化遗产主题公园"。同时，金牛区利用集体经济组织来组织农民、转变农民和解放农民。

金牛区的改革得益于成都市推进统筹城乡综合配套改革试验区建设。成都市《关于推进统筹城乡综合配套改革试验区建设的意见》（成委发〔2007〕36号）（以下简称《意见》）明确提出，成都市"将促进城乡生产要素自由流动。推进土地管理制度创新，积极推动农村集体土地资本化，进一步探索集体建设用地使用权流转办法和健全农村房屋所有权登记流转制度"。而从金牛区集体经济组织的发展看，土地是很多集体经济组织的主要经营要素和收益的主要来源。

金牛区集体经济组织发展的基本模式是以原来的合作经济组织（管理区和经济社）为基础，将原属集体的土地、财产、资金以股份的形式配置到社区经济组织内部，社员共同占有，实行劳动、资金及其他生产要素联合，使之成为兼有合作制和股份合作制双重功能的新型经济组织形式。例如，《高家社区经济合作组织章程》第二条规定："高家村农村经济服务合作社是高家村集体经济和农民自愿投资入股相结合的组织，是村全体村民所有，全体村民控制管理，并由全体村民按股受益的非公司型法人企业。经营农贸市场和规避各种风险的项目。"第四条规定："合作社的运作按照《中华人民共和国公司法》及相关法规的规定或基本原则执行。"第五条规定："作为高家村村民的集体经济组织，合作社具有资产管理功能、经济发展功能、对外投资功能、企业监管功能和盈利分配功能，合作社在村支部的领导下开展各项工作。"

按照集体经济组织的发展实力和总体绩效水平，金牛区的集体经济组织大致可以分为三个等级。

一是高绩效集体组织。这类组织主要集中在城市近郊，处于城市扩展区域，位于城市强劲辐射范围之内，发展起步早、涉及行业多，具备一定的经济基础，具有比较扎实的项目支撑，已形成初具规模的公司制实体，如高家、金牛、郎家、土桥等涉农社区。集体经济给农民带来实惠，被征地农民为股东和职工，除了向农民发放每年股份收益外，还提供相应的就业岗位。集体经济组织经验相对丰富，发展壮大的愿望强烈，开拓进取的劲头十足。虽然同样存在载体短缺的问题，但集体经济组织已开始探索异地发展、联合经营的新路子，逐步开始摆脱土地的限制。

二是中绩效集体组织。这类组织主要集中在距离中心城市相对较远、城市辐射相对较弱的区域，如天回镇街道的太华、万圣、石门、明月、土门和沙河源部分涉农社区。由于过去集体经济发展相对缓慢，这些组织仍处于起步阶段，对发展充满期望，具有较强紧迫感，但基础相对薄弱，经验相对缺乏，规划意识相对淡薄，急功近利、短视行为在一定程度上存在。有些社区实施了一些不符合规划、水平较低的项目，因市区督查而暂停施工。因政策预期不明朗，这些社区担心项目难以持续，担忧无限期停工带来前期投资难以收回的经济风险，更担心农民因切身利益受损失而引发稳定问题，如太华社区多个项目在开工建设后又因上级规划督查不达标而暂停施工。

三是低绩效集体组织。这类集体组织主要集中在土地已被征用、农民入住新居的部分涉农社区，其中，沙河源街道的泉水社区就是典型代表。该社区大部分土地已经被统征，原社区市场、铺面和企业等集体经济全面瓦解，不复存在。虽已组建公司，且有拆迁赔付和历年留存的资产近800万元，但因实体不存、载体被拆，从而陷入收益全断、名存实亡的境地。没有产业支撑、没有项目载体，不敢动用资金，也不再产生效益，农民非但不能持续增收，生活质量也反而有所下降。对于未来，社区群众迷茫失望，一些已经入住小区的群众认为，"住是住进去了，但没有过渡费，也没有房屋出租收入，找工作也很难，不仅没有收入，而且还要支出物管费、水电气等费用，生活存在一定的困难。如果集体经济发展了，我们还有些希望"。但集体经济的发展，因土地及政策等问题，社区干部很不乐观，工作积极性大幅下降。这些集体经济组织缺乏有效的实体和业务，缺乏科学的组织运行机制，绩效低、困难大。

二、开发型安置模式的理论分析

（一）开发型安置模式的意义分析

在计划经济时代直到改革开放初期，招工安置曾经得到了被征地农民较为广泛的接受，但是随着企业改革的深入及市场经济体制的建立，这一安置模式已经退出。在货币补偿方案中，定期发放基本生活费只能起到保障基本生活的作用，对于解决农民就业问题及促进农民的市民化转型并无帮助；一次性货币补偿对于征地是最为简便的处置方式，但是如何利用货币补偿进行长期性生计安排，对农民个体的有关人力资本或社会资本配置有相应的要求。

迈克尔·M. 塞尼（Michael M. Cernea）教授在《把人放在首位——投资项目社会分析》一书中提出社会工程学的理论观点，主张对因工程而受到利益侵害的群体给予补偿，并使他们能从中获利。在较长的时期内，被征地农民只是获得一定的补偿，制度设计很少考虑他们的发展需要。基于以人为本、建设和谐社会的出发点进行评价，这无疑是一种缺憾，如果征地确实属于为公共利益的必要行为，而被征地农民同样是公众群体的一分子，则他们的利益不仅需要得到补偿，还需要得到发展，公共工程项目应成为他们获得发展的契机，而不能只是被动地成为贡献者或者牺牲者。如果将被征地农民限定在被动等待补偿与安置的定位上，忽略他们对发展的要求与动力，将是政策制定中的失误。基于这种观点，开发型的安置让被征地农民以某种方式参与到与项目相关的开发活动中，而不仅限于得到补偿或安置，更重要的是，得到某些类型的可持续生计活动，从而逐步实现个人生计类型的转变。这并不仅仅是一个利益分配比例或者方式的问题，从根本上说这是一个发展观的问题，涉及我们如何看待农民的主体地位。

在安置中引入开发思路，对于迅速解决城市化与工业化背景下的被征地农民生计问题确有裨益，其首要的意义在于它鲜明地体现出以人为本的发展理念，将农民视为具有能动性的开发主体，激发农民内在的动力与积极性，并为此创造应有的支持条件，无论这种开发是指向被征地农民的劳动力要素还是其他类型的生产性要素，都有助于被征地农民实现就业或者创业，为更为持续的长期生计奠定基础。

在更广阔的意义上，开发型安置对于塑造城乡和谐关系具有积极的推动作用。在开发型安置方式下，农民虽然离开了农业，但是可以选择就近的方式实现就业或创业，相比较单一的农业经营收入渠道，农民的收入渠道有可能更加多元化；同时，农民可以依托就近的产业开发实现就地的城镇化转变，而不必将进入城市作为完成市民化的唯一途径。

土地对农民来说，本来是一种可持续生计，当土地被征用以后，政策着眼点应该以一种新的可持续生计来代替。现行政策中主要的应对措施是让被征地农民去劳动力市场找工作。事实上，相当一部分被征地农民在年龄、体力、文化、技术等方面都不具备竞争优势，而劳动力供给过剩的社会大背景更加加大了这些被征地农民的就业难度。被征地农民的可持续生计要求被征地农民的就业安置能够得到长久的政策支持和保障，其生存的物质条件和物质基础能够随着社会的发展而进步，开发型安置模式则较好地从经济上满足了这个要求。①

（二）开发型安置模式中的问题

利用留地和征地补偿款，以集体经济组织为依托的开发型安置模式并不是"放之四海而皆准"，它的推行必须具备一定的适应条件，首先它必须有较好的区位优势。金牛区有进出成都市北大门的快速通道，有西南地区最大的客运中心，连接成渝、宝成、成昆三条铁路枢纽的成都火车北站就位于该区境内，是成都市重要的商贸和物资集散中心，该区内地理位置便利的集体经济组织的发展普遍优于那些地理位置相对不便的集体经济组织。换言之，如果留地位置不好，其综合开发安置的效果就会受到很大限制。此外，开发型安置模式还受到以下三方面的制约。

1. 来自土地制度的约束。

从金牛区的发展看，土地制度始终是制约集体经济组织发展不可回避的障碍。由于创业初期和土地的天然联系，集体经济组织的发展受到土地瓶颈的制约。近期主要表现：建设用地将被征用，使用权属尚不明确，载体不能成为集体经济发展的核心，集体经济的发展举步维艰；在土地征用指标正式下达之前，土地只能处于闲置状态。此外，利用留地发展集体经济的政策不明朗，引进项目和企业时无法提供土地年限和使用权等方面的保证，对意向性投资活动造成严重影响。尽管金牛区规划和自然资源局大力支持，按照总体规划、土地利用规划等给予相关咨询指导，但社区依然对缺乏正式认可的项目怀有担忧，加之成都市对前期金牛区已批项目进行审查停工处理，因此，他们更加注重项目的合法性。从国土管理工作的角度看，一方面，项目用地必须是城市或农村建设用地；另一方面，尽管项目用地是建设用地，符合土地利用性质，但因中心城区土地审批权限在市，区难以给予国土审批，项目合法性无法保证。鉴于这种情况，社区认为，既然合法性难以得到认证，就有违建被拆的风险，从而不敢投入建设或高标准建设。同时，社区对本区域各类规划不够了解，对如何进行符合规划的建设还存在一定的无序性和盲目性。因此，金牛区需要在实践中处理好规划与实践的关系，要在遵循现有规划的基础上，多渠道解决土地、规划等问题，加强政策之间的协调性和一致性，提高政策的可预期性。从现有实践来看，配套政策的可操作性有待提高，目前部分配套政策过于宏观笼统，甚至

---

① 陆福兴. 解密"咸嘉模式"[J]. 决策, 2004（1）: 44-45.

多种政策相互交叉、自相矛盾，导致很难操作、无所适从①；政策引导作用有待加强，金牛区对集体经济的规划、设计、报建等没有明确的政策规定，集体对市政府部门在辖区内的城市规划、土地利用规划、产业规划不够了解，而一些职能部门的指导也比较欠缺。

2. 来自集体经济组织的约束

集体开发型安置必须依托集体经济组织。从金牛区的现实看，一部分改革较早、发展较好的合作社组织形式已经由早期的农村合作社形式向逐渐规范的公司制企业形式演进；另一类部分发展形态则更加鲜明地体现出土地股份合作的色彩——在农村土地集体所有的基础上，以土地使用权作价入股，成立土地股份公司，统一经营农民的土地。与传统集体经济组织相比，它具有如下特征：明确出资者有股权；明确集体经济组织股东享有分红权；集体经济组织拥有较为完善的企业法人资格和法人治理结构。与一般的企业相比，金牛区集体经济组织在股东构成、企业目标、经营资产等方面都存在自身的特性，而这种特性使集体经济组织在企业目标、政府的监督管理等方面具有其特殊性。①在股东构成方面的差异。集体经济组织的股东以原有农村集体经济组织成员为主要股东。很多集体经济组织股东失去了赖以生存的土地，其生产、生活面临极大的困境。因此，这些股东对分红有极高的需求，并且要求分红相对稳定，以避免生活出现较大的波动。这些股东对分红的迫切需求使得集体经济组织依靠自身积累做强的企业面临大困境。②在企业目标方面的差异。集体经济组织除了使利润最大化以增加集体经济组织成员的收入外，还兼有吸纳组织成员作为劳动力、推进城乡统筹发展和维护社会稳定等多方面的目标。这种多元化的企业目标使集体经济组织承担了太多的社会福利功能，导致集体经济组织不能按照一般企业的管理规律进行管理，从而限制了企业竞争力的提升。同时，集体经济组织的股东构成和就业目标制约了集体经济组织对产业和生产方式的选择，它们通常只能选择劳动密集型产业和服务业。③在经营资产方面的差异。一般企业都是先有现金再有实物资产。大多数集体经济组织是先有一部分实物资产，

---

① 例如，金牛区委文件规定："对新居工程社区等公益性设施、农贸市场等经营性设施，分别采取无偿转让或成本转让的方式移交给涉农社区集体经济组织。"金牛区内有一个泉水社区，该社区希望建设一个名为"泉水人家"的配套市场，但是，这与成都市关于"五小公司"要求施工主体统一的政策规定相违背，因此，将该配套市场交给一家公司进行开发建设，但泉水社区对此提出意见，认为这种统一施建的方式，既增加了投入成本，又缩减了建设规模。

尤其是土地，而让实物资产产生效益就需要一部分流动资金。因此，很多集体经济组织在成立之初都需要资金上的支持。

集体经济组织发展的制约主要体现在三方面：①来自股权及收益分配因素。集体资产普遍村组分散，村组之间的分配比例各不相同。一方面，因组内的集体资产没有被纳入新成立的社区集体经济组织内，从而难以有效地整合资源，要素规模收益难以实现；另一方面，地缘因素导致各组进入社区集体经济的资产数量及质量难以量化，组与组之间难以做到彼此平衡。同时，村组之间分离导致分配层级增多，各级留存收益增多，减少了直接分配给农民的收益比重。②集体经济收益支出中的公益支出占比较大，有些涉农社区全年公益支出占全年收益的60%，有些则只有20%。他们认为，如果能像城市社区一样不必承担更多治安、环卫等公益事业支出，而将这部分资金用于集体经济发展，则可在一定程度上缓解资金不足问题，从而提高农民的收益比重。③股份组成方式不尽相同，导致分配体系各不相同，多寡不均。

从现实分析，由于留地集中起来的财产部分产权不够明晰，而留地集中部分为集体财产，那么每人或每个家庭究竟是多少不完全清楚，这极有可能造成监督力量不到位，隐藏集体财产道德风险。然而，究竟如何将股份具体分配给农民个人，明显存在两种观点或做法。一种是将集体资产按人头无偿配股给农民，不能再对农民进行现金募股。这种观点认为，农民普遍是"患均不患寡"，害怕现金募股使经济实力不够的农民产生不满，同时也怕外来资金介入集体经济，占据大量股份，使农民和集体经济组织丧失主体地位，出现"移花接木"的情况。另一种是在平均配股的情况下，再拿出部分股份对本社区居民甚至社会进行现金募股。这种观点认为社会资金注入有利于增强集体经济实力，因此，一些社区认为金牛区应该对集体经济股份构成体系给予统一规定，因为集体经济组织分配形式直接决定农民的收入，影响集体经济发展前景。

3. 来自开发项目的约束

金牛区相当一部分被调查的社区都认为，无论是单纯租地还是土地入股等形式，都应该发展风险相对较小的租赁业，集体经济的主要收入来源就是租金收益。因此，其产业发展存在以下问题。①产业项目质量较差。多数农民希望项目"立竿见影"，其效益回收的期望时限较短，这与一些长期性项目形成突出矛盾，逼迫集体经济发展短、平、快的低水平项目，甚至不顾及是否符合规划。②产业布局分散。由于社区集体经济囿于自身发展，没有把自身放入全区统筹考虑，导致产业布局分散、不够集中，个别工业项目没能入园发展。但社区认为，入园标准太高，集体经济难以发展。③部分产业发展交叉。部分涉农社区在产业方向、项目定位等方面十分相近，如高家和陆家社区都打算利用铁路沿线的有利条件，大力发展仓储物流业。④项目资金缺乏。部分集体经济组织基础差、底子薄，融资渠道不畅通，资金瓶颈问题突出。留地集中经营的模式在集中被征地农民的资源办大事和公益事业的同时，会存在市场化程度不足的缺陷，制约集体财产流动增值的灵活性和主动性，也可能由于公共利益目的而导致行政干预，影响集体财产增值。⑤存在潜在的资产风险。留地集中开发建设，办各种企业安置被征地农民，一旦企业在市场上失利，则集体经济可能会受到严重损害。

开发型安置模式能否取得成功，关键在于如何选择合适的发展项目，如部分农村集体经济组织把征地补偿款集中起来用于房地产开发、股市投资等项目，但由于选择的项目风险较大，不少投资最后血本无归，影响了农民收益的增加并引起许多上访等不稳定因素。在各类制约条件下，采取开发型安置模式，把征地补偿款交由集体经济组织集中经营，可选择市场风险比较小、资金收益比较稳定的项目，特别要考虑其是否与工业区建设、城市功能相配套，相比其他的经营开发项目，物业经营风险相对较小。更为重要的是，随着城市规模的扩大和工业区工业企业的发展，人流量增加，市场扩大，与城市功能配套的物业开发市场前景日益向好。因此，应发展物业经营项目，让征地补偿款得到稳定增值，提高被征地农民的收入水平。一些集中开发项目都立足于发挥土地属于城郊或工业区的优势，利用征地补偿款发展与城市建设相配套的物业经营项目，这些物业经营项目主要有两种类型：①利用征地款与征地业主合作开发物业项目，征地业主每年向村集体交付一定数额的物业租金；②征地业主向村集体交付征地款后，村集体利用征地款在其他具有经营优势和市场开发潜力的土地上独立开发商业铺面等物业经营项目，通过出租商业铺面取得长期收入。但是，这也构成了模式推广的障碍：它只在大中城市的近郊地区才具有实施的可能性。从完善开发型安置模式、防范潜在风险的措施来看，必须要按照市场经济规律优化集体资源配置，经济资源要按市场经济规则进行配置和流转；要明晰集体经济的产权，并建立相应的集体财产经营管理决策机构；要按照可持续发展的要求统筹考虑被征地农民的眼前利益和长远利益，做好被征地农民的教育、培训等工作，提高被征地农民的可持续发展能力。① 从长远看，被征地农民的保障

---

① 廖小军.中国失地农民研究[M].北京：社会科学文献出版社，2005：144.

不能依靠某一个集体或社区去完成，必须将其全面融入整个社会保障体系，集体提供保障只能作为辅助性保障。

第三节　置换型安置模式的现实考察

置换型安置模式主要是采取为被征地农民办理社会保险的"土地换保障"方式，在规划区范围内的农户将自己所有的土地使用权一次性流转给政府委托的土地置换机构，由土地置换机构为失地农户中符合条件的现有家庭成员统一办理各项社会保障，该机构将土地管理部门规定发放的安置费、土地补偿费、水利设施费、撤组转户费等费用全部或一部分用于被征地农民的社会保障。[①]

一、置换型安置模式的案例分析

温江区位于成都平原腹地，属都江堰自流灌溉区，水旱从人，物产丰富，素有"金温江"之称，也是中国西部唯一获得"国际花园城市"殊荣的城市，以一座现代新城的姿态出现在成都平原之上。但是，温江区也出现了失地农民群体问题。为此，温江区制定了《关于鼓励农民向城镇和规划聚居区集中的意见（试行）》和《关于放弃宅基地使用权和土地承包经营权农民参加社会保险实施细则（试行）》，"双放弃"的土地改革正式启动。"双放弃"的核心内容：允许主要收入来源并非来自农业的农民，在自愿放弃宅基地使用权和土地承包经营权的前提下，在集中居住区聚居或进入城镇自主购房。购买集中居住区定向安置房的，人均35平方米以内的部分按安置价购买，人均35~45平方米的部分按成本价购买，人均超过45平方米的部分按市场价购买；自主购房的也按市场价购买。根据"双放弃"配套政策《成都市温江区征地补偿办法》规定，农民在自愿放弃土地权利后可以得到征地补偿，补偿数额由"国土、财政等相关部门根据实有面积实施补偿，农民应得土地补偿按其所在村组宅基地、林地、承包地、自留地的人均面积计算"。土地不仅可以"换身份"，还可以"换社保"。根据温江区的相关规定，放弃土地的农民可登记为城镇居民户口，参加与城镇职工同等的社会保险，男40岁、女30岁以上享受1.2万~2.3万元不等的区财政一次性社保补贴。

---

① 左敬连. 对土地换保障的思考和探索［N］. 中国劳动保障报，2004-02-26.

温江区"双放弃"的农地流转改革始终在政府的主导下推进。2002年以前,温江只是成都市的一个郊县,区财政的主要收入来自农业。2002年5月,温江撤县设区,其区域功能定位为大力发展第二产业和第三产业。2003年,温江把"主动迎接大都市(成都)辐射"的定位调整为"主动融入",并加快了城市建设的速度,建设用地紧张的矛盾日渐突出。温江区的总体规划为城市向东、工业南下、旅游北上,其规划目标是建设一个类似新加坡的"生态园林型现代化新城区",其中包括一个中心城区组团和十个小城镇组团。温江的北部是花卉产业带,这也是温江用以确保农耕地面积的主要区域,而东、南、西三面的农业土地主要被规划为新城区、工业区、休闲区。然而,曾作为全国面积最小的县的温江只有227平方千米土地,大部分土地均为农业用地,法定发展空间只有0.7平方千米。"双放弃"的真实意图是将农村土地通过法律手续调整为城市建设用地,到规划期末的2020年,使温江的城市面积达到80平方千米(约12万亩),因此,有巨大的土地缺口需要通过土地流转来补充。

除了上述"双放弃"的方式,温江区还以农业产业项目规模化经营为依托推进土地集中流转,另外,还将集体资产、集体土地股份化后进行统一流转。以下案例来自课题组的实地调研。

案例1:张某,19岁,高中毕业,温江花乡居民,在小区自主经营小服装店。该安置小区内的楼房都是5层楼,共有25栋,1000多户居民都是"以土地换身份"的农民。之所以都选择政府安排的安置房,是因为"那些有钱的才自己买房子"。政府安置政策是每人享受35平方米安置房待遇(单价是330元/平方米),35~45平方米部分享受成本价(当时定为1500元/平方米),人均超过45平方米以上部分享受市场价。如果接受安置,一户三口之家花费不足35000元就可以在城区购买一套105平方米的住宅,而温江区同地段的商品住宅市场价大概在28万元。集中安置房内,水、电、光纤俱全,初装费由政府承担,住户的水、电、气和物业管理费可以享受五年的政府补贴,其中,前三年的补贴标准为人均每月20元,后两年减半。

案例2:王某,一家四口人,现居大同上郡,共承包4亩多地。住房的宅基地按人均2分地算,共8分地。按照和村集体的协议,王家能拿到的补偿费为:承包地补偿,每亩24000元,村集体一分不留,全归个人;宅基地补偿,近1万元,共计能拿到10万多元。另一个收入是预期的社保,王某刚好60岁,在搬入大同上郡之后,一次性缴纳9100元,每个月他能够拿到210元。以80岁来算,20年他能够拿到近6万元。在支出方面,最大的支出为买房。若王某按安置价买一套房，四口人就是 100 多平方米，需要花掉 4 万多元。没有了土地，每个月的生活费便体现为现金支出。王某的儿子已经成家并在外打工，王某自己耕种土地，每亩地的平均收入不到 1000 元，唯一的养老保障只有儿子，对他而言，"双放弃"是对生活水平的一种改善。

案例 3：唐某，74 岁，YQ 街道办 QF 村的老支部书记。唐某及儿女一家四户共十口人，共有房屋 650 平方米。根据区 72 号文件的补偿标准，他家的房屋、土地、竹木等可获得补偿款 13 万多元。温江农民安置房的优惠价为 400~500/平方米，13 万元的补偿款能换来不到 300 平方米的房子。唐某认为补偿标准太低，"每根竹子 0.5 元，移坟费只给 150 元"。没有了土地，农民们只能把祖坟移到商业陵园，"没有七八千元是移不了的"。

案例 4：张某，自营小茶馆。"到我这儿来喝茶的，差不多都是安置了以后没有工作的，5 毛钱一杯茶，可以喝一天。不是他们个个都好吃懒做，是没有工作可以做。"根据政府的要求，"双放弃"首先是要以户为单位，家庭整体自愿搬迁；其次在"双放弃"后，其家庭经济来源不能受到太大影响，基础条件就是村民每年的人均纯收入要达到 5000 元以上，其中 80%要来自第二、第三产业。但是从实际情况看，显然有部分农民在进城以后，并没有顺利实现就业。

根据规定，"双放弃"农民可以买社保，但区财政的社保补贴只发给男 40 岁、女 30 岁以上者，年轻人的社保费来源只能另想办法。因此，"双放弃"农民中出现了借钱买房、贷款买社保的现象。在农民的传统观念中，失去土地就等于失去生活来源，进城后年轻人就业、孩子上学等问题，都是现实难题，而社保只相当于城镇的最低生活保障，对这些城市的"新移民"来说，提高生活质量并不是随着进城之后就可以自然实现的梦想。YQ 街道办 QF 村有较大一部分农民不肯搬走，因为"征地之前没有通过集体讨论，更没有通过全体村民同意，很多农民都是在不知情的情况下签了字"[①]。

"双放弃"政策的出台和推行与温江的经济社会发展条件是分不开的。早在 2006 年，温江区农村富余劳动力向城镇和非农产业的转移率已达 86.7%，城市化率达 46.6%，而且其社会均衡程度也远远好于其他很多地方。仅从操作层面而言，"双放弃"政策最大的问题在于政府财政的先期预付。在"双放弃"启动前期，农民的补偿费用、为农民购买社会保险的费用、农民转移就业补助费、

---

① 张力. 户籍改革中嵌入农民退出地权机制的合规化分析——以温江"双放弃"模式为考察对象[J]. 农村经济，2013（10）：3-7.

入住规划区农民的水电气和物业管理费等，人均约为12万元，这些都需要预先垫付，使得财政压力极大。也正是因为这些原因，温江的"双放弃"采用了分批实施的办法，以使资金逐渐得以流转。温江区首批1000多户"双放弃"农民共放弃耕地近3700亩，放弃宅基地1000多亩，扣除建房用地后节约出可置换使用的宅基地900多亩。温江主城区已经具有现代新城的雏形，土地开发吸引了多家国内知名地产公司，其中，成都海峡两岸科技产业开发园区中的企业大多是世界500强企业和国内大型企业。

与温江区"双放弃"政策配套的还有"两股一改"。2007年6月27日，开元股份经济合作社在温江区永宁镇成立，这是成都市首个"两股一改"股份经济合作社，也标志着温江的"村企合一""两股一改"等多项改革正式启动。"两股"是指农村集体资产股份化和农村集体土地股权化，"一改"是指以转变农民身份为主体的村民委员会改为社区居民委员会。"两股一改"后，每个村民的集体资产所有权得到明确。在新组建的股份经济合作社中，村民变成股东，参与集体资产经营，年底分红。万春镇天乡路社区是温江"两股一改"较为成功的社区，2007年成立"村企合一"的成都市卫鑫置业有限公司，村民以土地承包经营权和原有集体资产入股该公司，公司将整理出来的土地或卖或租，并引进了一个大型游乐项目——国色天乡乐园，村民每年都能从该公司得到一定数目的分红。据介绍，天乡路社区村民的收入比全区农民人均收入高出1000多元。"两股一改"必须有大型的产业项目作为承载体，村集体资产必须要有一定规模，这样才有实力与项目投资方进行谈判，因此，能够推行"两股一改"的村并不占多数，农民的受惠程度和受惠面有限。同样在2007年开始试验的"村企合一"在2008年又重新被改为"村企分开"。因为从改革看，"村企合一"不利于企业运营，而且存在腐败的风险。"村企分开"主要是指村一级的党、政、企"三权分立"，由村民委员会选举产生的监事会监督企业行为，村干部不再参与企业经营，企业由专业人才管理，党政部门只做好公共服务，各司其职。同样，由于各种条件的限制，这一试验目前也只在五六个村和社区中进行。

与温江"双放弃"类似的土地承包权转让改革，在同为统筹城乡改革试验区的重庆也有推行。九龙坡区是重庆传统的工业发达区域，其经济总量连续多年居重庆市各区县之首，九龙坡区的农村地处重庆大都市圈内，属于重庆主城的郊区，地价昂贵。同时，九龙坡区又存在耕地被闲置浪费的现象。在农民心目中，土地有社会保障的作用，因此，大部分农民都不愿放弃土地。在此背景下，该区尝试推行两种土地流转的方式。

第一种是以土地承包权出租。按种植稻谷每亩平均产量折算约1000元的金额收取租金。流转以自愿为原则，农民可在附近的农业园区或城镇企业打工，以企业为依托来解决社保问题，并享有固定土地收益。

第二种是以社会保障置换土地。即凡是拥有稳定的非农收入来源，又自愿退出宅基地使用权和土地承包经营权的，就可以申报为九龙城镇居民户口，并在子女入学、就业扶持、养老保险、医疗保险、生活保障等方面与城镇居民享有同等待遇。

九龙坡区制定了《城乡统筹发展综合改革先行示范总体方案》，作为先行试点的西彭镇首先实施"住房换宅基地"试点方案，其与城市建设用地增加及农村建设用地减少挂钩。该方案的思路是，拿出原农村宅基地的20%，集中兴建新型农村社区，腾出80%复垦为耕地，其土地指标，则置换为本镇城市部分的建设用地。集中农村的宅基地，可以缓解城区用地指标的紧张，同时，农民集中居住，每户农民基本上不花钱就可以置换一套80平方米左右的小区房。与此同步进行的，是解决农民承包土地流转的问题，实现土地资源的最佳配置。目前，九龙坡区在3个试点镇的镇村一级都设立了土地流转站，农民将土地租赁给村，再由村流转至镇或工业园区。九龙坡区的试点方案强调以工业化本身作为解决城乡矛盾的动力。与温江区的改革类似，此类改革对于农村进行产业规划至关重要，否则，城市的工商资本进来，很难与之进行对接。

二、置换型安置模式的理论分析

（一）置换型安置模式的意义分析

置换型安置模式的实践意义体现：①把被征地农民的社会保障纳入城镇社会保障体系，努力做到全面覆盖，努力做到所有被征地农民都能有一个新的、安定的生存和发展环境；②按照"政府补贴一部分、集体出资一部分、个人负担一部分"的原则，利用多种形式筹集养老基金，确保不再增加被征地农民的负担，而且还能给被征地农民一定数量的生活补贴，保证被征地农民生活水平不因失地而下降，要做到既保障被征地农民当前的生产、生活，又解决他们的长远生计，维护好他们的合法权益；③区别不同类型的被征地农民，采取不同的社会保障方法，建立基本养老保险制度、基本生活保障费和最低生活保障待遇等保障手段。此外，许多地方在实施"土地换保障"工程的同时，还要做好被征地农民的再就业服务，特别是加强就业技能培训，提高其再就业能力，努力做到开发建设和社会保障同步推进，使被征地农民的生活有保障，就业有技能、居住社区化。①

(二) 置换型安置模式的主要问题

无论是成都市温江区还是重庆市九龙坡区，都是城市化水平很高的地方，但这种改革模式的复制意义始终受到质疑。不仅如此，这种改革模式还存在如下一些制度缺陷。

1. 保障的标准问题

衡量标准是否公平合理，可参照两个准则：被征地农民从社保中获取的收益应至少同农业用地的经济产出水平相当，这是置换土地应达到的最低标准；被征地农民从社保中得到的收益应高于农业用地的经济产出。从农民为经济发展所做的贡献及当前我国社会逐步进入工业反哺农业阶段的现实要求来看，以后者作为参照标准更为妥当。② 但是实际情况是，目前有关被征地农民社会保障的实践只能称为"生活保障"制度，其与以社会性、福利性、公平性和互助性为本质特性的社会保障制度相差甚远③，甚至连最低标准都没有达到。土地换保障的制度设计在被征地农民社会保障项目、保障水平的确定问题上缺乏深入细致的定量研究，避开了对以社会保障替代农业用地公平、公正的评判。在政府主导的利益分配和权益替代过程中，缺乏利益表达机制和诉求渠道的被征地农民必然会处于不利地位。在已建立被征地农民社会保障的城市中普遍存在保障不足的问题。在保障项目方面，天津、厦门、青岛、秦皇岛等多数城市仅将其限定为基本养老保险，只有西安、哈尔滨、上海等少数城市涵盖了失业和医疗保险。在保障水平方面，多数城市普遍存在保障水平偏低的现象。从目前各地推行的被征地农民保障方式来看，最主要的是提供养老保障，而医疗等其他保障方式较少涉及，另外，为失地未就业农民提供专业培训、知识技能学习等非农产业素质的保障制度效果不尽如人意，而且城乡之间社会保障水平的差距也有逐渐扩大的趋势。一些地方虽然把被征地农民纳入了社会养老保险体系，但这种社会保险既不是以稳定的劳动关系作为参加社会保险的基础，也不是以工资收入作为缴费基数，而是以土地安置补偿费一次性缴费，然后再确定退休后的定额发放标准。据一些地方反映，相当一部分被征地农民实质上享受不到相

---

① 廖小军. 中国失地农民研究 [M]. 北京：社会科学文献出版社，2005：166.
② 王瑞雪，邸国平，郭晓慧. 土地换保障风险之初探 [J]. 华北国土资源，2013 (3)：105-106.
③ 陈信勇，蓝邓骏. 失地农民社会保障的制度建构 [J]. 中国软科学，2004 (3)：15-21.

应的保障。例如,在安徽省的一些地区,对于规划区内的被征地农民,按照城镇居民最低生活保障制度规定,其家庭人均收入达不到当地城镇居民最低生活保障线的,实行补差。但在核算收入时,由于将被征地农民的安置补助费纳入收入范畴,使得失地但又未能就业的农民被阻隔在城镇低保门槛之外。而规划区外的大多数农村没有农村低保制度,使得规划区外的被征地农民无法享受低保,不能满足其基本生活需要。①

2. 资金筹措问题

社会保障基金是社会保障制度得以正常运行的支柱,筹集机制是能否形成可靠稳定社会保障基金的关键所在,而土地换保障的制度设计普遍存在地方政府支付被征地农民社会保障资金动力不足、资金到位率偏低、社会保障基金筹集机制不确定性偏大的问题。被征地农民参加社会保障制度,若以一次性获得的土地补偿费、安置补助费为主,则今后将难以获得稳定的生活保障。从调查情况看,在土地被征用之初,大部分人的生活水平受到的影响不大,甚至在一次性征地补偿收入的支撑下,生活水平还有所提高。但随着时间的推移,生活水平将会因村集体的经济状况及个人的收入状况、健康状况和年龄等具体情况,发生很大变化。特别是文化程度较低、就业转型能力较差、消费没有计划和年老多病的被征地农民,其生活会逐步陷入贫困。减少安置费用的一个途径是扩大就业容量、增加就业岗位,但这必须依赖当地社会的快速发展。如果不能通过增加就业来减少安置经费支出,或不能通过发展经济来增加乡镇财政的积累,那么安置经费不足带来的社会风险将难以避免。社会保障水平具有明显的刚性增长特征,而建立在土地低进高出制度之上的社保基金的筹集却充满了不确定性。如果被征地农民社保资金无法得到连续保障,则受损者将绝不仅仅是已经加入社会保障的被征地农民,地方政府的公信力乃至社会经济稳定大局均会面临极大挑战。这一点已经在部分地区显露出来。

3. 有关就业安排问题

从各地的实践情况看,包括乡镇企业在内的各种劳动密集型企业是吸纳劳动力的主体,尤其是那些未经职业培训及难以通过培训在职业技能方面得到较大提高的被征地农民。虽然部分地方政府希望将乡镇企业作为安置征地劳动力的主渠道,但是这种就地安置的方式在客观上形成了变相的固定用工制度,乡

---

① 卢海元. 被征地农民安置与社会保障的政策选择和制度安排(上) [J]. 国土资源, 2007 (1): 32–34.

镇政府和企业都不欢迎。乡镇企业的不稳定性，使征地劳动力也不愿意正式安置下来，一到征地就纷纷从岗位上倒流出来。变相"固定"的征地劳动力已经成为不少乡镇企业的主要成分，影响了这些企业的市场竞争能力。乡镇企业改制进一步削弱了政府对其用人行为的干预能力。随着市场机制的加强，原来"安置就业"的含义已经淡化甚至消失；农民在征地前进入乡镇企业工作，是市场对劳动力配置的结果，不应该也不可能用行政手段对这种配置结果加以"固定化"，目前，社会保障仍是乡镇企业的弱项。因此，从这些意义上说，乡镇企业不可能再是"安置"征地劳动力的主渠道，而只能对征地劳动力适应市场前的就业起到"稳定器"的作用。[①]

4. 集体成员利益分配问题

被征地农民社会保障资金主要来源于征地补偿和政府补助，土地换保障的制度设计不能回避被征地农民、未被征地农民及集体经济组织之间的利益分配问题。在集体所有制产权安排下，集体中的每个成员"既是所有者又不是所有者"的基本矛盾决定了任何成员都不能享有完全排他的土地所有权，而当土地所有权以货币形式——土地补偿表达时，征地补偿的分配应当与之保持逻辑关系上的一致。但事实上，以土地换保障后，被征地农民不仅得到安置补助费，同时还以较大比例得到了土地补偿，更进一步，进入社会保障的被征地农民还有机会排他占有部分土地出让金，从本质上讲，这部分资金包含了"农转非"后地价的增值，而作为集体土地所有权代表的农村集体经济组织和集体中大多数的未失地者却不能参与地价增值的分配。这样的制度设计并不妥当，现实生活中由此引发的纠纷甚至上访事件也屡见不鲜。从理论上讲，集体中的每个成员都享有均质的权利，即使在特定时期内部分集体成员在本轮土地承包期没有实际占有土地使用权，在承包期满后，集体经济组织和本集体其他成员也无权拒绝其在下一轮承包中获得土地权利的主张。在多数城市的土地换保障实践中，通常会按照被征地农民的年龄划段分别处置成员权，因此征地时年满60周岁的男性、55周岁的女性被征地农民往往成为该制度的最大受益者，征地时不足16周岁的则无疑是最大的利益受损者。非常明显的是，如果政府没有征地，那么这些利益受损的被征地农民完全可能在下一轮土地承包时分得一份土地，而在

[①] 吴瑞君. 城市化过程中征地农民社会保障安置的难点及对策思考 [J]. 人口学刊, 2004 (3): 22-25.

未来若干年后，他们的配偶及后代也同样可以获得相同的权利。①

（三）置换型安置模式的制度缺陷

在某种意义上，与造成大量"三无农民"（无地、无业、无保障）的"圈地运动"相比，以提供社会保障作为"圈地"条件更进了一步。但是抛开这种"进步意义"以后，"土地换保障"的本质还是对土地资源的滥用和侵吞。被征地农民本来就应该获得相应的补偿，而这种补偿和社保完全是两回事，"土地换社保"恰恰可能成为以社保当补偿的幌子。农民获得社会保障，不应以农民交出土地权益为代价。作为现代市场经济发展的产物，社会保障制度通过国民收入分配和再分配发挥着促进社会公平的作用，在世界范围内，无论何类保障模式，均不同程度地凸显出政府作为第一责任人的地位。在养老保险、失业保险、医疗保险方面，政府通过税收优惠政策、利率资助政策、财政预算资助等多种途径直接或间接地扶持保障制度的正常运行；在最低生活保障、贫困救济、灾害救济等社会救助方面，政府财政支付更是发挥着举足轻重的作用。相比之下，"土地换保障"却要求农民只有在放弃土地权利后才能被纳入城市最低生活保障之内，这实质上是在变相剥夺农民财产。建立最低生活保障是政府公共财政的基本职能之一，享受最低生活保障是《中华人民共和国宪法》赋予贫困公民的基本权利，而将放弃土地权利作为进入低保的条件实质上是对农民社会公民主体权益的否认。"土地换保障"的制度设计确实在一定程度上能够起到缓解矛盾和解决被征地农民生存困境的作用，但是，这种制度创新模式并没有从根本上解决土地征收中的利益补偿与分配问题。"土地换保障"模式是在回避矛盾而非解决问题。

如果将"土地换保障"进行推广，则很可能从根本上与建设和谐社会背道而驰。所谓社会保障，与一般意义上的收入不同，它是一种针对"风险"的"社会安全"保证，无收入当然谈不上保障，但有收入也未必就有保障（如果收入不稳定或不足以应付意外），而高保障则未必意味着高收入。免除农业税后，农民承种土地的条件空前改善，但不能否认他们需要真正意义上的公民社会保障。农民需要社会保障，这一点与他们的土地是否被征用毫无关系，至于征地以后，那是如何生产的问题，而不是看不起病、上不起学这类社会保障问题。很多市场经济国家经过严格程序后也会征地，但没有哪个国家会认为征地行为是为了保障被征地农民的权益。真正意义上的"土地换保障"前提必须是土地

---

① 王瑞雪.土地换保障风险之初探［J］.华北国土资源，2013（3）：105-106.

为农民个人所有，农民在自主的情况下通过土地产权市场进行转让。这种农民自主的"土地换保障"的特点在于：土地的市场价通常远高于征地补偿，因此它能换得更高水平的保障。当然这需要有充分发展的保险市场、适合的保险产品，而且农民也充分了解了有关信息。至于在商业性保险（"土地换保障"的提法本身就有商业色彩）之外还需要福利性、转移支付型的社会保障，政府如有能力和意愿也完全可以做。在正常的市场经济中，商业保险与社会保障是互补的关系，而不是互相排斥的关系，真正意义上的社会保障本来在农民被征地前就应该有，农民失地后再给都已嫌迟，怎能反而用作剥夺农民地权的理由呢？农民自主的"土地换保障"必然是以农民的需要为前提，否则农民会拒绝交易。但如果是农民无法自主的"征地后以保障来补偿"，则前提就不是农民的需要，而是征地方的需要，实际上各地的实践都表达得很清楚，"土地换保障"首先是要保障地方财政收入的成功，而农民自主的"土地换保障"显然是不可能在现有产权体系与制度安排下实现的。从理论上讲，对于这个问题归根到底无非是两种办法：第一，通过讨价还价实现自愿交易；第二，由一方（征地方）决定，假如是一种掠夺行为，则农民有拒绝的权利，但假若是一种慈善行为，那么又何必硬性规定农民必须接受？所以，真正的"土地换保障"只能通过自由交易的市场手段实现。而一旦提出此观点，则又有学者会认为，农民"个人素质太低"，他们拿到地价就挥霍，不会去买保险或者不会买足够的保险。如果政府确有这一担忧，则只需考虑在交易的基础上再实行某种强制性保险统筹即可，不必禁止农民进行土地交易。[①] 正因为存在诸多争议，置换型安置模式作为曾经在一定时期和范围内存在过的一种安置模式，现在被越来越多的地方政府弃用，农民已经可以"带产权"进城。

---

① 秦晖. 切实保障人地二权是土地流转的核心问题 [J]. 探索与争鸣, 2014（2）: 11-13.

第五章

征地制度改革的思考与建议

第一节 乡村振兴战略下的改革思路

一、有关征地改革思路的讨论

多年来，有关部门和专家学者都一致认同现有征地制度存在诸多缺陷，但对于改革思路和具体操作模式，在长期的讨论中，曾经存在不同的观点，归纳起来有两条基本思路。①完善现有征地制度。将改革定位为对现行征地制度的完善，核心问题是制定征地补偿标准。其主要思路：严格行使土地征收权，规范征地范围；体现市场经济规律，合理制定征地补偿费用标准；以社会保障为核心，以市场需求为导向，拓宽被征地农民的安置途径；坚持政府统一征地，实行征地与供地分离；建立征地仲裁制度，保证征地工作公平、公正、公开和高效。②从根本上保护农民集体土地的财产权。这种思路则强调改革的关键问题是如何保护农民集体土地的财产权。保护农民以自主产权为基础，进入土地市场。征地制度最大的问题，实际上是用行政权侵犯产权，用公权侵犯私权，这种行政权是一种强制的权力，是政府利用强制的权力将农民集体土地的财产权变成另一种财产权。只要这种以行政权侵犯财产权的征地制度没有发生根本性改变，地方政府随便乱占地、违法批地、肆意侵犯农民权利的现象就不可能得到遏制。

上述两种改革思路争持不下，相比而言，第一种代表决策部门的主流看法，第二种则主要是学者之见。[1] 任何一项改革，都必然存在巨大的争议，改革从来

---

[1] 胡一帆. 把脉中国农地制度 [N]. 财经时报，2004-03-22.

不是在一帆风顺中进行的。最重要的是,我们应当借鉴以往改革成功的经验,可以有不同意见,但不能因为意见不同就完全拒绝试一试。美国之所以现在看来已经有相当完善的土地法律,在很大程度上就是民间尝试,最后进行一般化和规范化的结果。而今天的中国,也已经看到市场力量自发的改革。

自党的十八大以来,农村土地征收制度的改革也在逐步推进。在2017年对《中华人民共和国土地管理法》的修订中,就有关土地征收问题,新增了第四十四条,主要进一步明确细化了征收农村集体土地的具体条件;修订第四十六条,主要明确了土地征收的基本程序;修订第四十七条,主要进一步强调了土地征收的补偿必须满足原有水平不降低、长远生计有保障这两条基本原则;修订第四十八条,主要进一步明确了土地补偿的标准确定问题。本次《中华人民共和国土地管理法》的修订涉及农村土地的多方面,相比而言,对征地制度所做的各项修订得到的社会认可更高一些。

2015年,中央政府正式启动全国33个试点市县的"三块地"试点改革,其中只有3个地区开展征地改革试点工作;虽然原定于2017年完成的试点改革已经延长至2018年完成,但社会各界对征地制度试点改革进展预期并不乐观。集体经营性建设用地改革虽然在部分试点地区取得突破,但就全国整体情况看,审慎稳妥地推进改革也意味着,在可预见的时期内,集体经营性建设用地入市难以对建设用地供求基本格局形成重大影响。从另一个角度看,城市政府以征地方式获得建设用地似乎有很大的必要性。

为什么33个试点改革中,只有3个市县进行了征地改革试点工作?这是因为征地改革直接影响地方政府的利益。土地财政收入一直是中国各个地方政府进行城市基础设置的重要收入,而通过快速推进城市化不仅可以获得经济总量增长,也可以做大城市体量、提升城市地位,这些都有益于增强城市政府与中央政府谈判的能力,从而获得更多的中央支持,或者提高地方政府领导的个人政治地位。换言之,征地制度改革对于地方政府,并不仅仅是可以计算的土地财政收入问题而已。

二、乡村振兴背景下的征地制度改革

就征地制度改革自身而言,已经明确的改革路径可以被概括为:建立科学严格的公共利益认定机制,形成具体用地项目性质的事前论证和事后审查制度;深化征地补偿机制改革,完善征地民主协商程序,进一步完善征地补偿标准,建立征地拆迁过程全透明、全记录制度，构建多方利益主体共同参与的征地补偿安置争议解决机制等。但是，在城乡融合的大背景下，完善征地程序或者补偿标准等内容固然非常重要，但同样不能忽视的一点是，现行征地制度之所以一直比较稳定地在一个较长时期内发挥着作用，固然是依靠国家公权力强制推行的缘故，但也是因为它与中国的城市化进程之间存在着密切的联系。中国的城市化进程无论在速度或者方式上都要求城市空间面积不断扩大，以满足各类产业投资或者人口居住的要求，在种种压力下，通过征地途径获得建设用地似乎成为最便捷、高效的城市土地空间扩展方式。如果中国城市化继续以既有模式进行高速发展，那么产业项目用地或者居民生活用地的压力将很有可能不得不继续通过征地的途径予以释放，在这种情况下，征地制度改革的推进将困难重重。

中国依然处于城市化推进时期，农村人口外流尤其是向城市集中的趋势不可能在短期内减缓或者停止。但是，乡村振兴战略的实施开启了另外一条人口向农村回流的通道，为农村人口更加理性地进行迁移流动提供了更加有利的环境条件，只要农村的产业能够让农民有更好的就业机会与劳动收入，农村的社会环境能够让农民有更好的居住条件与公共服务，那么农村吸引农民留在农村生活的可能性就会大大提高，从而可以相应地减缓农民向城市集中的速度，减小城市由于快速城市化而导致的各类基础设施与公共产品供给压力，减少城市政府进行大规模、长时期征地的行为。

虽然乡村振兴战略还在实施的初期阶段，但是观察农村近些年发生的新变化，可以有一些谨慎的乐观预期。农村劳动力回流现象并不鲜见，比较典型的如在2008年全球金融危机发生之后，珠三角、长三角地区的外向型产业受到不同程度的影响，导致大量的劳动力回流农村，尤其在类似四川、河南这样的劳务输出大省，表现得比较明显。但是，与这种被动式回流有所不同，近年来发生的劳动力回流农村现象带有相对而言更为积极的主动性。2017年的中央"一号文件"提出要支持农民工返乡创业，以带动现代农业及农村新产业与新业态发展；2018年的中央"一号文件"同样提出要加强扶持引导服务，实施乡村就业、创业促进行动。四川省是劳动力人口大省，同时也是劳务输出大省，有超过2400万名农民工，四川省人民政府办公厅在2015年就已经制定出台了《关于支持农民工和农民企业家返乡创业的实施意见》（川办发〔2015〕73号），并根据四川省的情况提出了具体举措，包括返乡创业条件①、税费优惠②、财政支持③、金融服务支持④及返乡创业园建设⑤五个基本方面，同时还提出了一个"三年行动"计划纲要。

四川省有关农民工返乡创业的扶持举措体现了两个非常鲜明的特点。

第一，从制度上降低农民工创业的成本，如放宽注册资本登记条件、允许更加多样化的出资条件（如土地承包经营的收益权）等。以农民工创业最为艰难的金融服务业为例，四川省的改革不仅允许将包括集体建设用地使用权、土地经营权等在内的农村产权纳入融资担保抵押范围，也鼓励金融机构将法律不禁止的农村资产作为抵押担保品，而且政府财政部门对贷款进行程度不等的财政贴息。

第二，拓宽农民工创业的空间，采用负面清单的形式，凡是法律未禁止的行业，一律向农民工开放，以鼓励新业态与新产业发展。根据实际情况，四川

---

① 放宽注册资本登记条件，允许农民专业合作社成员以土地承包经营权的收益权、货币、实物和知识产权作价出资，货币出资和非货币出资不受出资比例限制。

② 持有就业创业证或就业失业登记证的农民工和农民企业家，创办个体工商户、个人独资企业的，可依法享受税收减免政策；落实普遍性降费政府，农民工和农民企业家返乡创业，符合政策规定条件的，可免征教育附加费、水利建设基金等政府性基金，免收管理类、登记类、证照类行政事业性收费。

③ 有条件的地方，可对返乡创业农民工和农民企业家从事适度规模经营流转土地给予奖补。对农民工和农民企业家返乡创办的企业，招用就业困难人员的按规定给予社会保险补贴和岗位补贴。对具备各项支农惠农资金、支持县域经济发展专项资金、各级创新创业投资引导基金、中小企业发展专项资金等其他扶持政策规定条件的，要及时纳入扶持范围，便捷申请程序，简化审批流程，建立健全政策受益人信息联网查验机制。各级财政在梳理适用于农民工和农民企业家返乡创业的财政支持政策的基础上，建立支持农民工和农民企业家返乡创业财政支持政策目录，保障返乡创业农民工和农民企业家享受财政优惠政策的权利。

④ 探索将集体建设用地使用权、土地经营权、农村房屋所有权、林权等农村产权，纳入融资担保抵押范围；鼓励金融机构将法律法规不禁止、产权归属清晰的各类农村资产作为抵押担保品，在全省开展农村土地流转收益保证贷款试点；鼓励金融机构向符合条件的返乡创业农民工和农民企业家发放创业担保贷款，优化贷款审批流程，贷款最高额度不超过10万元，期限为2年，财政部门按规定贴息；贷款期满可展期1年，展期不贴息。对返乡创业农民工和农民企业家领办的新型农业经营主体，属于劳动密集型小企业的，可按规定给予最高额度不超过200万元的创业担保贷款，并给予贷款基准利率50%的财政贴息。

⑤ 地方政府可安排相应的财政引导资金，以投资补助、贷款贴息、返乡创业园区建设奖补等方式给予政策支持；鼓励返乡农民工和农民企业家入园创业可租用园区内的国有土地和标准厂房，也可按弹性年期出让或以"租让结合、先租后让"的方式用地，降低一次性支出成本。

省着重增加了对民族地区和互联网创业的支持政策：大力支持藏族、羌族、彝族等少数民族地区对传统手工艺品、民族医药业、民族特需用品和地方特色农产品进行品牌化的生产开发与市场推广；引导电子商务交易平台渠道下沉，加大交通、物流等基础设施建设，建立健全县、乡、村三级农村物流基础设施网络，并积极吸引阿里、京东等电商企业参与建设，阿里村淘、京东农村互联网金融等都已经开展了具体项目。

近年来出现的农民工返乡创业虽然并没有成为全国范围内的普遍性现象，也不可能在短期内改变城市化发展的基本趋势，但是这一现象背后的时代背景决定了它具有一种长期的发展性：中国城乡居民消费升级大趋势不会改变，各类优质特色农产品市场空间广阔，农业供给侧结构性改革为农业现代化提供了长期性的发展机会；传统的城乡二元结构已经得到比较明显的改善，东部及珠三角、长三角地区不少劳动力密集型产业都开始转型或升级，而中西部地区经过近些年的发展，也具备了承载农民工就业与创业的更大空间。

从长期的趋势看，农民在农村创业的规模将有可能继续扩大，这不仅将在一定程度上舒缓城市化的压力，更重要的一个影响是，它将在一定程度上改变地方政府对吸引社会投资的态度，从而遏制盲目征地的冲动。长期以来，尽量吸引投资都是地方政府非常重要的工作内容之一，但是地方政府的偏好是投资项目越大越好，各类鼓励社会投资的政策都侧重尽量"招大商、做大项目"，类似农民工创业这种小规模的社会投资，很难成为地方政府鼓励投资的关注点。由此形成的一个直接后果：为了容纳城市政府吸引的大项目，以征地手段获得足够多的建设用地就成为一种必要方式。与此同时，农村建设用地的开发却一直滞后，相关的产业基础设施建设或者园区规划等都很难满足农业农村现代化或者农业新业态的发展需要。2016年，农业部（现农业农村部）曾公布了1096个依法合规、功能完备、辐射带动能力较强、产业融合发展趋势明显的全国农村创业创新园区（基地）目录，这些农村创业创新园区将有可能成为培育农业新产业、新业态的载体，从而成为当地农村经济发展的新引擎。乡村振兴战略如果落到实处，那么农村与农业将成为投资的热点之一，而鼓励农民创业创新将成为政府鼓励和吸引社会投资的工作重点之一，这将在一定程度上改变长期以来因政府片面倚重城市空间内的项目投资而造成建设用地不断趋紧、征地压力有增无减的局面。

第二节　征地的范围界定与程序规范

2017年,《中华人民共和国土地管理法》就征地范围问题进行修订,明确界定了土地征收的公共利益,并与《国有土地上房屋征收与补偿条例》相衔接,将国防和外交、基础设施、公共事业等界定为公共利益,不符合公共利益范围的退出征地范围。[①] 同时,进一步规范征地程序,地方政府在征地前须先与农民签订土地补偿安置协议,落实补偿安置资金,这体现了被征地农民的知情权、参与权、监督权。[②]

一、缩小土地征收范围

(一) 在划定公共利益范围的基础上,进一步量化财产权利损害程度

2017年,《中华人民共和国土地管理法》的修订中列举了公共利益的具体内容:①国防和外交;②由政府组织实施的能源、交通、水利等基础设施建设;③由政府组织实施的科技、教育、文化、卫生、体育、环境和资源保护、防灾减灾、文物保护、社会福利、市政公用等公共事业;④由政府组织实施的保障

[①] 2017年《中华人民共和国土地管理法(修正案)》(征求意见稿)中新增一条,作为第四十四条:"为了保障国家安全、促进国民经济和社会发展等公共利益的需要,有下列情形之一,确需征收农民集体所有土地的,可以依法实施征收:(一)国防和外交的需要;(二)由政府组织实施的能源、交通、水利等基础设施建设的需要;(三)由政府组织实施的科技、教育、文化、卫生、体育、环境和资源保护、防灾减灾、文物保护、社会福利、市政公用等公共事业的需要;(四)由政府组织实施的保障性安居工程、搬迁安置工程建设的需要;(五)在土地利用总体规划确定的城市建设用地范围内,由政府为实施城市规划而进行开发建设的需要;(六)法律、行政法规规定的其他公共利益的需要。"

[②] 将第四十五条第一款修改为:"征收下列土地的,由国务院批准:(一)永久基本农田以外的耕地超过三十五公顷的;(二)其他土地超过七十公顷的。"将第四十六条修改为:"市、县人民政府申请征收土地的,应当开展拟征收土地现状调查,并将征收范围、土地现状、征收目的、补偿标准、安置方式和社会保障等主要内容在拟征收土地所在的集体经济组织范围内进行公告,听取被征地的农村集体经济组织和农民意见。市、县人民政府根据征求意见情况,必要时应当组织开展社会稳定风险评估。相关前期工作完成后,市、县人民政府应当组织有关部门与被征地农民、农村集体经济组织就补偿安置等签订协议,测算征地补偿安置费用并保证足额到位。国家征收土地的,依照法定程序批准后,由县级以上地方人民政府予以公告并组织实施。"

性安居工程、搬迁安置工程建设；⑤在土地利用总体规划确定的城市建设用地范围内，因政府为实施城市规划而进行的开发建设；⑥法律、行政法规规定的其他公共利益。这六方面的正面列举，明确有效地缩小了征地范围。

有关公共利益问题的讨论由来已久，而且除《中华人民共和国土地管理法》外，"公共利益"一词也多次出现在其他法律当中，如《中华人民共和国宪法》第十条①、第十三条②，《中华人民共和国城市房地产管理法》第六条③及《中华人民共和国物权法》第四十二条④等。但是，上述法律既没有定义公共利益的性质，也没有界定公共利益的基本范围。这一情况直到2011年1月21日由国务院公布实施《国有土地上房屋征收与补偿条例》才有所改变，该条例第一条指出其立法宗旨为"规范国有土地上房屋征收与补偿活动，维护公共利益，保障被征收房屋所有权人的合法权益"。第八条则具体列举了公共利益的范围⑤。2016年11月27日，《中共中央国务院关于完善产权保护制度依法保护产权的意见》提出，完善土地、房屋等财产征收征用法律制度，合理界定适用的公共利益范围，不将公共利益扩大化，细化、规范征收征用法定权限和程序。⑥

我们可以发现，2017年《中华人民共和国土地管理法》的修订既实现了衔接，也做了适当调整。例如，《国有土地上房屋征收与补偿条例》界定的公共利益中有"旧城区改建"，但是本次《中华人民共和国土地管理法》的修订中没有提及，而改为"保障性安居工程、搬迁安置工程建设"。这是因为在操作实践

---

① "国家为了公共利益的需要，可以依照法律规定对土地实行征收或者征用并给予补偿。"
② "国家为了公共利益的需要，可以依照法律规定对公民的私有财产实行征收或者征用并给予补偿。"
③ "为了公共利益的需要，国家可以征收国有土地上单位和个人的房屋，并依法给予拆迁补偿，维护被征收人的合法权益；征收个人住宅的，还应当保障被征收人的居住条件。具体办法由国务院规定。"
④ "为了公共利益的需要，依照法律规定的权限和程序可以征收集体所有的土地和单位、个人的房屋及其他不动产。"
⑤ "为了保障国家安全、促进国民经济和社会发展等公共利益的需要，有下列情形之一，确需征收房屋的，由市、县级人民政府作出房屋征收决定：（一）国防和外交的需要；（二）由政府组织实施的能源、交通、水利等基础设施建设的需要；（三）由政府组织实施的科技、教育、文化、卫生、体育、环境和资源保护、防灾减灾、文物保护、社会福利、市政公用等公共事业的需要；（四）由政府组织实施的保障性安居工程建设的需要；（五）由政府依照城乡规划法有关规定组织实施的对危房集中、基础设施落后等地段进行旧城区改建的需要；（六）法律、行政法规规定的其他公共利益的需要。"
⑥ 陈磊，陈佳韵."合理公共利益范围"由谁说了算［N］.法制日报，2013-12-02.

中，不少地方政府刻意混淆"旧城区改建"与"旧城改造"之间的界限："旧城区改建"以改善居民住房条件为目标，要想符合房屋征收的要求，其前提是"危房集中、基础设施落后等地段"；但是"旧城改造"既包括"危旧房"改造，也包括对尚存居住利用房屋的拆迁，其目的究竟是倾向公共利益还是商业利益，并不确定。① 将"旧城区改建"纳入公共利益范围，实际上很容易导致征地范围扩大。此次修订将其改为"保障性安居工程、搬迁安置工程建设"，有助于避免扩大征地范围，预防以公共利益之名行商业利益之实。

此次《中华人民共和国土地管理法（修正案）》（征求意见稿）虽然在缩小征地范围问题上有明显进步，但依然存在某些讨论空间。例如，建设政府机关大楼可以被视为属于公共利益的范围，但是无法控制政府办公楼究竟要修到什么样的程度——某些超出实际必需功能的豪华政府大楼所满足的显然不仅是公共利益需要。因此，在明确公共利益范围的基础上，有必要进一步限制与制约"量"的问题，以确保因公共利益而产生的征地行为对财产权利人的损害降低到最低限度。

（二）在正面列举的基础上辅以"负面清单"

完善制度的另一思路是在现有正面列举的基础上，考虑增加"负面清单"，其重点是避免某些在性质上可能引发争议的项目以公共利益之名进行征地。公共利益的范围界定在理论探讨与实践操作中一直存在争议，某些具有争议性的项目也会导致民众对政府行为的正当性产生困惑，进而可能引发一系列社会矛盾。学术界主流观点对公共利益范围的界定，基本上都是先从内涵属性与基本特征入手，再列举出若干符合其基本属性与特征的项目或者情形。例如，王利明认为，公共利益具有利益性、多数人享有性、比例性、程序正当性和公开参与性的特点②；刘太刚认为，公共利益的认定必须符合三项标准，即利益冲突标准、法律途径标准和价值比较标准③；胡鸿高教授采用要素解释的方法，通过对公共利益的历史解释、本体解释、主体解释和程序解释，进而阐述公共利益的

---

① 张嵩磊. 破析征地拆迁中的"公共利益"[EB/OL]. 法律快车网, 2015-04-04.
② 王利明. 论征收制度中的公共利益 [J]. 政法论坛：中国政法大学学报, 2009, 27 (2)：22-34.
③ 韩大元. 宪法文本中"公共利益"的规范分析 [J]. 法学论坛, 2005, 20 (1)：5-9.

内涵[1]，体现了典型的大陆法系演绎式推理[2]。但是，此类列举也存在问题：①某些具体项目容易存在争议，因为评判的价值标准可能存在差异；②公共利益的内涵有可能在不同的历史条件下出现，以至于某一个具体项目是否被认可为具有公共利益属性可能存在立法上的滞后性。

以"保障性安居工程、搬迁安置工程建设"或者"实施城市规划"为例，二者都属于公共利益范围，但是具体的项目实施却完全有可能涉及私人利益，其项目后果可能是某些特定主体的私人得益远远超过了公众得益。现实当中不乏此类案例。例如，2004年，重庆市九龙坡区启动了鹤兴路片区旧城改造工程，重庆三家房地产公司联合对该片区进行商业开发，并规划在拆迁后新建一个集购物、休闲、餐饮、文化、娱乐等多种功能于一体的大型商业中心。在该片区内居住并经营一家餐饮店的杨某夫妇认为补偿方案偏低，一直拒绝搬迁。2007年3月，重庆市九龙坡区法院裁定支持房管局的强制搬迁裁决，要求被拆迁人自行拆除房屋，否则法院将强制执行。九龙坡区法院认为，该片区的房屋系20世纪四五十年代建造，年久失修，多次发生火灾和房屋垮塌事故，拆迁是为了保护该片区内居民的生命和财产安全。此外，拆迁后进行商业开发有利于经济发展，促进地方就业，美化城市环境，因此拆迁有利于公共利益。但是，质疑观点指出：房屋老旧、拆迁重建固然属于公共利益，但是本案中被征地居民并没有得到原地安置，而且拆迁户土地也没有用于公益项目或公共项目，较政府得到土地出让金、开发商建成商业中心，区内社会公众只是多了一个消费娱乐场所，而被征地居民不仅失去了在这一区位的住房，甚至失去了主要的就业机会或者经济来源，所得补偿既无法让他们在同一区位得到住房，甚至也无法确保他们能维持原有生活水平不下降，这一公共利益项目的最大受益方以至主要受益方都不是社会公众。

鉴于此，在正面列举的基础上，可以考虑辅以"负面清单"方式，重点列举某些在性质上可能存在争议的项目，将之明确排除在公共利益范围之外（如此类在"旧城改造"名义下进行的商业地产开发），避免在实践操作中因出现"擦边球"现象而变相扩大公共利益的范围。"负面清单"的方法并不适合作为界定公共利益的主要方法，因为该清单只基于大量个案分析，很难穷尽所有公

---

[1] 胡鸿高. 论公共利益的法律界定——从要素解释的路径 [J]. 中国法学，2008（4）：56-67.

[2] 谌杨. 负面清单列举法界定公共利益 [J]. 法制与社会：旬刊，2016（5）：90-91.

共利益之外的情形，但是该方法很适合作为辅助使用。①针对某些在现阶段其属性存疑的项目，避开烦琐的学理解释，以谨慎为原则，宁缺毋滥；②在操作上，可以由最高人民法院每年提审一些全国范围内影响力较大、具有普遍性的涉及公共利益的征地案件，编入最高人民法院发布的典型案例中，并通过司法解释的方式将不属于公共利益的具体情形予以排除。①该清单所列项目，可以根据社会经济发展变化而进行适时增删，以弥补立法中因公共利益范围界定相对固定、缺乏弹性而可能导致的弊端。

法律对公共利益范围的界定有助于有效缩小征地范围，在此基础上，还需要程序保障。程序的意义不仅在于落实法律已经明确的公共利益范围，更重要的是，对公共利益范围的讨论并不会因为法律界定而终止，因为社会经济形式的发展变化会导致公共利益的某些表现形式出现变化，而且"公共"所涵盖的群体之间也可能存在对立的利益冲突，在某种意义上，公共利益本身就是对多方利益衡量的结果。因此，程序的规范确定有助于公共利益范围本身的确定，更符合经济社会发展需要，也更体现公众的利益要求。

二、规范土地征收程序

正当程序是完善私产征收与补偿制度的关键②，程序正当性包含的价值是中立、理性、排他、可操作、平等参与、自治、及时终结和公开；通过正当程序达到《中华人民共和国宪法》的至信、至尊、至上，实现《中华人民共和国宪法》的权威③。程序公正应成为土地征收与补偿的一项基本原则。《中华人民共和国土地管理法》有关土地征收的基本程序是"两公告，一登记"，但在征地批后实施，导致实践中普遍存在被征地农民知情权、参与权不够的现象。2020年《中华人民共和国土地管理法（修正案）》（征求意见稿）第四十六条把原来的批后公报改为批前公报，强化在整个征地过程中被征地农民的知情权和监督权，限制地方政府滥用征地权。下文重点讨论目的性审查、风险评估、民主协商及纠纷调解问题。

---

① 堪杨．负面清单列举法界定公共利益［J］．法制与社会：旬刊，2016（5）：90-91．
② 韩钢．私产征收与补偿的法理研究及其制度完善［J］．西安财经学院学报，2013（4）：108-111．
③ 李龙，徐亚文．正当程序与宪法权威［J］．武汉大学学报（人文社会科学版），2000（5）：631-636．

(一) 加强对征收项目公共目的性审查的程序

作为行政程序的一种,土地征收程序应当具有科学性、正义性、合理性,它是保证土地征收权行使实质合理性的有效手段。作为一种操作技术,土地征收程序又是一种明确的规则,可以由人们以正义、效率的双重标准来加以设计并脱离其实体内容而存在。我国现行征地程序总体上分为征收申请及批准、补偿安置方案的拟定及批准、供地发证三个步骤,在形式上与国外征地程序大体一致,但在实质上有很大区别。例如,国外的征地在第一个步骤中包含公共目的性审查程序,而我国却没有,这是一个致命的缺陷,因为公正的法治秩序是正义的基本要求,而法治秩序取决于一定形式的正当过程,正当过程则主要通过程序来体现。因此,从完善的角度而言,必须增加这一关键性步骤,从法律上设定征地听证(不仅仅是征地补偿安置标准等内容的听证)、专家论证或说明理由等程序规则,规定征地报批机关应明确征地的公共目的,征地审批机关对此进行审查认定。在条件成熟时,甚至可以设置一个专门机构,吸收各方面高素质人员,负责审查认定征地是否符合公共目的。在明确征地目的、完善征地制度的同时,还应当建立完备的征地法律责任制度。现行法律对征地权的监控主要靠的是党的纪律约束和政策警示及执法人员的行政道德自律等,这不符合法治理念的要求,收效甚微。为此,我国应当建立一套行为清晰、责任明确的追究机制,尤其应当监管以下行为:①不按法定程序随意调整或修改土地利用总体规划的行为;②谎报征地项目、被征土地未用于核准的公共利益项目等违反征地公共目的的行为;③不依法进行批后实施的行为等。对于上述行为,应明确规定除依法给予行政处分、追究刑事责任外,对当事人造成损失的,还应当承担行政赔偿责任。[①]

(二) 建立土地征收社会稳定风险评估制度

有学者通过问卷调查法、事故树分析法、层次分析法(Analytic Hierarchy Process,AHP)及综合评判法等手段,对国内15个省、151个行政村的征地行为进行了社会风险评估,得出结论:土地征收易引发的社会稳定风险值为67.672%,达到重大风险等级;补偿安置环节的社会稳定风险值最大,达到75.033%,其次为土地征收环节和生产生活环节。该研究认为:从土地征收环节、补偿安置环节、生产生活环节出发构建的社会稳定风险评估指标体系具有

---

① 靳伟,于建波.从本位原则视角谈滥用征地权的法律规制[J].国土资源,2008(4):32-34.

可操作性，其评估结果符合当前实际；土地征收政策应重点在创新征地补偿安置方式、依法界定征地补偿对象资格等方面予以完善。①

1. 征地社会风险评估制度的缺陷

就现实看，农村土地征收纠纷比较普遍地呈现出群体性、广泛性与复杂性的基本特征，而现行征地风险评估制度强调被征地群众意愿，对于预防纠纷发生具有重要意义。就全国普遍情况而言，由于该制度刚刚建立，实践中仍存在一些突出问题，集中体现在以下方面。①征地风险评估主体有待确认。各地多以土地管理部门作为征地风险评估主体，但土地管理部门既不是实施征地行为的单位，在日常工作中与基层群众的沟通也相对有限，而且征地工作从规划立项到项目开工建设涉及多个职能部门，各部门权利责任存在重叠和冲突，征地社会风险评估仅依靠职能部门难以达到预期目的。②征地风险评估在整个征地系统中的功能定位并不明确，执行于项目立项后、征地实施前，即使评估出现不稳定因素及潜在矛盾冲突，也难以重新选址立项，其评价结果的应用性有限。③征地风险评估程序有待规范，其技术方法上的主观性较强，没有建立起较为完整的风险测算指标体系，可信度较为有限。

2. 完善征地社会风险评估制度的基本思考

根据征地风险评估制度设定的基本功能取向，针对现行风险评估实践中存在的问题，建议从以下方面进一步完善社会风险评估制度。①明确征地风险评估的定位。现行制度将其置于立项之后、实施之前，对立项本身而言，不产生实质影响，即便评估结论显示风险程度不适宜立项，项目被取消的可能性也微乎其微，评估结果最可能的应用是协助如何顺利实施征地而不是因此取消项目，建议将社会风险评估作为实施立项的必要条件，在立项之前即应开展。②征地风险评估本身涉及范围较广，在实践中又往往与环评等存在一定的重叠交叉。建议将地方政府作为征地风险评估制度的实施主体，具体项目所在基层政府负责具体开展，相关部门进行配合，并将征地风险评估与其他相关测评（尤其是环评）厘清关系，避免重复。③在技术层面，从风险来源、风险性质及风险产生原因等基本方面着手，将各因素细化为可定量的具体指标，建立综合评价系统。考虑到区域差距与地方社会经济发展水平差异，建议由中央层面出台指导性评价指标体系，避免某些地方政府选择性忽视某些关键因素或者过分强调某

---

① 王良健，陈小文，刘畅，等．基于农户调查的当前农村土地征收易引发的社会稳定风险评估研究［J］．中国土地科学，2014，28（11）：19-29．

些外溢性因素，但具体的评价方法选择由实施主体与测评单位决定。④为确保地方政府与基层政府能认真落实征地风险评估工作，上级政府的配套监管必不可少，建议由省级政府或职能部门负责监管和备案，并引入评估反馈环节，在如相关社会经济环境发生较大变化或者评估工作存在明显程序不当等情况下修正评估程序或者重新开展评估。①

（三）探索形成多层次多种形式的土地征收民主协商机制

协商是一种在所有利益涉及者平等参与的前提下，通过实施话语民主和运用交往理性，达成有保留性的暂时共识的一种妥协过程。公共利益征收补偿应当通过政府与不同利益主体之间的积极沟通、社情民意的充分表达、政府对民意的积极回应，构建征收协商机制。公共领域的核心是社群的集体共识与公民之间的积极互动，社群作为公共意见的引领，调节公民与国家间的关系，避免国家与社会之间产生直接冲突。在集体土地及房屋征收的协商沟通过程中，征收主体与相对人之间构成一种互动关系。这种行政互动关系要求行政过程具有开放性，政府与农民之间具有一种法律条件下的商谈性。行政系统的开放性、公民参与和正当程序这三个要素在协商沟通中交互作用、践行民主，最终促成实现征收补偿的实质法治性。

第一，行政系统的开放性是构建集体土地及房屋征收补偿协商机制的基本前提，协商主体彼此之间是平等的。无论是基于中国传统乡村社会遗迹还是计划经济时代的某些惯性，即便已经步入转型时期，我国的行政机关实际上也还承担着分量较重的政治决策功能，基层政府较农民或农民集体而言的强势地位依然存在，而协商要求政府对自己的角色有准确定位，并将征收决定、协商程序、参与渠道及途径等形成供政府和农民共同协商的对象，将征收中的对抗和控制关系改造为合作与互动的行政关系，排除内在或外在的强制，政府和村民都尊重对方的合理要求，达成双方都能接受的结果。

第二，公民有效参与是构建集体协商机制正当化和法治化的核心要素。农民组织是协商行动合理化的重要载体。农民人数较多且较为分散，在如征地事项上，又较为普遍地对村委会存在不信任感，村民小组相比而言是更能被农民接受的组织，农民赋予村民小组委员权利以代为表达其对农村治理的利益要求和愿望，使自身话语权的实现落到实处。通过正当法律程序筛选参与主体，一

---

① 丁宁，金晓斌，李珍贵，等．征地社会稳定风险评估规范化研究［J］．中国土地科学，2013（1）：20-25．

方面，意味着政府与村民之间有互动与合作关系，有利于被征收主体权利的有效保障；另一方面，农民参与在一定程度上成为征收权正当性与合法性的来源。虽然政府与村民的利益诉求和价值取向各有侧重，但经过双方的互动，能够增加村民接受的自觉性及提高行政执行的效力。[1]

同时，必须认识到，现代民主完全是建立在政党之上的，需要邀请广大农民参与决策，发挥农村基层党组织的作用，农村基层党委在行动上真正做到"利为民所谋，权为民所用，情为民所系"，获取农民的信任。在各个村民小组的党员干部，要及时把存在于农民中间的各种矛盾冲突反馈给组织，基层党组织要妥善处理和化解这些矛盾冲突，为领导农民参与各种协商积累经验。[2]

第三，在程序的正当性方面，《中华人民共和国宪法》《中华人民共和国土地管理法》《中华人民共和国物权法》《中华人民共和国城乡规划法》《中华人民共和国农村土地承包法》等相关法律法规的有关条款已经给出了基本要求，就征地协商程序做出逐步的改进，这里建议参照发达国家和地区的经验，结合我国的实际情况，在完善《中华人民共和国宪法》《中华人民共和国土地管理法》等对土地征收管理规定的基础上，尽快出台集体土地征收条例，确保土地征收进入规范化、法制化轨道。需要指出的是，很多地方政府在工作中，倾向于前半段采用职权主义调整方式、后半段采用当事人主义调整方式，"会闹、能拖"的农民往往会在最后得到更多补偿，从而造成不公平和重大误解。[3] 因此，政府工作必须依据程序一以贯之，避免先紧后松；同时，"有法必依"不仅应成为政府行动的约束，也应成为政府行动的底气，当协商过程中出现某些恶意行为与异常情况时，尤其是出现某些个体或群体谋求非法利益时，要勇于运用法律武器，以司法调节为最终调节方式，切实维护广大农民利益与公众利益。

多层次、多形式的协商方式有助于协商效率的提高。在征地协商活动的开展中，根据项目具体情况，可以采取的方式包括全体协商——组织项目相关单位全体人员对项目进行协商测评，与职能部门领导面对面交流，达成共识、汇聚智慧，促使各部门较为系统全面地了解群众的呼声和诉求；重点专

---

① 蒋银华. 农村集体土地及房屋征收补偿的协商沟通机理探析[J]. 广州大学学报（社会科学版），2013, 12 (8): 32-36.
② 袁泽民，莫瑞丽. 协商：一种解决土地征收补偿问题的行动选择——以河南省D镇为例[J]. 乡镇经济，2009, 25 (2): 25-28.
③ 闫晓峰，韩玉娟. 农村集体土地房屋拆迁立法中调整对象及调整方式研究——基于《国有土地上房屋征收与补偿条例》的启示[J]. 法制与社会，2013 (1): 210-212.

题协商——向群众征集议题,从中确定征地项目的重点问题与重点工作,然后开展对口协商,明确协商的主题、内容和形式,提前通知对口协商所涉及的单位和部门,确保提出有价值的意见和建议①;联合协商——动员政协与各民主党派等参与协商过程,其具体方式可以采取书面形式,以协商意见、调研报告、民主评议报告、视察建议、社情民意等形式报送政府相关部门,以供决策参考等。

(四)健全土地征收矛盾纠纷调处机制

早在2006年6月,国土资源部就出台了《国土资源部关于加快推进征地补偿安置争议协调裁决制度的通知》(国土资发〔2006〕133号),指出一些地方对推行征地补偿安置争议协调裁决制度的工作缺乏主动性,协调裁决制度建设尚未在全国取得突破性进展。推行征地补偿安置争议协调裁决制度,既是构建社会主义和谐社会的客观需要,也是实施土地管理法规、完善征地程序的客观需要,还是有效化解征地实施中矛盾和纠纷的有效途径。该制度的协调裁决范围针对被征地农民与实施征地的市、县政府在补偿安置方面的争议,以土地管理法律、法规、规章和国家、省级人民政府有关政策为依据,对市、县人民政府确定的征地补偿安置方案和实施过程进行合法性审查,同时兼顾合理性审查。例如,《江苏省征地补偿安置争议协调裁决办法》第六条规定:"被征地的农村集体经济组织及其成员和其他有利害关系的单位或者个人(以下简称申请人)对经市、县人民政府批准的征地补偿、安置方案中确定的土地补偿费、安置补助费以及地上附着物和青苗补偿费的标准有争议的,可以依法申请协调和裁决。依照《江苏省城市房屋拆迁管理条例》对被征收集体土地上的房屋实施拆迁的,不适用本办法。"

从地方实践看,重点是要结合本地区的实际情况,按照居中协调和裁决的要求,积极探索灵活多样、符合本地区特点、有利于化解征地补偿安置纠纷的协调裁决机制,确立政府主导、社会参与、有利于迅速解决纠纷的工作机制,在协调裁决工作中组织相关社会团体、法律援助机构、相关专业人员、社会志愿者等共同参与,综合运用咨询、教育、协商、调解、听证等方法,依法、及时处理征地补偿安置争议。

---

① 张诗若. 丰富协商形式提升议政质效 [EB/OL]. 四川政协网,2019-03-14.

第三节　完善征地补偿与多元保障机制

通过近年来的改革，对实践中的征地补偿制度不断进行完善，区片综合地价和统一年产值标准的实施提高了征地补偿标准。2017年《中华人民共和国土地管理法》的修订将改革经验入法，综合考虑土地产值、区位、供求关系及经济社会发展水平等因素，综合评估确定区片综合地价，给予公平合理补偿[1]；农民住房作为专门的住房财产权给予公平合理补偿[2]；同时通过安排一定数量的经营性建设用地或者物业，将被征收土地的农村居民纳入相应的医疗、养老社会保障体系等，切实保障被征地农民的长远生计[3]。

一、完善土地征收补偿标准

改革土地征收制度，进一步完善土地征收补偿及安置办法，保证被征地农民依法获得合理补偿，既有利于加强对土地资源的保护利用，提高土地利用效益，又有利于解决被征地农民问题，保障社会稳定和国民经济持续发展。

---

[1] 修正案将第四十七条修改为："征收土地的，按照被征收土地的原用途，兼顾国家、集体、个人合理分享土地增值收益，给予公平合理补偿，保障被征地农民原有生活水平不降低、长远生计有保障。征地补偿安置费用包括土地补偿费、安置补助费、农民宅基地及房屋补偿、地上附着物和青苗的补偿费，以及被征地农民的社会保障费用等。"修正案同时新增一条，作为第四十八条："省、自治区、直辖市应当制订并公布区片综合地价，确定征收农用地的土地补偿费和安置补助费标准。区片综合地价应当考虑土地资源条件、土地产值、区位、供求关系，以及经济社会发展水平等因素综合评估确定，并根据社会、经济发展水平，适时调整区片综合地价标准。征收农用地以外的其他土地的补偿标准由省、自治区、直辖市规定。被征地土地上的附着物和青苗的补偿标准，由省、自治区、直辖市规定。国务院根据社会、经济发展水平，在特殊情况下，可以提高征收土地的补偿费和安置补助费的标准。"

[2] 修正案新增一条，作为第四十九条："征收宅基地和地上房屋，应当按照先补偿后搬迁、居住条件有改善的原则，采取重新安排宅基地建房、提供安置房或者货币补偿等方式给予公平合理补偿，保障被征地农民的居住权。具体办法由省、自治区、直辖市规定。"

[3] 删除第四十八条，将第五十条改为第五十一条："市、县人民政府应当将被征地农民纳入相应的养老社会保障体系。被征地农民的社会保障费用主要用于符合条件的被征地农民养老保险补贴。有条件的地区，市、县人民政府可以根据情况安排一定数量的国有建设用地或者物业由被征地的农村集体经济组织长期经营。地方各级人民政府应当支持被征地的农村集体经济组织和农民从事开发经营，兴办企业。"

（一）征地补偿标准确定的基本原则

一是土地征收补偿必须考虑土地对农民的保障功能。现行法律规定的征地补偿没有体现土地的潜在收益和利用价值，没有考虑土地对农民承担的生产资料和社会保障双重功能。土地对于农民不但是一种生产资料，更是一种最基本的生存保障财产，既具有生产资料的经济功能，又具有保障生活的社会功能。随着社会经济发展，虽然土地本身的产出比较少且在农民总收入中的占比逐步下降，但它可为农民提供基本的生活保障和就业机会，产生直接收益功能和资产增值功能等，这些功能会随着土地被征收一并消失，因此应该给予农民在这些权利上的合理补偿，如果不考虑土地的社会效益等因素，则土地价格就不客观。[1]

二是土地征收补偿标准要考虑区位和周围投资对土地价格的影响。任何土地交易价格的形成均受到区域经济条件的制约。全国各地土地产值特别是耕地产值，与区域经济条件的相关性不是很明显，而土地区位、国家投资和公共投资直接决定了土地非农用的市场交易成本，受城市经济辐射程度和投资开发利用程度等影响，从而对土地农转非以后价格的影响非常大。[2] 土地价格同征地所处的区域经济发展状况紧密相关，而同土地特别是农业用地年产值的关联性并不明显。现行征地补偿费不能反映土地的位置、地区经济发展水平、土地市场交易价格、人均耕地面积等影响土地价值的经济因素，也不能体现同一宗土地在不同投资水平或不同投资情形下出现产出差别的真实价值，对不同地区的农民按照统一标准进行补偿，是不公平的。

三是土地征收补偿标准必须考虑土地农转非对农民的外部经济性。农业用地在产出中不仅会提供物质产品，还会提供精神产品，存在外部经济性，它的积极作用表现：提供风景形成旅游休闲场所；容纳消耗，维持生态平衡；提供能源、原材料，提高居民的生活质量；维护生物种群、环境条件，有利于可持续发展；提供发展空间，有利于发展各种产业等。当农业用地转变为建设用地以后，农用地的外部经济性会相应发生变化，甚至会呈现出非经济外部性，如环境污染等，而且随着建设用地规模的扩大，农用地的非经济外部性可能越来越大。实现土地征收合理补偿，仅仅依靠市场是难以达到的，还要借助政府的力量。政府对土地征收过程进行调控，一般可以采取三种方法：①对土地被征

---

[1] 毕宝德．土地经济学：第1版 [M]．北京：中国人民大学出版社，2001：114-120．
[2] 毕宝德．土地经济学：第1版 [M]．北京：中国人民大学出版社，2001：122．

收对象进行补贴,使农用地达到较高的边际收益,弥补农用地经济外部性损失;②不进行补贴,征收建设用地收益所得税,使建设用地边际收益下降,用征收的建设用地收益投资改善建设用地非经济外部性;③既进行补贴,又征收建设用地收益所得税,使农用地边际收益上升、建设用地边际收益下降,这样既可以弥补农用地经济外部性损失,又可以通过政府投资改善建设用地非经济外部性。

（二）细化补偿项目,扩大补偿范围

土地征收对土地所有者来说,所导致的财产关系发生变化并非自然原因可预测、法定原因可预期,其风险不仅限于土地及其附着物的直接损失,而且还包括因征收而发生的可预期利益、相邻土地商业经营环境的变化。按照国际通行的征地补偿理论,这些都是属于特定权利人因土地被征收而负担的普通民事主体未能负担的"特别牺牲",必须给予土地被征收者合理补偿。现行土地征收补偿制度并没有体现土地的财富观,也没有体现土地的社会价值和经济价值,必须依法细化、统一补偿项目及补偿金额标准,提升征地补偿的规范性和公开性,对预期收益、附带商业价值、残余地分割损害、征收发生的必要费用损失等可物化、量化的财产损失给予补偿（上述内容都应涵盖在征地补偿的范围之内）。①

固然,我国是一个以社会主义公有制为基础的国家,而且尚处于社会主义初级阶段,但是一味地强调整个社会的利益而忽视被征地农民的合法权益,也是不符合社会主义民主要求和法律公平、公正精神的。为此,应当将残余地分为损害补偿、经营损失补偿、租金损失补偿及其他各种因征地所致的必要费用等可确定、量化的财产损失,并列入补偿的范围,以切实保障被征地农民的合法权益,使农村土地所有权价格中的土地资本及预期收益在土地征收中得到充分反映。对于征收农村土地的补偿标准,首先应比照接近的城镇基准地价,然后根据宗地区位、环境、产出、交通、人口等因素进行市场修正,从而评估出合理的征收价格。在征收土地的经济补偿上,将一定程度的市场性转变为全面的市场性,把过去征收农村集体土地所采取的暗补改为彻底的明补,实现公平合理的交易价格,以替代现行隐形、不等价的征地补偿方法。

（三）贯彻市场经济基本规律,探索地价补偿方式

在实际操作中,补偿费用测算基数的年产值因受农作物不同、物价波动、人为因素等影响,很难被科学、合理地确定,特别是在城镇发展涉及土地征收

---

① 高勇. 失去土地的农民如何生活——关于失地农民问题的理论探讨 [N]. 人民日报, 2004-02-02.

时，群众往往不接受按年产值倍数测算的征地补偿费用。因此，不同地区在征地实践中已经探索出多种测算方式。

一是按地域确定补偿标准。它不以年产值倍数作为测算征地补偿费的办法，而是综合考虑土地原用途、土地区位条件、当地经济发展水平和土地供求关系等因素，按照土地利用总体规划和城市规划要求，把城镇土地划分为若干区片，每个区片由评估机构按经营性用地参考拍卖用途进行统一价格评定，确定一个合理价位作为该片土地的补偿依据，不同区域土地的征地补偿标准有所差别。

二是以货币补偿为基础，附加实物补偿确定补偿标准。在进行货币补偿的同时，对被征地农民集体进行实物补偿（大多采取留地方式）。例如，温州市规定"安排一定的用地计划，优惠用于解决被征地单位从事开发经营、兴办企业用地"，优惠用地计划按人均占用面积计算，并对留用地指标中第二、第三产业的比例做出规定。

三是协议确定征地补偿标准。由用地单位与被征地农民集体直接协商，参照当地不同地段的市场价格确定征地补偿标准，其基本上与土地类型、产值没有关系，接近土地交易价格。从理论上说，这种做法实际上使农民集体获得了全部的土地增值收益，而政府获得土地交易税费收益。但是用地单位直接与被征地农民集体协商，政府调控难度大。①

上述做法均在不同程度上体现了按市场经济规律进行征地补偿的思路。实际工作反映出，农民比较认可的是按地域确定补偿标准的区片综合地价补偿方式。从农地使用看，农地用途不同也会引起农地本身的产值有很大差别，如果完全参照征收耕地的补偿进行确定是不合理的，也不符合市场经济的要求；从公平原则看，所有项目的征地补偿应当是相同的，不应为不同的项目（征地后土地用途不同）规定不同的征地补偿标准。②

区片综合地价补偿方式可以平衡不同用途的征地补偿差价。例如，南京市规定土地补偿费和安置保养费的测算标准按地理位置分为三个层次：第一层次为南京市主城范围以内的区域，第二层次为主城范围以外、市区范围以内的区域，第三层次为所辖五县范围。同时，每年对区域内征收土地的土地补偿费、

---

① 潘明才. 中国城市化进程中的征地补偿安置问题 [C] // 楼培敏. 中国城市化：农民、土地与城市发展. 北京：中国经济出版社，2004.
② 陈春节. 征地制度改革之管见 [J]. 北京房地产，2003（12）：18-21.

安置保养费标准都做了相应的统一规定。① 区片综合地价由土地原用途价格、社会保障费用和建设用地增值收益分割值三个部分组成。第一部分通过土地评估确定，第二部分根据当地群众生活水平和社会保障实际需要确定，第三部分根据地租理论进行分割。土地原用途价格要充分考虑土地承包经营权、土地产值、土地区位、当地经济社会发展水平等因素；社会保障费用要保证为被征地农民建立社会保障体系。征地补偿区片的划分通常采用以下途径。②

方法1：按照土地征收现行补偿费用相近区片划分法。按照原来的土地征收补偿政策和征地补偿费计算办法，求得各个村集体的土地征收补偿费用；然后依照用途相同、位置相近的土地征收补偿费的基本一致原则进行土地征收补偿区片的划分。

方法2：按照工业基准地价剥离土地取得费用相近区片划分法。按照每个村级行政区域所属的工业用地分等定级，并根据其对应的工业基准地价计算区片工业用地出让的平均价格。通过市场调查取得土地开发成本、土地开发利润率、银行贷款利率和各种税费、政府出让工业用地的所有者权益占土地出让价格的比例，推算工业用地按照基准地价出让应承担的土地取得费用。其中：土地取得费用=工业用地基准地价-（土地开发成本+土地开发利润+税费+土地所有者权益）。最后依照用途相同、位置相近的土地取得费用基本一致原则，进行土地征收补偿区片的划分。

方法3：多因素综合评价分值相近区片划分法。选择研究区域范围内的每个村级行政单元作为计算各个影响因素、因子作用分值、总分累计计算综合分值的评价单元。在确定各个影响因素和因子权重后，先利用多因素综合评价模型计算各个村级行政单元的总分值，再根据单元总分值分布的频率和变化特点，选择单元分值频率分布变化转折点的综合分值作为分区界线确定指标，进行土地征收补偿区片的划分。

农地使用权价格评估主要根据农地目前的农业技术水平、利用状况和农业用途的未来纯收益进行。在承包农地使用权价格评估中，由于农民没有因转移承包地使用权而失去集体土地所有者成员资格，当集体土地使用权发生转移时，土地保障功能将使该农民得到补偿，因此，农地使用权价格中不体现农地对农

---

① 潘明才. 中国城市化进程中的征地补偿安置问题 [C] //楼培敏. 中国城市化：农民、土地与城市发展. 中国经济出版社, 2004：39.
② 刘卫东，楼立明. 土地征用补偿区片综合地价的测算 [J]. 房地产评估, 2004（2）：30-34.

民的保障价值,而只有农地纯收益。农地使用权价格没有包含农地绝对地租因素,即所有权性质不在此体现。农地所有权评估主要根据农地当前的农业技术水平、利用状况、农业用途、未来纯收益及农地对农民的保障作用来确定。由于农地所有权发生转移而使农民失去了土地的天然保障作用,在当前农民没有被纳入国家社会保障系统的情况下,农地的社会保障价值在农地价格中应得到较高的体现。在农地所有权转移价格中,因存在集体土地所有权而要在价格中体现绝对地租。① 用公式表示:农地所有权转移价格(土地取得费用)=农地纯收益的资本化(市场交易价格)+农地社会保障值=工业用地基准地价-(土地开发成本+土地开发利润+税费+土地所有者权益)。

农地所有权转用价格与农地所有权转移价格不完全相同。农地所有权转移价格是农地所有权发生转移时的价格,可以改变农地用途,也可以不改变农地用途。农地所有权转用价格是农用地转为非农用地且所有权也发生转移时的价格。当国家征收农村集体土地并改变其用途时,如用农地价格来表示征地补偿费,则此时的农地价格就是农地所有权转用价格。农地所有权转用价格等于农地所有权转移价格加上农地转用为可经营的国家建设用地后的增值收益分割值。② 用公式表示:农地所有权转用价格(土地征收补偿费)=农地所有权转移价格+农地社会保障值+建设用地增值收益分割值。

测算土地征收补偿区片综合地价的具体步骤:按照现行土地征收补偿费用计算方法,计算各个村级行政单位的土地征收补偿费,包括土地补偿费和安置补助费;按照收益还原法评估各个行政村单位面积农地的地价;按照工业基准地价剥离出工业用地的土地取得费用,并将其作为评价按照工业基准地价进行土地出让能否承担土地征收补偿费的依据;对上述计算结果进行综合分析,并在加权平均求得每个村级行政单位的土地征收补偿费的基础上,计算出土地征收补偿区片的区域平均价格。③ 用公式表示:农地所有权转移价格(土地征收补偿费)=农地纯收益的资本化(市场交易价格)+农地社会保障值+建设用地增值收益分割值=农地纯收益的资本化(市场交易价格)+被征地农民的社会保障(最低生活补助费、医疗保险、养老保险、失业保险等)+被征地农民再就业培训费+被征地农民创造就业机会的基本投资差额。

---

① 毕宝德. 土地经济学 [M]. 1 版. 北京:中国人民大学出版社,2001:121.
② 毕宝德. 土地经济学 [M]. 1 版. 北京:中国人民大学出版社,2001:121.
③ 刘卫东,楼立明. 土地征用补偿区片综合地价的测算 [J]. 房地产评估,2004(2):30-34.

其中，农地纯收益的资本化（市场交易价格）、被征地农民创造就业机会的基本投资差额应当归被征地农民所有，大部分应当在征地时直接支付给农民；被征地农民再就业培训费专款专用，在被征地农民参加再就业培训时支付；建设用地增值收益分割值中的大部分应该用于支付被征地农民的社会保障，可以被直接拨入社会保障管理机构。被征地农民对土地非农产业开发增值的利益分享可以看作是对农民土地使用权转移的津贴，从土地经济学分析，其来源于因投资而增加的级差地租Ⅱ的利益分配部分。①

（四）土地征收补偿标准对土地保障功能的体现

无可否认，在某些地区，尤其是经济相对发达的地区，农村土地的社会保障功能正逐步弱化，但是就全国的整体情况看，由于农民的生活水平比较低，无力购买商业保险，更重要的是，农村缺乏社会保障体系，因而农地仍是农民社会保障的主要依靠，它的弱化只是我国经济发展过程中的一种时期性现象（在农村劳动力向城镇转移的过程中，农业收入占总收入的比例确实呈下降趋势）。但随着经济进一步发展，现阶段尚未充分发展的农地规模经营一旦实现，土地的社会保障功能会变得越来越强，也会使农业就业者的生活与非农业就业者保持均衡。总之，对全国农民而言，土地仍然是最后一道福利保障。由于土地具有产出和提供就业、养老保障及劳动等功能，且根据分析，该三项功能占社会保障功能很大比例，因而可以通过对土地的社会保障功能进行量化，确定征地补偿标准。可采取如下两条思路。

第一，通过土地的产出、养老保障、城市失业保险、医疗保险等费用来确定，其基本步骤如下。根据目前我国农民基本生活情况，将征地补偿标准划分为四个年龄段。第一年龄段：0~16岁（不含16周岁），即法定不能就业年龄段。第二年龄段：女性为16~40岁（含16周岁，不含40周岁），男性为16~50岁（含16周岁，不含50周岁），即基本能在劳动力市场实现就业的年龄段。第三年龄段：女性为40~50岁（含40周岁，不含50周岁），男性为50~60岁（含50周岁，不含60周岁），即基本难以在劳动力市场上实现就业的年龄段。第四年龄段：女性50周岁以上（含50周岁），男性60周岁以上（含60周岁），即政府法定退休年龄段。土地对于农民的各项社会保障功能在不同年龄段上的主次是不同的。其中，在第一年龄段，主要的功能体现在间接的产出、保障就业、流转获利方面，因此，相应的补偿标准可以低于其他年龄段。在第二年龄

---

① 廖小军. 中国失地农民研究 [M]. 北京：社会科学文献出版社, 2005: 268-285.

段，主要的功能体现在直接的产出、保障就业、流转获利，以及间接的养老保障、对子女继承等方面，因此着重强调生活保障和养老保障。在第三个年龄段，主要的功能体现在直接的产出、保障就业、流转获利、养老保障以及间接对子女继承方面，强调生活保障与养老保障。在最后一个年龄段，体现的主要是直接的养老保障、对子女继承、流转获利及间接的产出功能，因此，重点强调的是养老保障与医疗保障。至于具体的保障金标准，可以由各地根据实际情况予以确定。在发放形式上，第一年龄段的，可以一次性发放；其他年龄段的可以根据不同的保障内容进行一次性发放或者按期发放，如生活保障可以一次性发放而养老保障等应按期发放。

第二，根据征地不应使农民生活水平降低的原则，调查农民生活消费支出值，结合银行利率，选择恰当的贴现公示，将若干年内一个农民的生活费用总额贴现为现金，以此作为补偿的费用标准。[①]

总之，无论采取哪种征地补偿标准，都应切实保障被征地农民的生活，兼顾公平与效率，尤其要注意一个事实：城市政府在经济发展压力下往往片面理解"效率"，而中国农村的实际是农民更看重"公平"，"公平"的直接体现就是征地利益在政府、用地单位、被征地农民之间如何进行分配，要有一个合理的利益分配机制和监督机制来保证征地各利益方之间的公平。

二、改革农民住房补偿办法

(一) 针对农民房屋征收补偿制定相应法律

农民房屋建于农村宅基地之上，而宅基地上的房屋所有权作为一项完全物权，应当具备占有、使用、收益、处分四项完整权能，它本质上属于民事私法权利，依照物权平等原则，集体土地上的房屋所有权与国有土地上的房屋所有权应具备同等法律地位。但是，鉴于我国对建筑物所有权及其基底土地使用权采用了近乎结合主义的立法模式，二者其实不具有实质意义的相互独立性，法律政策对宅基地使用权流转的限制不可避免地波及地上房屋所有权，因此，农民集体宅基地上的房屋所有权，是一项受限制的财产性权利。尽管如此，根据《中华人民共和国宪法》第十条规定，国家和集体对土地的所有权和公民个人对房屋的所有权是可以并存的，而2004年修订的《中华人民共和国土地管理法》

---

① 王顺祥，姜正杰，王烨. 基于土地社会保障功能的征地补偿标准研究 [J]. 国土资源，2004 (12)：40-43.

第二十六条规定：土地补偿费归农村集体经济组织所有；地上附着物及青苗补偿费归附着物及青苗的所有者所有。这些都从不同侧面说明，农民是拥有集体土地上房屋所有权的独立主体。

除房屋所有权，另外一项值得讨论的权利是居住权。居住权起源于罗马法，大陆法系国家的《民法典》中基本都有关于居住权的规定，而英美法系国家的婚姻家庭法及判例中也有居住权的规定。《中华人民共和国物权法》中未规定居住权，但是《中华人民共和国老年人权益保障法》《中华人民共和国婚姻法》的司法解释中提到了居住权，而学界对于是否应该将居住权纳入《中华人民共和国物权法》存在争议。① 设置居住权的必要性在于：城乡二元结构依然会在较长的时期内存在，集体土地所有权更是一个稳定的制度框架，而农民家庭对其建于宅基地之上的住房的财产性权利是不完整的，其居住的权利保障并不稳定；而且，各地征收实践中也对此给予了某种事实上的认可，如根据被征收人家庭实际居住结构给予不同套型的房屋，就实际上变相认可了对居住权的补偿，因为其保障的并非只是如《中华人民共和国物权法》规定的房屋所有权人的居住条件，而是包括了其家庭所有成员。②

现行征收制度对于农民是其房屋所有人的地位并非承认的态度，施行的是"从物随主物"的物权变动规则，这违背了《中华人民共和国宪法》所确立的"公民的合法的私有财产不受侵犯"原则。因此，应将集体土地和农民房屋作为独立的客体分别给予补偿。从上位法看，农村集体土地上的房屋拆迁工作实际上处于"无法可依"的状态。根据《中华人民共和国立法法》第八条规定，对非国有财产的征收、征用，只能制定法律。鉴于我国实情，可以首先由国务院制定行政法规，从房屋征收的启动到权利的救济，整个运行过程进行系统化构建。简单沿用或者参照城市房屋拆迁法规都是不切实际的，只有借鉴国有土地房屋征收立法体例，同时根据农村集体土地具体情况，规范拆迁程序、统一补偿标准，才能切实保护农民合法权益。待条件成熟时，再由全国人大及其常委会制定城乡统一的房屋征收补偿法律制度，实现城市和农村房屋征收补偿的平

---

① 支持理由认为，这是保障社会弱势群体权益的需要，可以弥补租赁权、借用权制度的不足，弥补附条件的买卖或抵押贷款制度的不足，弥补社会保障制度的不足。（胡建. 新时期居住权立法问题探讨 [J]. 理论月刊，2012（8）：174-178.）反对意见认为，家庭成员及保姆居住问题在既有亲权法、继承法框架下能够解决，创设新的物权不合逻辑和情理，与中国的国情和实际是相违背的。（梁慧星. 我为什么不赞成规定"居住权" [EB/OL]. 律政网，2012-07-25.）

② 凌学东. 宅基地上房屋征收补偿的权源分析 [J]. 法学杂志，2014，35（3）：85-91.

等对待。[1]

(二) 明确房屋征收补偿标准与范围

农村集体土地和房屋的征收拆迁必须以公共利益为前提条件。就补偿标准而言，公益性征收目的本身已经表明农民不可能获得完全补偿，但这并不意味着农民的私人财产权可任由侵占。相反，私权本身的基本权性质会使其产生约束甚至抗衡公权的法律效力。政府基于公共利益征收集体土地并因此导致房屋征收拆迁，有观点认为，由此发生的房屋拆迁也具有国家强制性，其公益目的决定了不能完全按照民法的等价交换原则进行补偿，补偿的只能是被拆迁房屋的直接损失，而不应包括间接损失。[2] 从各地征收实践看，对房屋补偿采用的也主要是重置成本的思路。但是，综合考虑农业生产、农村经济、农民生活等诸多方面，农民因房屋被征收而遭受的损失（即使只考察直接损失）与城市国有土地房屋因拆迁而引发的直接损失不能等量齐观，因为农村房屋可以产生某些特有的经济收益，多数农村住房都不同程度地兼有直接的农业生产功能或者间接的农业生产保障功能，其中最明显的体现是"庭院经济"，它的农业生产与经营形态同依托承包地开展的农业生产活动没有直接联系，是一种相对独立的经济形态。在某些地区，庭院经济因集约程度和经济效益远远高于农田生产而成为农村家庭经济的主要构成部分之一，其可能产生的经济利益包括：集约利用劳动力资源，解决农村剩余劳动力转移就业问题；经营方式精细化、集约、节约利用土地资源；产出环保健康，具有市场竞争力，经济效益较高，有利于增加农民收入等。一旦宅基地上的房屋被征收拆除，其相应的经营收益也因此消失。另外，有观点进一步提出，补偿还应该包括精神层面的利益[3]，但是这一方面的讨论无论是在法学上还是实践中都存在更多的争议，在此不予以讨论。

现行补偿采用的是适当补偿，但是在理论上存在争议，在实践中引发各类矛盾。国有土地上的房屋征收拆迁补偿一般采用市场价格，可在一定程度上防止政府单方面的意志强加，农村区域内缺乏类比城市房地产市场的住宅交易市场，因而不宜直接采用市场价格，但可借鉴城市房地产市场的交易价格修正现行的重置价格标准，适当考虑包括房屋区位价值、用途转变价值等在内的预期

---

[1] 闻丽英. 集体土地上房屋征收与补偿的立法反思 [J]. 西安财经学院学报，2016，29 (6): 122-126.

[2] 闫晓峰，韩玉娟. 农村集体土地房屋拆迁立法中调整对象及调整方式研究——基于《国有土地上房屋征收与补偿条例》的启示 [J]. 法制与社会: 旬刊，2013 (1): 210-212.

[3] 凌学东. 宅基地上房屋征收补偿的权源分析 [J]. 法学杂志，2014，35 (3): 85-91.

利益，给予一定比例的补偿。在补偿范围方面，需要充分考量农村住宅与城市住宅相比所具有的特殊经济意义，将庭院空地的经济价值、其他的构筑物和附属设施明确纳入补偿范围。① 同时，对于违章建筑要进行严格调查核实，分类处理。如果确认建筑并不违反相关建设与规划要求而只是缺乏许可或者未办理手续，则在补充完善相关手续后可以对其予以适当补偿；如果其本身已经违反相关建设与规划要求，如在农用耕地上修建非法建筑，则一律不得予以补偿，尤其是对于在拆迁范围和规则确定后出现的新建房屋，不仅不予以补偿，如果造成环境破坏或生态污染等后果，还应在进行批评教育的同时，依法予以处罚。

在补偿方式上，实践中主要采用货币补偿和房屋补偿等方式，其具体方式应与农民协商决定。但无论采取何种方式，都需要首先对被征收房屋价格进行有效评估，在对房屋用途、房屋面积等进行核实登记后，考虑农民实际情况，结合房屋实际位置、面积、新旧程度、建筑质量、装修程度和被拆迁房院落及其他相关附属建筑等因素，确保公平公正。②

（三）严格规范征收拆迁的工作程序

严格规范征收拆迁的工作程序，使其公开化、透明化，对征收补偿过程中的行政程序和司法程序做出公平、明确的规定，防止征收权的滥用，同时保障农民的知情权与参与权。这里尤其需要强调两点：①必须贯彻先补偿后搬迁的基本程序，即在取得被征收人的同意后，双方就房屋征收补偿事宜经过一致协商签订协议并给付补偿，然后按协议约定落实腾空让房。如果选择货币补偿方式，则应当将补偿费用先予以发放再搬迁；如果选择产权调换异地安置方式，则应当先安置再搬迁。②全程贯穿司法监督，不能由组织实施征收的政府部门自行认定其行为的合法性，法院应对纠纷做出裁判，实现司法权对行政权的监督和制约；在必要的情况下，司法部门应对农民提供司法救济。

三、完善多元社会保障体系

对现阶段的中国农民来说，土地不仅是最基本的农业生产资料，而且还是重要的社会保障载体。有研究认为，土地的社会保障效用超过农村土地总效用

---

① 闻丽英. 集体土地上房屋征收与补偿的立法反思［J］. 西安财经学院学报，2016，29(6)：122-126.

② 卢珺. 农村房屋拆迁价格补偿问题及法律对策［J］. 价格月刊，2015（10）：27-30.

的50%①，在目前条件下，还找不到任何一样能够取代土地为农民提供基本生活保障的物质条件②，这是农民在社会保障缺位状态下而被迫进行自我保障的一个理性反映③，而且大量农村剩余劳动力涌入城市，就业普遍具有职业寿命短、高风险和不稳定等特点，土地对于部分从农村流动到城市非农部门就业的劳动力还可以起到失业保障保底性的作用。对农民来说，土地不仅是最基本的农业生产资料，更是家庭社会保障的重要载体。在给予被征地农民的实际收益补偿中，应充分考虑土地社会保障功能的价值，并通过对土地征收、转用和出让后巨大增值效益的分配调节，构建被征地农民的社会保障体系。④

（一）被征地农民社会保障体系建设中的政府责任

农村基本社会保障的纯公共产品特性是其本质属性，而它的准公共产品特性是在特定的条件下产生的，这个条件就是政府财力约束。当政府财力足够丰厚时，现存的两个相关准公共产品特性将会逐渐消失。从长远看，农村基本社会保障应坚持政府主导原则，由政府承担主要供给责任，而在当前财力有限的前提下，应由政府和集体作为主体、个人共同参与来提供。即使当居民个人的经济能力能够满足基本保障要求时，也不能盲目引入基本保障私有化、确立私人所有权、强力推进市场化改革，这是由基本保障的公共产品特性所决定的，否则将受到基本保障绩优品特性和局部市场供给失效的影响，引起市场失效，带来较大的外部负效应。

1. 政府责任的边界确定

社会保障制度既不能由国家或政府包办，也不能由单位包办，更不能由个人担负全部责任，只有建立在责任分担机制上的社会保障制度才能实现可持续发展。在以国家和集体为主体提供农村基本社会保障的大前提下，坚持政府主导要量力而行、适可而止。政府责任边界的上限被定位为保障社会成员的基本生活需要，下限应该与政府的财政负担能力相适应，在财力不足以保障全体社会成员基本生活需要的情况下，政府还是应当做出最大的努力。把上限定位为

---

① 王克强，蒋振声.从地产对农民的生活保障效用谈农村社会保障机制建设的紧迫性[J].农业经济，2000（2）：19-21.
② 李郁芳.试析土地保障在农村社会保障制度建设中的作用[J].暨南学报（哲学社会科学版），2001（6）：59-65.
③ 孟庆瑜.论土地征用与失地农民的社会保障[J].甘肃社会科学，2006（3）：45-48.
④ 严虹霞，张宏.失地农民社会保障安置模式研究[J].南京社会科学，2007（5）：103-107.

基本生活需要，这是由基本保障的公共产品特性决定的，否则会造成保障运行的交易成本提高，整个社会的生产效率下降，社会福利效应也随之降低。

2. 政府责任的动态调整

建立社会保障制度，不能超越生产力和生产关系的发展水平。政府在社会保障体系建设中居于主导地位，但政府责任在不同的经济发展阶段，其内容和重点不尽相同。无论是否引入市场化改革，政府作为市场的合作伙伴和重要互补，都有不可替代的作用和职责，只是在不同的财政状况下，政府功能的侧重点有所不同。在现阶段，政府扮演了主要财政支持者、组织引导者、政策支持者、立法支持者和监管支持者等多重角色，需要从立法、组织、财政、政策、监管五方面同时着力，逐步建立系统、完善的农村社会保障制度。在这五项职责中，主要财政支持者的作用当前尤为重要。在实现农村社会基本保障之后，政府的功能角色将由主要财政支持者向最终财政支持者转变；政府为促进和保障农村养老的市场化，其监督、立法等职能也将日益增强。

3. 政府责任的层次特征

中国地区经济发展不平衡十分明显，在全国范围内强制性推行统一的社会保障制度不现实，在实际操作上也不可能，将被征地农民纳入城乡一体化的社会保障体系，必须坚持因地制宜、适当水平、逐步推进的改革思路。政府责任的层次特征可以从三方面理解。①根据不同层次的经济社会发展水平，不同地区政府的责任是不同的，构建制度归根结底要与当地财政、农村集体经济和个人的承受能力相适应。中央政府确定制度的总体框架和基本政策，在实施中，各地可因地制宜地合理确定被征地农民的社会保障水平。对于有较强地方财政实力和需求的地区，应加大对农村社会保障的财政支持；对于财政实力较弱的广大西部地区，应该加大中央财政转移支付力度予以扶持。②就政府在农村基本社会保障中的直接作用而言，各级政府承担的责任不同，其划分的原则和依据是由农村公共产品构成上的层次性所决定的，属于全国性公共产品的由中央政府承担，属于地方性公共产品的由地方政府承担。农村社会保障既属于某一地区的公共产品，以地方政府承担为主，同时它具有强大的社会外部效应和溢出效应，中央政府在一定程度上需要参与和协调。特别是对于落后地区，中央政府应给予大力的财政支持。① ③从目前中国被征地农民生活现状分析，被征地

---

① 马雁军，孙亚忠. 农村社会基本养老保障的公共产品属性与政府责任 [J]. 经济经纬，2007（6）：111-114.

农民最担心的是养老问题，可以考虑从建立适应被征地农民中不同群体或生活风险要求的独立社会保障项目入手，按照被征地农民遭遇风险的程度不同，先建立养老保险，其次就业保险，最后医疗保险，逐步推进。这有利于探索和积累经验，也有利于减轻政府一次性投入过多资金所产生的财政压力。

（二）被征地农民社会保障的基本模式构想

社会保障只是被征地农民基本的生存保障，它应立足于农民的就业和创业，变被动的补偿安置为积极的就业和创业，以提供长期可靠的基本生活保障为目的，以提供就业和创业机会为重点，为被征地农民提供就业和创业的空间和条件。

国际劳工组织在《社会保障（最低标准）公约》（1952）中指出，对于人们所共同面对的社会风险包括老年、疾病、失业和家庭困难等问题，社会保障都相应地设立子项目。这些基本项目是每个社会保障体系中不可缺少的，虽然各地方采取的保障手段、享受条件和规定标准不同，但就社会保障内容而言，社会保障体系大体上可分为社会保险、社会救助、社会福利、特殊津贴等项目。大多数国家都以社会保险为核心、社会救助为辅助，商业保险作为社会保障的补充。社会保险包括养老、医疗、失业、工伤及生育保险等内容。从理论上讲，被征地农民的社会保障制度是一个应包括养老保险、医疗保险、失业保险、工伤保险和生育保险等在内的完整的保障体系，但以目前实际情况来看，只能采取循序渐进的方式。

首先，最低生存保障。这一层次保障的目的在于确保被征地农民作为社会公民而应拥有的最低层次的生存保障，满足被征地农民现期和未来的基本生活所需，体现的是原有土地的收入保障和养老等社会保障的基本功能，因此必须是强制建立的。从总体上看，其存在形式主要是两大类取向的选择：保障被征地农民的现期基本生活，不区别是否达到退休年龄，对应为一种最低生活保障；保障被征地农民达到退休年龄后的养老生活，对应为一种退休收入保障。在实践中，具体的政策设计需要针对各地情况做出因地制宜的选择，同时统筹其他的补偿和保障政策：既可以是实账运行的、城镇养老保险个人账户的形式或在现行体系中按灵活就业参保人员的办法建立账户，也可以考虑引入专门针对被征地农民的缴费式社会保险计划，还可以引入由地方政府负责的类低保模式等。在制度设计层面，可以考虑将最低生活保障和养老保险相结合。在技术层面，对于低保模式，其具体操作的职能可以不必局限在民政等政府部门，可以引入商业保险公司等。至于类低保模式，其在政策理念上同城市低保一致，但实际资金来源并不是地方政府财政年度的社会救助（低保）预算资金，而是来源于土地征用、出让、拍卖中的溢价部分，因而同现行的城市低保又有所区别。这部分账户的设立，必须是在现有征地补偿标准和内容中新添加的，不应与当期土地价值补偿款发生任何直接关系，从而彻底摆脱"土地换保障"的政策思路。即使是地方政府选择建立被征地农民缴费式的养老保险制度，也必须保证被征地农民在养老保险筹资总额中的自我负担比率权重较小，且缴费资金不从三项补偿和安置费中提取。

其次，基本发展保障。在医疗制度方面，我国农村曾经一度实行合作医疗制度，它以免费或低收费的全方位医疗服务为特点，通过农村集体和个体集资为农民提供基本医疗保障服务。随着家庭联产承包责任制的实施，以农业合作社为依托的合作医疗制度逐渐衰弱。建立医疗保障制度是防止被征地农民因病致贫、因病返贫的重要措施。在就业制度方面，原则上被征地农民应该通过各地劳动力市场及竞争实现就业，但由于被征地农民是群体性失地失业，他们是我国城市化进程中形成的一个特殊的弱势就业群体，因此政府对被征地农民的就业负有更大的责任，在劳动就业的具体政策上，应比照失业人员的就业政策，做一些特殊的规定，拓宽就业门路，多形式、多渠道地安置被征地农民，制定适合被征地农民特点的就业制度。① 医疗保障与就业保障构成第二层次的基本发展保障。此类保障同样是强制性的，其资金产权属于每一位被征地农民的私人账户，主要用于满足被征地农民的长远发展，特别是就业维持和医疗所需。这类保障的建设，在基金运作和待遇给付方面可不拘一格。一般情况下，账户的资金应该被用作被征地农民的就业维持和医疗保健。所谓就业维持，其主要职能是提供被征地农民的就业培训费、通过小额低息贷款等方式鼓励农民创业等；所谓医疗保健，其主要职能是保证被征地农民能到指定资质的医院进行一般病种的诊治，同被征地农民参加的城市大病医疗救助配合，使被征地农民的医疗问题得到相当程度的保证。同时，也要照顾到被征地农民的特殊性，适当考虑让被征地农民在发生重大约定风险时，有权提取账户内一定比例的本金。对于那些就业岗位一直比较稳定、身体也一直比较健康的被征地农民，其应享有的账户基金权益应按实计算，待达到一定年龄后，可以选择一次性领取或转换为年金产品等方式。相比最低生存发展的保障而言，在基本发展保障方面可以积极发展商业保险等市场手段在账户资金运作中的积极作用，被征地农民可以选

---

① 李淑梅. 失地农民社会保障制度研究 [M]. 北京：中国经济出版社，2007：197-208.

择将账户资金用于购买商业保险公司为其提供的品种齐全的保险保障，或将账户的基金资产委托给保险公司等市场主体，政府在财政上则不再体现直接责任，而更多地以监督者的角色，规范商业保险公司等市场主体的行为，保障被征地农民的合法权益。①

（三）被征地农民养老保障制度的改革探索

解决被征地农民养老保障问题，多数研究者赞同将被征地农民纳入社会保障体系，但是由此也可能因为管理成本较高导致效率很低，政府面临的经济乃至政治、社会压力过大，尤其是在区域经济发展不平衡、各地财政支持能力差异较大的情况下，部分地区可能会出现较大程度的财政支付困难。因此，也有研究者主张，将被征地农民养老保障问题交由商业保险进行市场化运作，但是这也会受到农民财力不足的制约，导致保障程度偏低。从实际情况出发，走政府主持倡导、被征地农民积极参与、社会保险和商业保险适度参与的道路，这是建立健全被征地农民养老保险制度的基本途径。同时，根据征地用途不同、各地区经济发展水平不同，宜采取多元方案并行的策略。

1. 基本方案设计

第一种方案：城乡一体的养老保障体系。这种模式是将被征地农民的养老保障问题直接纳入城镇职工养老保险体系，从根本上解除农民对失去土地后养老问题的担忧。本制度的选择适用于主要居住在城市的被征地农民，他们已建立在城市谋生的关系网络，存有长期在城市居住的愿望和打算，在从业性质、生活区域、生活方式等方面与城镇人口已经基本趋同，将他们纳入城镇职工养老保险体系的难度相对小一些。在具体的设计上，如参照对个体私营经济的低费率缴费政策，被征地农民按当地上年度在岗职工平均工资的一定比例作为缴费基数，缴纳一定年限（如15年），到达法定正常退休年龄（男性年满60周岁、女性年满55周岁）后，按城镇养老保险办法计发基本养老金待遇。②

第二种方案：分段式养老保险模式。被征地农民是一个介于农民与城市居民的特殊的中间群体，对某些地区而言，现阶段把所有被征地农民完全纳入城镇职工基本养老保险体系可能并不实际。为增强农村社会养老保险的互济性，实现未来与城市养老保险接轨的可换算条件，可借鉴城镇职工基本养老保险制

---

① 杨一帆. 失地农民的征地补偿与社会保障——兼论构建复合型的失地农民社会保障制度 [J]. 财经科学，2008（4）：115-124.

② 徐秋花，侯仲华. 构建失地农民养老保险制度探析 [J]. 南昌大学学报（人文社会科学版），2006，37（1）：70-75.

度实行统账结合的模式，政府负担一部分、村集体缴纳一部分，用作养老保险基金，建立养老保险的统筹账户。① 在具体的保障对象与保障水平上，基本的原则：分年龄、广覆盖、低水平、多层次。

"分年龄"就是对不同年龄段的被征地农民区别对待，总的原则是"高龄优先"，即年龄段越高的群体享受越多的养老照顾。具体做法建议以四段为宜：①征地时已达退休年龄的（一般以男性60周岁、女性55周岁为退休年龄），自我养老能力最弱，被征地农民养老保险政策应向这部分老年人倾斜，在养老保险费用分担等方面给予适当照顾，由地方政府和集体经济组织为其一次性缴纳15年养老保险统筹费，个人账户部分以不超过安置补助费为限缴纳，从次月起开始按月发放养老保险金；②处于接近退休年龄段（男性为45~60岁，女性为40~55岁）的，学习新的劳动技能的能力下降，非农就业困难，可由政府和集体经济组织为其一次性缴纳15年养老保险统筹费，但个人账户不享受退休年龄段的待遇；③18岁以上（男性、女性均为18~45岁）的青壮年，正处于接受新事物、新知识的黄金年龄段，对于这一部分被征地农民应办理"农转非"，加强劳动技能培训，开拓新的就业途径，引导他们加入城镇职工养老保险体系；④对于18周岁以下的被征地人员或在校学生，给予办理"农转非"，当其进入劳动年龄或学习毕业后，进入劳动力市场，作为城镇新生劳动力同等对待。"广覆盖，低水平"是使被征地农民养老保险惠及尽可能多的被征地农民，虽然暂时只能给他们提供较低水平的养老保障，但必须能够保障其基本生活。"多层次"就是针对被征地农民的不同情况制定不同的缴费标准和享受标准，确定不同的个人缴费标准，缴费越高，将来领取的养老金就越多。缴费能力不高的被征地农民也能够参加养老保险，缴费能力较高的被征地农民能够享受较高的养老待遇。②

由于长期的城乡隔离，当前存在覆盖城市居民的社会基本养老保障（社保）与面向农村的农村社会养老保障（农保）之分，而针对被征地农民，又有被征地农民养老保障（土保）。对被征地农民而言，这三项制度之间应该如何实现过渡和衔接？对此，部分地区已经开始了改革探索，实施"三保衔接"的新政策，其基本方向是鼓励农保、土保一并转入基本社会养老保险。

---

① 刘万兆，卢闯，王春平，等. 我国"失地农民"养老保险制度分析 [J]. 农业经济，2007（6）：36-37.

② 史先锋，曾贤贵. 我国城市化进程中失地农民养老保险问题研究 [J]. 经济纵横，2007（2）：25-27.

在土保与社保的过渡衔接操作上，可以考虑按照如下步骤展开：具备土保参保条件而尚未参加土保的人员，如果各方面条件符合按正常标准参加社保的，可以先办理土保参保手续，待相应的政府补助资金到位后，退土保、进社保，补助资金及个人账户本息同时转为社保缴费资金；对于已经参加土保且各方面条件符合按正常标准参加社保者，可由本人自愿申请，退土保、进社保，补助资金及个人账户本息同时转为社保缴费资金；已经参加社保、同时又参加土保的人员，可在一定时限内做出选择，如果退土保、留社保，则按照上述方法操作。土保人员转社保后，在转移资金可逐年抵缴社保缴费期间，缴费基数随当地公布的职工月平均工资进行相应调整，缴费比例则可按转为社保时的标准保持不变。

在农保与社保的过渡衔接操作上，可以考虑按照如下步骤展开：已经参加农保且符合按正常标准参加社保者，可自愿申请退农保、进社保，退还农保个人账户本息，并把原农保缴费本息总额按一定标准折算成社保缴费年限，不足部分可以一次性补缴；已经参加社保同时又参加农保的人员，在一定时期内退农保、留社保，对原农保缴费本息总额按规定折算成社保缴费年限。

2. 养老保障制度建设的资金问题

资金是社会保障的核心内容。政府的支持既可以在相当程度上解决缴费困难问题，又可以提高农民参加养老保险的积极性。目前，我国政府财政支出用于社会保障的比例与其他国家相比是较低的，而且绝大部分给了城镇职工。政府出资部分可考虑从以下几方面筹集：政府在年度财政收支计划中确定一个固定比例用于支付被征地农民的养老保险，以用于保底；国家发行国债的部分收益、部分国有资产和国有企业收益，包括减持上市公司国有股的部分所得、国有企业转制中的资产拍卖、变现所得和股权收益；政府土地出让金所得。集体出资部分主要来源于以下两方面：征地过程中村集体经济组织获得的部分土地补偿费；乡村集体资产的收益，包括集体资产改制中收回的价值形态的资产及股权收益、租赁收益等。个人出资部分主要来源于土地补偿款、安置补助费、青苗补助费等征地补偿所得和农民的日常经济积累。这种筹资模式符合当前实际，具有一定的可操作性。对于被征地农民养老保险基金要广开融资渠道，同时要建立个人账户，不论集体补助多少或有无补助，连同个人缴费全部记在个人账户下；采取政府积极引导和自愿相结合的原则，在一定范围内推行强制性养老保险。

目前，世界各国获取基本养老保险资金的方式即筹资模式通常有三种形式：

缴税制、缴费制和预筹基金制（强制储蓄）。在三种筹资模式中，社会保险缴税制比缴费制更有效率，比预筹基金制和缴费制具有更强的约束机制，更能体现市场经济所要求的公平性。通过社会保险税获取包括基本养老保险基金在内的社会保险基金，也是一种符合我国被征地农民现阶段实际和改革发展客观要求的选择。现行"社会统筹与个人账户相结合"模式吸收了强制储蓄的优点，也吸收了社会统筹的特点，但是如果筹资问题仍然停留在目前的缴费制形式上，则势必会因缴费制带来的缴费不足而导致社会保险收支平衡困难，影响整个社会保险机制的运转。开征社会保险税就是要充分利用缴税制在筹资方面的诸多长处，克服缴费制存在的弊病：①可以确保社会保险收入稳定可靠，杜绝拖欠、不缴和少缴的现象；②可以充分利用现有税务机关的人力和物力，降低养老保障筹资成本，在此基础上进一步设置专门的机构负责被征地农民养老保险资金的管理和使用，形成收入、管理、使用各部门相对独立、相互制约、相互监督的机制，节省管理费用，促进资金的专业化运营；③有利于贯彻政府统一的社会养老保险筹资政策，实现在同一比例下"多收入者多缴，少收入者少缴"的社会保险负担纵向平衡和"收入相同者负担一致"的横向公平，从而推进公平竞争和全国统一市场的形成；④开征社会保险税，为把社会保险金直接纳入预算奠定了良好的基础，建立社会养老保障预算，将通过税收形式筹集被征地农民社会养老保险金。[①]

在管理上，被征地农民养老保险应实行"统账结合"的资金管理模式，政府投资部分计入统筹账户，用于最低养老保障和社会再分配，个人缴纳部分计入个人账户，集体缴纳部分按比例分别计入个人账户和统筹账户。被征地农民投保积极性不高，建议把集体缴纳的养老金的一定比例划入个人账户，归被征地农民个人所有。在管理上，政府要积极参与，养老保险资金首先必须由政府专职部门统一管理，建立财政专户，单独建账，确保专款专用；要尽快改变我国目前养老保险费统筹层次偏低的现状，提高统筹层次，在更大范围内实现资金余缺调剂；政府应建立相应的被征地农民养老保障风险基金，用于应对紧急情况，或根据物价涨幅适时调整保障水平，确保被征地农民领取的养老金不"贬值"。

按照国际上对养老保险基金管理和经营的通行做法，基金的管理机构和经

---

① 刘万兆，卢闯，王春平，等．我国"失地农民"养老保险制度分析［J］．农业经济，2007（6）：36-37．

营机构是分开的。被征地农民的社会养老保险基金与其他基金相比并不具备特殊性,但基于目前我国行政区划设置,从效率角度考虑,以地级市和直辖市为单位运作比较适宜,鉴于我国金融市场的现状,可以交由银行和非银行金融机构经营管理。在引进投资机构时,政府相关部门要对这些公司的资质、经营状况、信誉水平等各方面进行认真考察,同时引入竞争机制。要保证被征地农民养老保险基金的顺利保值增值,就必须实现投资方式多样化,适当涉足实物投资、银行存款、国债及其他各种债券、股票、投资基金、抵押贷款、外汇、期货和国际投资等,但是必须加强对投资的监管。同时,为了提高政策制定的科学性,应当依据精算原理,对被征地农民的缴费能力、最低缴费比例、政府的补贴标准、最低和最高养老金标准、每年调整幅度进行正确估算和判断,对养老保险的收支平衡状况进行分析,以确保基金良性运行。

监管主体应包括两方面:①政府要设置专门的养老保险基金监管机构,重点集中于金融、财务和业务方面,督促经营机构建立完善的管理规章。建立市场准入制度,规定基金经营管理机构的最低法定准备金和相应责任,建立财务公开、以信用和绩效评级的制度及严格的经济处罚制度。②应设立由投保人代表、村组集体代表和代表村组与个人利益的管理专家组成的监管理事会,理事会既监管经营机构的运作,又对政府监管机构进行监督,保证被征地农民的知情权、参与权和监督权,防止政府监管机构的失职行为。[1] 在条件成熟时可考虑私人投资机构介入养老基金的经营,以更好地保值增值。

3. 创新家庭养老方式

目前,学界对当前中国农村的养老模式有一个比较一致的共识,即家庭养老、自我养老和社会养老呈现"三足鼎立"的发展格局,但家庭养老、自我养老和社会养老是一个此消彼长的过程。[2] 家庭养老与养老保险制度同为解决被征地农民养老问题的重要手段,在中国,其现实可行性是建立在下一代对老年人的"责任伦理"基础上的,文化和伦理因素对家庭养老存在重要影响,在被征地农民养老保险制度尚未完善之前,可以探索建立"村民互助、协议养老"的居家养老新模式,居家养老中的"家"不一定是子女或亲属的家,可以是老人

---

[1] 史先锋,曾贤贵. 我国城市化进程中失地农民养老保险问题研究 [J]. 经济纵横,2007 (2):25-27.

[2] 陈成文,肖卫宏. 农民养老:一个社会网络的分析框架 [J]. 湖北社会科学,2007 (4):59-64.

所在社区的老年服务设施。① 从发展的角度看，中国目前农民养老的社会网络被界定为以同质性关系（如血缘和地缘关系）连接和维系的社会网络，是一种强网范畴，实现从同质性关系（强关系）向异质性关系（弱关系）或者说从强网向弱网的过渡和转变是进一步加强农民养老社会网络的一个重要内容。因此，下一步工作的重点应当是有效促进被征地农民养老社会网络的多元化，也就是国家和社会要想方设法使中国目前的农民养老社会网络从家庭养老和自我养老向社会养老过渡和转变。只有社会养老才能实现农民养老资源在更广泛和有效的范围内进行调剂，要想突破家庭养老和自我养老的局限，充分发挥各种养老主体和养老资源的主动性和能动性，就必须推动新型农民养老社会网络的构建。

（四）被征地农民养老保障的商业化探索

商业保险在营销渠道、保险服务、风险管理、资产运营、精算方面具有一定优势，它以适当方式介入农民养老保障，既符合政府的意愿，也能在一定程度上满足部分农民的需求。一般来说，城郊地带被征地农民的人均收入高于全国农民的平均水平，随着保险意识的增强，其有能力购买商业保险，目前在我国重庆②、烟台、苏州等地已有中国人寿、平安等保险公司在这方面进行尝试，但效果不一。概言之，商业养老保险的介入必须考虑当地的社会经济发展水平、被征地农民的保险意识及缴费能力、公司自身情况等因素，慎重推进。纵观当

---

① 郭英立，秦颐.建立失地农民养老保险的路径选择及若干建议［J］.安徽农业科学，2007（15）：4631.

② 以重庆市为例，重庆市被征地农民养老保险的具体模式可以被简单概括为"政府调控，保险经办，市场运作，多方满意"。政府通过支付管理费的方式向保险公司购买服务，参与的保险公司自由竞争，由征地的区县政府以招标方式选择。目前，中国人寿、新华人寿、泰康人寿重庆分公司参与了该业务。保险公司按照政府委托开办储蓄式养老保险，提供以下服务：一是发放和给付服务。保险公司承担参保农民每月生活补助费的给付和发放工作；在参保农民生活困难、患重病、家庭遭受重大灾害事故、死亡等情况下，经其申请和基层政府部门审批，以退保方式向农民给付保险本金。二是资产管理服务。对参保农民的保险本金进行严格管理，防止资金挪用；接受政府部门和保险监管部门的严格监管。三是精算服务。协助政府制定和完善政策，对该制度执行过程中可能出现的资金风险等问题提出预警和解决方案，如为保障利差补贴有稳定的资金来源，建议财政部门通过向建设用地单位征收"统筹金"建立统筹基金，并将该费用计入征地成本。四是咨询服务。商业保险公司全程参与征地工作，直接在征地现场与征地相关部门同台办公，向农民宣传、解释征地补偿政策。五是网络服务。实践证明，商业保险公司配合政府有关部门开展被征地农民养老保险相关工作是一项能够妥善解决被征地农民养老保障问题的制度安排，也是政府充分运用市场机制和手段、充分调动各方力量、有效整合社会资源的体现。（秦士由.商业保险参与被征地农民养老保障体系建设：重庆模式［J］.中国金融，2007（12）：17-19.）

前各地被征地农民商业保险的运作,还存在若干局限,最主要的是社会保险与商业保险的有效融合问题,由于被征地农民的养老保障水平偏低,并且参保本金和补贴利差率保持不变,致使参保农民的养老保障待遇未能随生活水平的提高而得到适时调整,而且现有运作模式不能被纳入劳动保障部门统一的制度框架之中,难以取得国家财政补贴。从实际情况来看,商业保险的优势还没有得到有效发挥。

虽然商业保险参与完善社会养老保障体系还存有局限,但不应轻言放弃,要着眼长远,兼顾社会公平和市场效率,确立其与城镇养老保险制度的衔接机制,不断完善,优化重构运作模式。改革的基本思路:将被征地农民养老保险纳入基本养老保障政策框架,由保险公司提供具体经办服务。在组织上,由劳动保障部门牵头,国土、财政、保险监管等部门及有关专家参与,组成被征地农民养老保险基金管理理事会,理事会以信托模式将保障基金委托给保险公司运作,保险公司提供承保、基金投资运营和养老金发放等服务,并保证投资收益达到约定最低水平。社保部门代表政府行使权力,制定制度规则,监督保障基金运行情况,适时调整最低养老待遇,审核保险公司养老金支付情况。保险公司提供具体服务,办理投保业务,开设养老保险金个人账户;建立养老金发放机制;依法对养老金进行投资组合,向个人账户分配投资收益;依法向投保者提供真实的信息服务,定期提供个人账户资金情况、定期公布过去一年的养老金投资收益率;为地方政府提供缴费和待遇水平测定、资金缺口预测服务。

为了有效运行商业保险和社会保险,必须建立相应的配套保障机制,主要工作包括四方面。①建立退出机制。由于管理被征地农民养老保险基金涉及众多投保者养老金的安全,因此必须实行严格的政府管制,建立保险公司准入制,对公司的偿付能力、合规经营、后续服务能力、近三年的投资收益能力等都设置一定的准入门槛,负责统筹管理被征地农民养老保障的政府部门可以设定风险预警指标,按照优胜劣汰的原则,确保养老金始终能由管理水平较好的保险公司管理。②健全基金运作管理机制。在采取资金化管理方式的基础上,在风险可控的前提下,稳步推进资本化经营,积极拓宽投资渠道,优化投资结构,规避通货膨胀等因素的侵蚀。③构建正常调整机制。由劳动保障部门、财政部门协同,参照城市居民生活费用价格指数,提出最低养老金调整方案,建立基本养老金正常调整机制。政府则对最低养老金和投资收益率承诺担保,如果保险公司因投资不当或其他意外情况而使实际收益率低于约定最低收益率,则先由管理公司动用其自有资本进行补足,如果管理公司自有资本依旧不足以使养老金的收益率达到法定最低收益率,则由财政资金做最终弥补。④健全监督管控机制。保险监管机构对保险公司进行日常监管,劳动社会保障部门审查养老金保值增值和发放情况,审计部门对保险公司被征地农民养老保险业务进行年度审计,并构建基金投资组合监控机制、财务监控机制与信息披露监控机制。①

(五) 被征地农民就业保障制度的改革探索

要建立城乡一体的就业保障制度,就必须对前期征地补偿制度的改进、就业服务、就业保护和就业保险制度的建设等方面进行综合考虑。在相关制度设计具有一定特殊性和过渡性的同时,力争在总体上与城市居民就业保障体系一致,以待时机成熟时,建立城乡一体化的就业保障法律制度。

第一,提高被征地农民的职业素质与技能。依据失业被征地农民的就业保障需求特征,构建以就业服务制度、就业保护制度和就业保险与救助制度为主体内容且与城市居民就业保障体系具有高度可融合性的一体化就业保障制度。①要有针对性地制订适合被征地农民特点的职业培训计划,通过订单式培训等多种方式提高被征地农民的就业竞争能力和创业能力。培训应特别强调和注重培训目的的双重性——重新就业与个人持续的职业发展。②建立政府主导、社会参与的就业培训机制,充分调动劳动保障、社会团体等有关部门和组织现有培训基地的参与,鼓励企业进行岗位培训和民办培训机构参与培训,同时可以发挥大专院校、职业中学、技工学校和各职能部门的培训能力,开展多渠道、多形式的农村劳动力就业培训。政府就业服务的视野应更广、服务领域应更宽、服务手段应更注重区域性、个性化②,积极为被征地农民提供就业咨询、就业指导、就业培训、职业介绍等服务,促进在劳动年龄段内有就业愿望的被征地农民尽快实现就业。③

第二,增加适合被征地农民的就业岗位。大城市周边的小城镇往往是大量被征地农民聚集的地方,大力发展一些劳动密集型产业,既可以促进城镇经济发展,又可以起到吸纳被征地农民的作用。各级政府要统筹城乡就业,多渠道开发就业岗位,改善就业环境,鼓励引导各类企事业单位、社区吸纳被征地农

---

① 秦士由. 运用商业保险机制优化被征地农民养老保障运作模式 [J]. 保险研究,2008 (1):59-61.
② 陈世伟. 反社会排斥:失地农民和谐就业的社会政策选择 [J]. 求实,2007,1 (3):92-94.
③ 黄祖辉,俞宁. 失地农民培训意愿的影响因素分析及其对策研究 [J]. 浙江大学学报 (人文社会科学版),2007,37 (3):135-142.

民就业。中小企业等劳动密集型企业在解决劳动力特别是农村劳动力就业方面有较大的优势，因此应当建立相应制度，对吸纳较多被征地农民就业的劳动密集型企业给予应有的优惠与扶持，可主要考虑税收优惠和专项补贴制度，当然，这些援助办法需以就业企业的认定为前提。由于各种原因，乡镇企业已不能大量吸纳农村剩余劳动力，发展乡镇企业将为被征地农民提供更多的就业机会。另外，征地单位也应对被征地农民的再就业承担一定的责任。

第三，完善被征地农民的失业保险与救助制度。法律在规范参加失业保险对象的条件与范围、失业保险基金的筹集与管理、失业保险基金对失业者的救助制度时，必须把失业被征地农民纳入其中。[①] 为扩大基金来源、增强专项基金的保障功能，可考虑从多种渠道筹集资金，并建立健全农民社会保障专项基金的监督和管理机制。基于某些省市已将被征地农民纳入城市居民失业保险和社会救助范围，可以考虑通过立法，将符合条件的被征地农民全部纳入城市低保体系，使其能够享受与城市居民同等的失业保险和最低生活保障。

第四，从制度上消除制约被征地农民就业的排斥因素。政府应对被征地农民就业给予适当的政策倾斜，简化被征地农民在城市务工的各项手续，改善就业的环境；在被征地农民需要申请个体工商经营、家庭手工业执照时，工商、城建、税务等有关部门应考虑简化手续，优先办理，并让其在一定年限内享受与城镇失业人员相同的税费优惠待遇等，金融部门应放宽信贷条件，降低门槛，扶持他们发展经营；还可以由地方政府出台相关政策或规定，对新办的企业在招工时要求其优先对企业所在地的农村劳动力做出相应的安置，从而为本地的劳动力就业创造条件和提供更多的机会等。

促进被征地农民自主创业与非正规就业同样是可行途径，虽然各地针对被征地农民的创业培训在迅速展开，但是培训的内容和方式还存在诸多问题。德国政府曾采取一系列有力措施鼓励和支持失业人员自谋职业和自主创业，其中一项就是对失业人员细化。德国政府将失业人员分成四类，分别使用不同的支持措施，把有限的时间和资金最大限度地用于对失业人员进行创业指导和创业培训，提高创业成功率。[②] 另外，提供金融支持也有助于农民创业成功。从改革探索看，被征地农民创业的金融支持模式主要有如下方式：创建被征地农民创

---

① 赵爽. 论失业失地农民市民化的制度障碍与途径——基于就业保障城乡一体化的视角 [J]. 中州学刊, 2007 (3): 121-124.

② 郑风田, 孙谨. 从生存到发展——论我国失地农民创业支持体系的构建 [J]. 经济学家, 2006 (1): 54-61.

业基金；建立被征地农民贷款信用担保组织；大力培育资金互助合作组织等。[1] 只要被征地农民有创业的意识，政府就可以创新性地为被征地农民搭建创业平台，增加创业机会。目前，各地在实践中已摸索出一些好的经验，如北京市通州区宋庄镇小堡村投资兴建商业广场，将店铺全部租赁给村民经营。在条件许可的地区，可以考虑规划建设专门服务于被征地农民的创业基地，由政府出资建立，基地无偿提供相应服务。成功的创业基地可以起到示范作用，能够为更多愿意创业的被征地农民提供一个可复制、参考的成功创业模式的平台。[2] 在为被征地农民自主创业提供金融支持的同时，积极建设自主就业服务制度，对自谋职业的被征地农民，参照下岗失业职工的办法，办理"再就业优惠证"，将其纳入城镇失业登记管理范畴，使其享受与企业下岗职工同等的再就业优惠政策。

相比创业，非正规就业[3]对于解决被征地农民就业问题有更强的现实可操作性。[4] 有研究者在成都平原农村进行调查后发现，农民失地之后，能够接受政府提供的免费培训在本地就业或外出打工谋生，收入较征地前持平或者更高的通常是初、高中文化程度男性青壮年劳动力，而多数大龄、文化程度低（女性居多）的被征地农民则往往以打零工、摆摊经营、捡垃圾、收废品等方式维持生计，从事的具体行业包括家政服务、自行车修理、修鞋、配钥匙、再生资源回收、服装织补、早点及学生小饭桌等社区服务性工作，这也就是学术界通常所称的非正规就业或政府部门所谓的灵活就业。[5] 非正规就业对于个人具有积极效应，但是政府的相关政策和措施等现行制度安排却对被征地农民非正规就业起了制约作用，在有关就业的社会保障制度方面，非正规就业也明显被忽视，大量非正规就业者无法享受社会保障。[6] 政府的公共政策导向和职责，并不仅仅是维持治安和社会秩序，更重要的是维护社会的公平，包括使每个社会成员能够凭借自身能力合法谋生，维持生计，"驱赶打击""撤摊进市"等"整治"方式

---

[1] 关宏超. 如何构建失地农民创业的金融支持体系 [J]. 浙江金融，2007（7）：60.
[2] 郑风田，孙谨. 从生存到发展——论我国失地农民创业支持体系的构建 [J]. 经济学家，2006（1）：54-61.
[3] 根据国际劳工组织报告，非正规就业被定义为"发展中国家城市地区那些低收入、低报酬、无组织、无结构的生产规模很小的生产或服务单位"。（国际劳工组织. 劳动力市场主要指标体系 [M]. 北京：中国劳动社会保障出版社，2001.）
[4] 刘声. "非正规就业"呼唤更多保护 [N]. 中国青年报，2004-04-30.
[5] 何景熙，卢阳. 失地农民中特殊群体非正规就业问题实证研究——以成都市郊两镇为例 [J]. 市场与人口分析，2007，13（3）：39-48.
[6] 晓白. 重视"非正规就业" [N]. 人民日报，2001-04-09.

无助于解决弱势群体的可持续生计问题,整治越多、打击力度越大,制度成本越高,这些人的生计也越难。政府部门应针对性地逐步放开非正规就业市场。非正规经济活动的确会产生挤占公共资源、污染环境、破坏市容整洁、出售伪劣商品等负面影响,但是这正是政府部门可以且应当加以管理和规范的地方;采用简单粗暴方式予以铲除无异于因噎废食。① 应制定关于非正规就业的法规并进行合理规划,大力促进非正规就业市场健康发展,包括:综合利用非正规就业的市场机制和社会保护的政策手段,最大化降低贫困发生率;在不增加就业者就业成本的情况下,根据非正规部门发展的需要,为其能够获得注册、信贷和合法经营创造相应的制度环境,创造条件将非正经济转化为正规经济②等。

在非正规就业中,社会保障是关键性的问题。上海在2001年宣布确立小时用工模式,对小时工的最低工资、劳动关系加以规范,并将其纳入社会保险参保范围,原本由单位负责的社会保险费可以由个人向社保机构缴纳,这实际上正式承认了非正规就业,也为被征地农民非正规就业的社会保障建设提供了积极的借鉴。在社会保障制度的优化中,应充分考虑到非正规部门和非正规就业长期存在,从保障水平、可转移性等方面着眼,设计与之相容并有助于克服其缺陷的社会保护方式和机制。被征地农民集中的非正规就业领域几乎完全是低层次的工作领域,他们领取工资的价格和形式是多样的,很难统一规范。但是政府可以通过最低工资制度的保底性,确保工资在一定的水平,并通过严格的法律法规进行约束,给予非正规就业人员一定的物质和制度保证,在一定程度上把其纳入社会政策制度的视野中来,对用人单位的工资水平提出最低要求,这是某种程度上的规范,同时也是对从业人员的保护。③

(六)被征地农民医疗保障制度的改革探索

借鉴城镇职工医疗保险制度的改革模式,建立被征地农民在医疗保障体系中的个人账户和集体账户:以家庭为单位建立个人账户,从家庭筹集的医疗基金主要或全部进入该个人账户,用于本户基本医疗保健开支;以乡镇为单位建立集体账户,政府扶持、社会捐赠、集体筹集加上农户筹集的一部分进入该集体账户。征地使用单位或企业应对失地农户的医疗费用给予负担或分担,主要解决大病风险医疗问题。个人账户的余额可以结转下一年度。个人账户基金的

---

① 何景熙,卢阳. 失地农民中特殊群体非正规就业问题实证研究——以成都市郊两镇为例[J]. 市场与人口分析,2007,13(3):39-48.
② 为非正规就业积极创造条件[N]. 光明日报,2006-02-07.
③ 朱浩. 非正规就业机制下的劳动保障[J]. 西北人口,2006(6):17-19.

年人均筹集标准要从各地实际情况出发，建立多形式、多层次的医疗保障制度。该筹集标准可根据本地农村居民的医疗服务需求量并结合适度的门诊及住院费用补偿比例确定，一般不低于当地农村居民前三年平均实际医药费用支出的30%，征地使用单位或企业应负担其中的40%~70%，使被征地农民享受到可靠的医疗保障。被征地农民城镇就业的收入较低，企业利润也有限，对于目前的缴费基准和比例，被征地农民本人和企业的抵制情绪都很大，因此应适当降低缴费，可通过以下方式来解决。将缴费基准从城镇职工月平均工资改为农民工月平均工资甚至更低；在参保初期（如三年内）确定较低的缴费水平，之后再逐渐提高，最终实现与城镇职工费率一致；降低被征地农民和企业的缴费比例，差额部分由政府补贴；将医疗保险费从企业成本中列支，可减少企业税收，提高企业参保积极性；采取费改税的方式，让农民工的医疗保险费通过税收形式来实现等。对于就业困难人群、困难家庭成员和超过法定退休年龄的老年被征地农民，应制定相应的倾斜政策。例如，允许上述人群按一般标准的60%缴纳基本医疗保险费，对于已超过法定退休年龄的老年被征地农民，允许其一次性缴纳20年基本医疗保险费后被纳入退休人员社会医疗统筹范围。针对农民习惯的短期行为，应对被征地农民的医疗保险保费补助采取分期事后补助的办法，促进被征地农民养成积极主动参加社会保险的习惯，避免出现"有钱就花，一花就光"而临到交保费时却无钱的现象。①

城镇社会医疗保险与新型农村合作医疗能否衔接的问题是一个复杂的问题。一方面，高昂的人力成本使被征地农民很少参加城镇基本医疗保险，被纳入该保险的被征地农民微乎其微。同时，按照目前城镇基本医疗保险的规定，只有至少参保15年以上者才能在老年享受基本医疗保险的资格，那些极少数参加城镇基本医疗保险的被征地农民仍有相当一部分不能取得该资格，即在迫切需要医疗保障的老年阶段，他们不仅被城市医疗保障体系拒之门外，而且又不被农村医疗保障制度（如新型农村合作医疗）所接受，成为社会边缘群体。

无论是综合社会保险还是单独针对被征地农民的医疗保险，都是互助险，财政不直接补贴，缴费在财政部门规定的渠道内列支，享受的政府税收优惠额度有限，参加这两种保险的人数比参加城镇基本医疗保险的人数少得多，即使参加社会保险的被征地农民也参与其中，给中央和地方财政额外增加的负担其

---

① 徐玮，叶志钿，徐林山. 失地农民医疗保险制度建设的实践与思考——以杭州经济开发区为例 [J]. 中国卫生经济, 2007 (7): 47-49.

实也并不重。目前,被城镇社会医疗保险覆盖又参合的被征地农民极少,但是随着城镇社会保障体系逐步将农民工纳入,新型农村合作医疗在试点后被大面积推广,一部分被征地农民将面临如何选择的问题,各地和各级新型农村合作医疗管理部门也将面临如何处理该现象的问题。随着城乡差距缩小,城镇社会医疗保险和新型农村合作医疗水平提高,两者差距缩小,需要加强管理:或要求被征地农民只能选择其一参加,或要求两地报销的总额原则上不超过大病医疗发生的实际费用,或者采取其他办法。在社会保障管理水平有限的现阶段,政府应鼓励被征地农民既参加城镇社会医疗保险,同时又参加新型农村合作医疗。两者的结合不仅可以提高农民工医疗保障的程度,而且可以促进新型农村合作医疗平稳运行。① 已经为被征地农民建立基本医疗保险制度且运转良好的地区可以探索将被征地农民的社会医疗保障、医疗救助与城镇社保逐步并轨的有效机制。在资金筹集、诊治流程、待遇审核和给付、机构管理等诸多方面均可实现有机整合,以简化被征地农民的医疗保障制度设计,降低制度运行成本,提高制度运行效率。② 另外,目前的医疗保险大多是市级或县级统筹,劳动力在不同地区就诊时报销医疗费用困难,实现医疗保险的省级统筹是大势所趋,它可以促进劳动力的自由流动,优化劳动力资源配置,也有利于制定统一的医疗保险法律制度,降低政府监管的难度。同时要统筹基金在全省范围内的调剂,这样可以缓解地区、行业、企业之间费用不均的矛盾,还能增强基金抵御大范围风险和突发事件的能力。最后可以对社会财富进行二次分配,以缩小贫富差距、缓解社会矛盾。③

另外,从发展的角度看,在市场经济条件下,商业保险仍不失为一条重要的选择途径或补充模式,可以为被征地农民投保团体大病保险,降低被征地农民的大病风险。寿险公司作为医疗保险的积极参与者,首先,应加强与政府职能部门的沟通协调,促进新型农村合作医疗按照省市政府的有关实施方案展开,将各项措施落到实处,稳步推进,逐年扩大覆盖面。其次,强化对农村市场情况的调研,其内容包括当地的社会经济状况、农民收入水平、农民的年龄层次、各种疾病的发生率、年平均医疗费用等各方面,在此基础上出台具有可操作性的保险方案。再次,选择切实可行的介入模式,如当前各寿险公司宜承保以大

---

① 胡务. 农民工城镇医疗保险与新型农村合作医疗的衔接 [J]. 财经科学, 2006 (5): 93-99.
② 陈信勇, 蓝邓骏. 失地农民社会保障的制度建构 [J]. 中国软科学, 2004 (3): 15-21.
③ 刘海兰. 我国农民工的医疗保险建设 [J]. 中国保险, 2007 (10): 36-38.

病补充为主的农民医疗保险、大病医疗救助,而农民基本医疗统筹由政府职能部门负责,对寿险公司而言,与政府职能部门合作,可及时掌握各项医疗数据,有效降低经营风险。同时,保费的收取借助行政力量,从所筹资金中直接划拨。最后,促进运作模式持续升级推广,尤其要注意把握以下两个环节:对农村合作医疗保险业务设立独立账户,单独进行核算;在核保、理赔等风险控制方面,积极与医疗服务机构合作,同时通过政府主管部门的协调,取得各定点医院的积极支持和密切配合。①

第四节 探索土地增值收益分配机制

一、征收行为中的土地增值收益分析

在地方政府垄断土地一级市场的背景下,通过农地征收并改变农地用途而产生的增值收益,主要归地方政府所有,形成政府主导甚至垄断征地权以主导城市化的必然逻辑。围绕土地增值收益分配,学界进行了广泛争论,包括"涨价归公""涨价归私""公私兼顾"等。政府公益性征地在本质上是政府利用公权力获得农民土地财产权的行为,它具有强制性的特征,不一定与农民真实意愿相符。任何国家在工业化和城市化过程中都会发生土地征收,其问题并不在于是否征地,而在于利益分配。学界及社会对此问题有诸多讨论,除理论上本就存在各种争议,还有一个重要原因在于,现实当中某些农民因土地征收与拆迁而"一夜暴富"进而引发有关公平的质疑。此类现象往往发生在城市近郊区域,而远郊农民或者远离某些特定城市区位的农民,很少有因拆迁而暴富的可能性。② 就普遍情况而言,农民在土地增值收益中占比偏低。沈飞等测算了我国35座大城市在土地征收与出让过程中政府和农村集体的土地收益比例约为17∶1,在落后地区,农民得到33%的收入,县级以上政府得到15%的收入,而县级政府得到52%的收入。③ 诸培新等以江苏N市为例测算了农地非农化配置

---

① 曾洋.南京市农民医疗保险市场调查报告[J].保险研究,2004(6):54-55.
② 李怀,朱邦宁."分配正义"视角下的土地增值收益分配制度创新[J].理论探索,2016(6):78-82.
③ 沈飞,朱道林.政府和农村集体土地收益分配关系实证研究——以我国土地征用、出让过程为例[J].中国国土资源经济,2004,17(8):19-21.

中土地收益的分配比例，其研究结果是农民为 26.41%，集体为 14.35%，各级政府为 59.23%，其中市级政府为 56.33%①；之后又通过对江苏省苏南、苏中、苏北地区样本县市 2006—2011 年农地征收与出让中的土地收益分配格局进行抽样调查与分析后发现，在农地非农化征收与出让过程中，农民的土地收益占土地出让收益的比例为 3%~16%，地方政府的收益份额在 75%以上②。林瑞瑞等测算了我国省级及城市层面的土地收益分配比例，集体（农民）、政府和开发商所得增值的平均比例分别为 3.70∶22.32∶73.98 和 4.21∶26.01∶69.78，三者差异悬殊。③ 谢保鹏以北京市 14 个土地储备项目为研究对象，测算出土地增值收益分配中被征收方、政府、开发商的平均分配比例分别为 24%、31%、45%，不同项目的土地增值收益在三方主体中的分配比例无明显规律，而经济发展水平越高，土地增值越高。④ 总之，因征收导致农民权利与利益受损这些事实并不能因为某些区域的农民"一夜暴富"就被遮盖，而且"一夜暴富"并不是制度设计的结果，而恰恰暴露了制度设计的障碍：谈判博弈较规则能更有效地左右结果，"丛林法则"主导增值收益分配过程。

依据土地开发利用过程中土地利用形态、参与主体的经济关系及土地增值收益获得主体的不同，将土地增值收益的产生和分配划分为三个主要环节，分别为征收环节、出让环节和开发环节。⑤ 首先，在土地征收环节，地方政府通过支付征地补偿款（拆迁款）获得土地所有权，而农民/集体（被拆迁方）获得经济补偿后失去土地所有权（使用权）。土地增值是相对原农用地价格（或被拆房屋市场价格）而言，如果征地补偿（拆迁补助）扣除原农用地价格（被拆房屋市场价格）等后出现正值，则获得补偿的农民获得了该环节的增值收益。其次，在土地出让环节，政府获得土地之后，在转变土地用途的基础上通过实施一级开发完善基础设施，并垄断土地一级市场，实行土地招拍挂制度，土地受让者支付土地出让款。土地增值额是相对政府前期土地开发成本（包括征地拆

---

① 诸培新，曲福田. 农地非农化配置中的土地收益分配研究——以江苏省 N 市为例 [J]. 南京农业大学学报（社会科学版），2006，6（3）：1-6.
② 诸培新，唐鹏. 农地征收与供应中的土地增值收益分配机制创新——基于江苏省的实证分析 [J]. 南京农业大学学报（社会科学版），2013，13（1）：66-72.
③ 林瑞瑞，朱道林，刘晶，等. 土地增值产生环节及收益分配关系研究 [J]. 中国土地科学，2013，27（2）：3-8.
④ 谢保鹏，朱道林，晏学丽. 基于项目的土地增值收益分配关系研究——以北京市 14 个土地储备项目为实证 [J]. 中国国土资源经济，2016，29（9）：65-69.
⑤ 林瑞瑞. 土地增值收益分配研究 [D]. 北京：中国农业大学，2015.

迁补偿款、市政建设一级开发成本等）和其他必要投入而言，该部分增值获得主体为政府。最后，在项目开发与销售环节，该环节的土地收益主要表现在开发商取得土地之后，通过建设房屋、卖出房屋等所获得的全部卖方收益，其增值是相对开发商前期投入而言的，获得主体为开发商。

上述三个环节中的增值是在不同的环境下实现的。长期以来，很多地方政府的土地征收行为都超越了公共利益范围，加之对土地一级市场垄断，土地征收环节体现为政府行为，农民所得的土地增值平均收益最低。地方政府面临着很强的经济发展压力，有获取土地财政的冲动；同时，政府作为土地一级市场的垄断者，担负着稳定土地市场和国有土地保值增值的职责，控制着土地供应规模和供应节奏，以及供应土地类型，这也使其获取更多的土地增值收益成为可能。[1] 在城市土地二级市场，供求机制和竞争机制的功能发挥虽然相对更为充分，但在土地供给垄断、房地产开发区域性、房屋预售制度和住房刚性需求背景下，开发商一般都可以获得高额利润。[2] 随着征地制度改革的逐步推进，一方面，为追求资金效益和项目进度，使拆迁工作顺利进行，不少地方政府会提高补偿标准；另一方面，部分农民越来越认识到土地的巨大增值，并通过"算倒账"的方式要求分成，尤其在某些城市近郊地区或者区位较好地段，部分农民因征收而获得的收益在绝对数量与相对占比上都有大幅度提升，引发社会舆论对所谓"拆二代"现象众说纷纭。从制度改革角度而言，土地增值收益分配机制设计应综合考虑征地补偿政策、政府对土地收益增值幅度的控制及二级开发环节中的增值收益分配等方面，一次分配与二次分配必须区别对待，既要发挥市场配置资源的作用，也要有利于实现社会公平。[3]

二、土地增值收益分配机制的理论与建议

（一）土地发展权理论下的土地增值收益分配

关于土地增值收益的分配，国际上较有说服力的是土地发展权设置问题。所谓土地发展权，就是在利用方面对土地进行再发展，或者权利人通过土地获

---

[1] 陈莹，谭术魁，张安录．武汉市征地过程中的土地增值测算［J］．中国土地科学，2009，23（12）：16-21．
[2] 刘灿，韩文龙，李梦凡．多重价格区间与购房者的选择行为——兼论房价持续上涨的原因［J］．经济评论，2014，（4）：96-107．
[3] 谢保鹏，朱道林，晏学丽．基于项目的土地增值收益分配关系研究——以北京市14个土地储备项目为实证［J］．中国国土资源经济，2016，29（9）：65-69．

得持续发展的权利。它源于英国，因被视为一项独立的财产权而从土地所有权中分离出来，和其他权能一样，可由产权人单独处置。此后，美国、法国等其他国家相继设立该权利。[①]

20世纪90年代中后期，我国学者开始关注并陆续研究土地发展权。目前，学界较为一致地认为，土地发展权理论可以成为农民与农民集体分享土地增值收益的理论依据。但是，土地发展权本身的理论内涵及在我国法律体系中的地位却存在很大争议。我国法律体系中没有土地发展权这一概念，其所起到的功能，在我国法律中主要由建设用地使用权、宅基地使用权等权利来承担。[②] 但是，我国法律的相关规定确实存在比较严重的缺陷，因为这些权利彼此之间的关系比较混乱，名称不统一，而且内涵和法律地位也存在很大差异，如国有建设用地使用权的权能远远大于集体建设用地使用权的权能。土地权利的分散不但造成土地权利体系的复杂和混乱，也不符合"不动产统一登记"制度的要求。

土地发展权背后的土地增值收益分配一直是人们真正关注和争论的焦点。无论是主张涨价"归公"还是"归私"，都在一定程度上将这一问题的讨论简单化。在市场经济条件下，合理的社会财富分配机制应当包括三个步骤：初次分配以尊重和保护产权为基础，主要通过自由的市场交易来完成；第二次分配以公平为基础，主要通过政府征税和提供社会保障等公共服务来完成；第三次分配则以伦理和道德为基础，主要通过公益等方式来完成。土地增值收益也应当参考这种财富分配机制。具体来说，在土地增值收益的初次分配中，政府应当尊重和承认土地权利人基于土地所有权而产生的土地发展权，保护公民基于土地所有权和土地发展权获得相应土地增值的权利。为此，在征收非国有土地时，政府应当公平补偿被征收人。土地征收虽然是为了公共利益，但不能因此得出结论，认为政府有权无偿或者低价补偿被征收人，而且即便采用市场价格补偿，也并不意味着被征收者就得到了完全补偿，因为确实有一些利益或损失无法以市场机制进行定价。《中华人民共和国宪法》第十条第二款已经规定，作为集体土地所有权人的农民集体是具体的某个农民集体经济组织，而不可能是

---

① 万磊. 征地补偿机制重构研究：农地发展权视角 [J]. 国土资源情报，2016（8）：20-25.

② 例如，依照《中华人民共和国物权法》的规定，建设用地使用权可以在土地的地表、地上或者地下分别设立。1998年《中华人民共和国土地管理法》第四十三条规定，体现出集体土地所有权人有权在自己的土地上兴办乡镇企业，建设村民住宅以及乡（镇）村公共设施和公益事业。

抽象的全体人民，该组织之外的任何个体和集体都不可能享有该集体土地所有权和土地发展权的份额，土地增值收益的初次分配只能被严格界定在该集体组织之内。土地不仅是农业就业权的载体，更是农民所有权或财产权的载体，而所谓"集体土地是农民社会保障权的载体"的说法，只是源于中国农民长期缺乏社会保障权的特定背景而绝非理论上的应然，它起到的作用不是社会保障而是农民的自我保障。要确保农民能分享土地增值收益，首先需要对土地征收制度的补偿框架做出改变，2017年对《中华人民共和国土地管理法》的修订在这一方面做出了新的探索。如果没有整体框架的改变，则"适当考虑"或"适当分享"都难以得到明确的程序支持与规范的标准界定，对于遏制地方政府征地冲动的约束力度可能比较有限。

（二）土地增值收益分享机制的基本内容

即使在土地增值收益初次分配过程中以市场价格补偿被征收人（虽然现行制度并不支持这一假设），也并不意味着农民或者农民集体会因此得到所有的土地增值收益。人们通常认为土地增值包括三大部分：土地的自然属性（气候、土壤构成、区位等）、土地权利人的改良（施肥、平整等）、社会因素带来的增值（人口集聚、国家发展战略、城市化、城市规划等），而在工业化与城市化的背景下，第三部分对土地价格变化的影响越来越大。但是，这并不意味着传统的以国家权力征收土地并且"涨价归公"的模式具有理论合理性，合理的方式应是在初次分配承认所有人分享土地增值收益的基础上，同时实行土地增值征税，确保在部分土地增值社会返还目标与保护公民权利、维护社会稳定等目标之间进行有效的平衡。毕竟，土地补偿作为一种偶然的、与个体对社会的贡献并无直接关联的获得财富的方式，并不值得鼓励，而以税收手段对此进行调节，既满足了目标的正当性，也更具有手段的合法性。税收的重要功能之一，就是通过"政府之手"进行社会财富的二次分配，将土地增值收益用于公共事业或者转移支付，这不仅对公民权利的侵害最小，制度实施成本也最小，而且其调节方式相对具有适当的灵活性，较调节土地征收补偿标准而言，引发社会风险的可能性更小。[①] 虽然这有可能在一定时期内导致地方政府财政收入下降，但是地方财政收支问题本身就是一个需要通过财政制度改革来解决的制度问题，不能继续将土地视为解决财政问题的药方。

耕地保护、自然环境保护等公共利益都是极为重要的，但并不意味着发展

---

① 程雪阳. 发展权与土地增值收益的分配[J]. 法学研究，2014（5）：76-97.

权国有化是唯一手段。从中国改革开放的经验看，国有土地上的生态破坏、环境污染等现象对这一论点的支持并不充分或有力。在承认农民集体拥有集体土地发展权的基础上，充分发挥市场的决定性作用，并辅以规划管制等方式，不失为保护公共利益的另一选择。例如，美国采取土地发展权转移制度和发展权购买制度：在进行土地分区规划之后，当事人通过购买出让区的土地发展权到受让区进行土地开发，保护出让区的生态环境或农业发展，而受让区可以提高土地开发的密度、高度及容积率以实现土地资源更高效率的利用。发展权购买制度与发展权转移制度有一些功能相似性，两者最大的区别在于：在发展权转移制度中，政府的主要角色是制定土地利用规划，划定出让区和受让区，监督土地发展权转移交易依法进行；在发展权购买制度中，政府负责购买农业用地的土地发展权。实际上，中国一直在推行的"建设用地指标增减挂钩"改革与此有异曲同工之处，在这一制度的基础上进行合理改造，不仅制度转换成本会大大降低，而且不会给地方政府带来难以承受的财政负担。如果地方民众支持且地方财政条件允许，也可以借鉴发展权购买制度保护耕地和自然环境。中国地域广阔，究竟采用何种制度，可以因地制宜。

概言之，土地增值收益分享机制的基本内容是：承认农民集体拥有土地发展权，政府在土地征收过程中按照市场价格给予被征收人公平补偿，通过合理征税来动态调节和平衡国家、集体与个人以及不同区域在土地增值收益分配中的比例。通过购买或者转移土地发展权，则可以实现土地增值收益的二次分配。土地增值收益分配必须嵌入城乡土地制度统筹改革的框架当中，如果继续维持以征地作为市场获得建设用地的唯一途径，不能对公共利益征地范围做出明确界定与限制，农民获得征地补偿的标准不能贯彻市场原则，"适当分享"没有产权依据与市场支持，则实际过程依然有可能沦为政府、集体与农民之间的谈判拉锯战。①

基于发展权思路而改革现行征地补偿制度，至少包括以下方面的基本内容。①征地补偿要达到的基本目标究竟是什么？2017年对《中华人民共和国土地管理法》的修订中指出必须"保障被征地农民原有生活水平不降低、长远生计有保障"，而"不降低"的参照系自然是征地之前的生活水平，但是如何定量核算？以货币衡量的收入指标固然非常简单易得，但是收入水平与生活水平之间并不能直接画等号，合理的方式应是以被征地前农民的生活状况为参照，对比

---

① 程雪阳. 发展权与土地增值收益的分配［J］. 法学研究，2014（5）：76-97.

经济发展所带来的社会整体生活水平提高的现实状况来选择合适的生活水平指标体系，其基本的指标选项应包括：被征地农民的资源占有状况、收入状况、消费水平、生存环境状况、人身安全状况、心理安全状况等，客观、科学地反映被征地农民生活水平。因征地而暴富的情况毕竟不是普遍现象，也不是政策应有导向，只有"长远生计有保障"才具有从生存权到发展权的内涵，补偿的重心应落脚于对长远生计的保障。②基于被征地农民发展权的征地补偿，应以被征土地的市场价值为计算标准，但是以市场价值为标准的前提是具有比较完备的土地市场，以进行分类处理，这样被征收土地才有可比性。如果缺乏比较完备的土地市场，则以区位和土地质量为基础制定补偿标准，并考虑当地的经济发展水平和城镇居民的社会保障水平，实行统一的"同地、同价和同权"原则。至于范围确定，则应将对被征地农民直接财产损失的补偿扩展到因征地而发生的可预期收益减少、残余地和相邻土地产量下降、迁移费支出、涉及营业场所的营业损失等间接损失，同时将房屋作为独立的补偿对象，增加对土地承包经营权的补偿，对此前文已经有所讨论，不再赘述。①

---

① 彭小霞．农村征地补偿制度：从生存权到发展权［J］．开放导报，2015（3）：76-80．

第六章

征地中的政府行为与乡村治理问题

第一节 以制度对政府行为进行规范

一、城市政府行为约束

要减弱地方政府在征地中的与民争利行为,就必须改变我国赶超型发展战略,稳健推进市场化改革,完善政绩考评体系,同时要进一步完善财政分权制度,深化税收制度和中央政府对地方政府的转移支付制度的改革,建立地方财政收入的稳定机制等,这些涉及国家发展战略及政治体制、经济体制的改革问题,在此暂且不予讨论。本章仅就城市政府而言,提出两方面的改革思路。

(一) 贯彻人本精神,明确角色定位

首先,明确城市政府在征地行为中的角色定位。政府是公共利益的代言人,所做的事业是社会的公共事业,其目的是最大限度地满足社会广大群众的物质与文化需要。从根本上来说,人民与政府之间的关系实质是一种"委托—代理"关系,政府权力归根结底来源于人民,政府施政就要以人为本,牢固树立"公民权利本位,政府义务本位"的现代行政理念。政府产生的基础是社会,维护正常的生产和生活秩序,保障全体公民的人身、财产等权利,是政府存在的重要根据,也正因如此政府才有资格行使公权力。公共利益在实现过程中有局部利益与全局利益、眼前利益与长远利益、个人利益与群体利益之分,有时甚至存在矛盾和对立,这就要求地方政府在动用征地权时,必须以公共利益需要和经济社会的全面、协调和可持续发展为原则,着力解决经济社会发展中出现的地域、城乡、不同社会阶层和社会群体差距较大的问题,促进社会协调发展,回归到对土地使用的指导、监督，以及征地制度的建设、维护和为公共利益、全局利益、长远利益服务的角色中。这也要求城市政府在征地过程中真正贯彻人本理念，将征地信息事先向社会公开，使土地主体有处置权，让公众广泛参与征地程序。在现行体制下，政府征地面对的是集体而不是农户，然而一个具有现代法治精神的社会不仅应该是一个凸显公民价值与权利的民主社会，而且还应该是一个倡导公民投入与参与的责任社会。公民是公共用地决策的主体，应当享有广泛的民主权利，凡是与公民利益直接或间接相关的征地决策，都应该直接听取公民的意见，重视被征地主体的合法权利，尊重被征地人的主体地位，确保被征地人对征地过程的全面参与和对发展成果的公平分享。

（二）明确界定城市政府的可作为范围

城市政府在土地征用中可以作为的领域应体现在以下方面。①科学制订土地征用规划并保证其落实，而不应成为直接土地需求者。政府通过对城镇发展目标、性质、规模、总体布局、功能分区及重点建筑的规划，向社会展示城镇各个区域的发展前景，成为土地经营的指导者和监督者，而不是直接需求者。②积极培育发展健全的土地市场，而不应作为市场主体参与土地市场交易。政府不应当从事具体的土地经营，更不应当为一般企业和个人启动国家的征地权，而应主要负责用途管制、耕地保护、市场监管、土地执法，国家的土地收益可以通过土地税收解决，不应将此视作政府经营的理由。③充分发挥土地价、税、费的杠杆作用，而不应靠动用行政权力垄断土地市场。政府可以根据土地的不同区位和不同用途，调整地价和地租拉开地段差价，通过影响不同用途土地的需求来调控土地的供给量和供给结构，优化土地利用结构，使政府成为土地所有权主体与需求主体的调节者。④对公益性用地应严格按照法律程序征用（或征收）和补偿，而不应借口公共利益损害某部分人尤其是农民的利益。⑤建立健全土地纠纷仲裁机制。按照目前法律规定，发生土地补偿费用争议的应由县级以上政府协调，协调不成的则由批准征用土地的人民政府裁决，这种由政府自当"裁判员"的做法必须进行改革，建立专业的仲裁机构，公平、合理地裁决征地纠纷，保护国家、集体、农民三者之间的合法权益。①

---

① 童中贤. 政府在征地过程中的作为与不作为 [J]. 广东行政学院学报，2005（5）：10-14.

二、县、乡级政府改革

（一）县级政府体制改革的基本思路

从一般意义上讲，县级政府在公共管理体系中的地位决定了地方政府是地方经济可持续发展最有力的促进者，这一点在市场发育相对滞后、市场力量相对薄弱的县域表现得尤为突出，也正因如此，县级政府虽然不能拥有和城市政府同等的经济资源，却有着和城市政府同样强烈的经济发展压力。在县级政府体制改革上，曾经有两条思路：①取消市管县的领导体制，实行省管县的行政体制；调整省行政区划，相应增加省的设置，恢复《中华人民共和国宪法》所规定的地方政府省、县、乡三级政府体制。其核心是通过调整区域政府层级和隶属关系的办法，改善县、乡政府的宏观行政环境，增强县、乡政府的行政动力。②加大县级政府管理体制改革力度，加快机构改革和精减人员的步伐，明确县级政府在地方经济社会发展中的功能定位，建立地方公共财政制度，以县民主自治带动区域民主自治，其核心是以县为单位推进县域范围的民主自治，改善地方政府治理结构。

自党的十七大报告明确指出"完善省以下财政体制，增强基层政府提供公共服务能力"以来，省以下财政体制改革已成为我国今后一个时期深化财政改革的重中之重。省管县财政体制是在省与县之间建立直接财政关系，在财政收支划分、专项拨款、预算资金调度、财政年终结算等方面，由省直接对县财政进行管理。它缩短了地方财政链条，简化了地方财政层级，同时也提高了县级财政地位，县（市）获得了与省（直辖市）平等的财政权限，这是对1994年分税制改革以来层层"下压事权、上收财权"导致县级财政事权与财权脱节的一种矫正，通过省、市、县三级之间财权和事权的重新配置，实现县级财权的回归、事权和财权的匹配，从而弱化县级政府通过征地获得财政收入的动机。① 省管县体制的主要出发点是通过分权化改革发展县域经济，使县级财政摆脱困局，这一点对于财政弱县有更为重要的积极意义。尽管省管县是地方财政体制改革的战略方向，但这一改革必然触动既得利益，目前在各地省管县试点方案中均规定以不触动市级财政既得利益、维持原有分配格局为原则，这表明了改革的渐进性质及为化解改革阻力而进行的策略性安排。实际上，省管县改革主要是取消市对县的财政管辖权，从体制上解决"市吃县""市刮县"的问题，这无

---

① 张献国．省管县财政体制的四种"误读"[J]．地方财政研究，2008（5）：33-35．

疑是对市级既得利益的挑战；下一阶段要考虑对目前省和市之间的财力（主要是税收）划分进行重新调整，提高省级财政的财力占比，这一调整需要在中央与地方及地方内部税收返还整体改革的框架内统筹考虑。从短期看，市级财政无疑会有一定的既得利益损失，但这种利益损失是城乡统筹发展必须付出的成本，第一阶段的改革是实现市县分治，也使城乡拥有平等的财政权力和财政地位，有助于改变长期以来农村财政资源向城市流动的局面；而下一阶段的改革则通过对省以下财政资源在市县之间、城市和农村之间的重新配置，实现"工业反哺农业、城市支持农村"，增强县级财政能力和农村经济发展的目标。从长期看，农村县域经济的发展也是城市经济和财政发展的重要基础和依托。市级财政需要辩证地看待既得利益的调整问题，积极主动地参与、支持省管县改革，在自身职权范围内为省管县财政体制的推行创造条件，唯有这样，才能逐渐弱化县级政府因财权和事权不对称导致背负财政压力而引发的征地冲动。

（二）乡镇政府体制改革的基本思路

对乡镇政府而言，其社会渊源、宗亲关系和文化背景，同省、市、县政府不尽相同。现有体制将乡镇政府作为中国四级行政区划中最基层的政权组织，从历史和现实的角度分析，需要关注乡镇的社区自我管理、自我运作、自我服务功能。从体制功能上看，它更具自主权，社区自治管理应成为乡镇政府最基本的职责。乡镇政府职能定位应局限于弥补"乡村社会不能"方面，其行为范围必须取决于农村社会自治范围起作用的程度，应始终坚持社会自治范围最大化。从理论而言，推进乡镇政府体制改革至少可以有以下思路：①撤销乡镇政府体制，将县一级定位为国家最基层的政府组织，其具体实现形式是撤乡建所，同时建立以乡镇为行政范围的乡公所，作为县政府派出机构，根据上级授权从事乡镇范围内的国家行政管理要求的公共事务管理，并与社会组织、社群力量协同合作，建立和形成体现国家意志与社区成员意愿、直接面对民众的区域社会治理结构；②建立体现乡镇自治的社会管理委员会，形成具有民主管理、民主决策、民主选举、民主监督的乡政自治；③在城市辐射密集或农村工业化程度较高的地区，通过乡改居（街道）的办法，实现社区自治。

乡镇政府体制改革的总体思路是实现乡镇自治，其核心是建立实现经济发展的体制和制度框架，以体制创新和制度创新形成激发经济发展的内在活力。①逐步推进基层民主，变乡镇政府为自治组织：建立和改进民主选举、民主决策、民主管理、民主监督等民主管理机制；乡镇范围内分别实行社区管理委员会的直接民主选举和乡镇（村）合作经济组织股东代表会议的民主选举；成立乡镇和村成员代表会的常设机构；强化责任体系建设；建立上级党委委派的乡镇和村一级党工作委员会制度，实行双线管理协调制度。②推进乡镇产权改革。根据资产的来源，合理确定乡镇政府、社区合作经济组织不同的资产归属，按照产权股份化、利益人格化和经营市场化要求，使集体资产从乡镇政府所有转变为农民人格化的具体所有。③重新确立上下关系。国家应当履行其职责为乡村公益事业建设提供资金支持和立法保障以推动乡村公益事业建设；规范县对乡镇的领导方式和管理行为，变原有的直接行政领导关系为区域管理的指导协调关系，逐步取消乡镇机关人员官僚化的行政事业编制和等级；为乡镇组织、厘定一整套完整、科学、程序严密的自治法律，把乡村自治与依法治国紧密结合起来。④加快乡镇合并步伐，扩大乡镇行政管辖范围，同时推进行政村的合并与调整，节省社会管理的运作成本，减轻社区成员的负担。⑤改革财政分配体制。在原有国家和地方财税分开的基础上，更加严格、科学地划分政府财税收入和社区财税收入的范围和征收标准，建立以自治财政为目标的社区公共财政体制。⑥把社会自治组织的机制创新作为构建农村社会管理微观制度的重要形式，发展各类经济自治组织、中介服务组织与社会自愿组织等。①

第二节　以新型乡村治理保障被征地农民权益

乡村振兴战略提出把夯实基层基础作为固本之策，建立健全党委领导、政府负责、社会协同、公众参与、法治保障的现代乡村社会治理体制，坚持自治、法治、德治相结合，确保乡村社会充满活力、和谐有序。

一、乡村治理的村民自治与法制

（一）村民自治的发展问题

深化村民自治实践是建立新型乡村治理体系的重要内容。它要求加强农村群众性自治组织建设，健全农村基层民主选举、民主决策、民主管理、民主监督机制，提高群众主动参与管理的积极性，健全和创新村党组织领导的村民自治机制。

---

① 郭晓鸣，黄善明，杜伟，等. 我国农村政府体制的历史考察与职能转变研究［J］. 理论与改革，2006（3）：62-64.

从历史角度来看，乡村治理并没有民主的传统根基，尽管传统乡村治理有一定的自治，但那是基于乡绅、宗族及族群精英政治之上的，其中多数宗族和族群组织具有非民主的集权式性质。与中国农村久远的精英及威权传统相比，村委会选举只是乡村长期民主转型的开始。20世纪90年代末，曾被大肆宣传过的村委会选举曾徘徊在十字路上：选举规则和程序必须改进，任何失误将影响村委会选举和其选举制度的信誉和功效。[①] 长期以来，中国的村委会成员都由上级直接委派。1988年起，中国试行由选民直接选举村委会成员，最初先由上级组织或群众团体推荐候选人，再由村民代表进行选举，后来逐渐发展为全体村民海选提名候选人，公示后由全体村民直接选举。2008年3月，位于中国中部安徽省的芜湖市繁昌县荻港镇杨湾村和周边的3个村一起，率先捆绑试点村委会选举3项改革，即无候选人的"一票直选"、观察员制度及定岗选举制，全村2131名选民中有92%参加了选举。除了安徽，广东、湖北、山西、江西等省份都不同程度地试行了村委会选举改革。

村民自治制度使公社制下国家和社会合为一体、国家行政控制个人的集权状况得到改变，使得相对独立的家庭和村民小组有可能在一定水平上与代表国家的政府进行对话和谈判，"海选"村主任成为村民利益保护者的可能性提高。但是，这种改变并不彻底，现阶段的村民自治还处在较低水平：上级政府掌握村干部的提名权及对村干部权威进行"合法化"的权力，还存在村干部对村落社会进行直接控制的可能，尤其是在来自上级的权力、利益激励超过村落内部可能提供给村干部的经济、社会声望激励的情况下，这在经济不发达、政治意识相对落后的地区更为明显。为进行抵制，农民充分利用媒体宣传中的政治话语及国家对于农民的道义责任，采取各种策略与政府互动并进行联合抗争，但由于表达机制缺失及自身清晰而狭小的利益边界的限制，这种集体抗争规模过小，组织化抗争成本过大。在农民的政治意识中，他们更多寄希望于"明君圣主"而不是要求进行制度改革，这种利益边界和利益观念是由国家制度及村落中自然、经济、传统文化的因素共同构建的：家庭联产承包责任制划定了村民小组之间及村民家庭之间的利益边界，但这一边界又受到乡土因素和乡规民约的修正。在日常生活中，这种利益观念和利益边界与现实的经济水平一起制约着村民对村落公共事业的投入和对公共活动的参与，村民寄希望于某一天有

---

① 谭青山. 在深化村民自治进程中健全村委会选举制度 [J]. 华中师范大学学报（人文社会科学版），2008, 47 (6)：19-26.

"某个人"来帮助自己。农村基层社会结构正是由自上而下的国家制度结构与村落内部结构(尤其是利益结构)共同构建的,国家制度起着骨架式的决定作用,决定了基层社会结构的大致形态,制度与现实脱离、制度与制度不配套使得农村基层社会既没有实现真正的民主,又没有实现行政控制的有效强化;村落内部的结构性关系(主要是利益结构),以家庭、村民小组分化及家族政治、"两委"关系等形式表现出来,它起着"血肉"对"骨架"的调整和约束作用,甚至在一定条件下会和强加的制度与结构进行对抗。[①] 因此,一些地区的村民自治并没有在真正意义上调动和提高农民自我管理、自我教育的能力及自我服务的水平,新一轮的基层改革和民主建设如并村、乡镇干部直选及农业反哺政策等为乡村振兴提供了某种契机,但还需要某些更为根本的制度和条件作为保障,本书暂时不予讨论。

(二) 乡村治理的法治问题

乡村治理体系的基本内容包括民主选举、民主决策、民主管理与民主监督基本方面,这四个部分能有机地构成一个整体,而村委会直接选举制度、村民代表会议制度及村务公开制度等的稳步推进也体现出乡村治理改革的逐步深入。当前乡村治理中比较突出的问题集中表现在:民主选举中存在形式主义倾向,各类违法选举现象时有发生;在民众决策方面,"两委"大包大揽或"暗箱"操作;在民主管理方面,各项制度中上墙的多、落实的少;在民主监督方面,信息公开与沟通反馈机制存在缺陷,导致监督难以有效进行等。解决问题的途径依然在于法治化。

在涉及征地矛盾的各类事项中,法治不彰是一个非常突出的问题,尤其在乡村治理层面,一方面,被征地农民的话语权较弱;另一方面,各类行政利益或人际关系因素影响甚至干扰基层法治,也容易导致被征地农民利益受损。尤其在征地补偿逐步提高的背景下,如何将补偿公平合理地落实到农民手中,是受到高度关注的问题,无论是经济发达地区还是欠发达地区,都是如此。因此,必须要有严格的监督来保证集体土地利益的合理公正分配,否则,就极易出现各类腐败问题而引发征地纠纷。这一点已经被大量事例所证明。

毋庸讳言,从全国范围看,农村党风廉政建设的形势并不能尽如人意,农村基层的违纪违法现象时有发生,尤其在有关征地事项中,由于涉及的集体资

[①] 李丁. 过程背后的"结构"——透过一个征地案例看农村基层社会结构及其发展 [J]. 研究生法学, 2007 (2):37-58.

产金额往往数额巨大，更容易诱发各类经济犯罪。依据现行制度，村干部都由村民直接选举产生，为什么却屡屡发生村干部侵犯村民利益的情况？无论是中共十八届三中全会《中共中央关于全面深化改革若干重大问题的决定》中有关发展基层民主的意见，还是中共十八届四中全会《中共中央关于全面推进依法治国若干重大问题的决定》中有关推进基层治理法治化的具体目标，一直到乡村振兴战略提出建立新型乡村治理体系，一个改革的基本理念贯穿始终：依法治国。推进乡村治理法治化，保证农民的合法权益，是建立新型乡村治理体系中需要着力解决的核心问题。

在乡村治理的法治建设方面，农村法律体系建设既是基础也是核心，其包括探索农村产权保护、农业市场规范化运行及"三农"支持保护等方面的地方法律制定，依法明确村民委员会和农村集体经济组织的工作以及各类经营主体的关系，维护村民委员会、农村集体经济组织、农村经济合作组织的特别法人地位和权利；在依法治理的工作机制上，重要的是，建立起以村规民约为重要载体的依法治村工作机制，建立健全农村基层权力规范化运行体系。

二、完善农村基层民主的建议

（一）改变村治权力授予方式，完善农民民主选举程序

农民选择干部的一个重要标准：这个人有没有可能自己掏出更多私财或者从村镇外部争取更多的资源为村镇服务。在国家开始反哺农村的环境下，村干部"海选"甚至乡干部直选将有利于基层政府和组织从"代理型政权经营者"转变为"群众利益的代理人"。但是，随着村庄范围的扩大，选民规模过大，如果信息交流不畅、竞争没有公开化，那么选举单位将变成一个更彻底的"陌生人社会"，若再加上竞选规范不合理、群众参与积极性不高、公民意识不够，则当选的干部很可能不是"群众利益的代理人"，而成为"谋利型经营者"，或者仍然维持其"上级政府代理者"角色。

"海选"首先实现的是村民的选举权与被选举权，这是《中华人民共和国宪法》赋予公民的基本政治权利。"海选"在农村的日臻完善与推广，将日益加强《中华人民共和国宪法》赋予公民的权利义务的实现，对《中华人民共和国宪法》的实施有突破意义。从"海选"中受益的村民群体，会继续进行诸如村务公开、不合理负担否决机制等一系列村治框架下的制度创新，逐渐形成一个非常复杂的相互支持的制度矩阵，为制度变迁的自我强化创造良好的初始制度条

件；同时会严格保证村民依法向人大及其常委会以及更高一级人大及政府申诉，制止乡镇政府的侵权行为。推行"竞选组合"制，由"海选"产生的村委会主任负责从法定的候选人中挑选人员组成村委会，村民代表会议对组合情况进行监督，村民会议通过选举或罢免村委会主任来行使对村委会成员的决定权，并加强对村集体钱财收支的监督，增强村委会内部团结，提高管理效率。在进行如上初始制度条件的构建之后，有利于理顺基层政府与村委会、村党支部与村委会、村民会议（村民代表会议、村民）与村委会的关系，从而为村民自治制度变迁的良性发展打下基础。村委会选举制度改革分为四步。

第一，建立一个全国非营利、半政府性质的村民选举委员会或省级选举委员会来执行、督促、评判村庄选举；选举委员会也负责分配竞选资金。由民政部门和当地政府官员继续主导村民选举，而不是让选举委员会来组织实施，否则村委会选举将会面临对其公正性被质疑的风险。在村委会选举的改进和独立选举委员会的设立过程中，地方官员对其部门利益和资源的保护是一个障碍。乡镇政府在选举过程中对村民进行"咨询和指导"的行为必须逐渐被削减，虽然在村选实施初期，动员型选举是有益的，但它也削弱了村民的自治权和主观能动性，村民的选举能力应该得到培育、强化与承认，而不是停滞不前。

第二，发展候选人自我提名。村主任候选人向选民提供有相似观点的委员会候选人名单，村委会成员的选择将更能反映出候选人的能力、家族背景和受欢迎度，为了当选，村主任候选人所提的名单都会让多数村民所接受，但要防止出现当选者本人不自愿的情况。村主任候选人更有动力和决心通过竞选活动来争取当选，选举也更有可能产生一个比分开选举村委会委员更有凝聚力的村领导团队。因此，可以将盲目的一次性"海选"改为先由候选人自我提名，再以候选人为中心进行竞选，最后进行一次性选举，这样可以减少预选程序。要做到如此选举，现有选举体制就必须制定竞选细则，使候选人能进行公平、公正的竞选。

第三，强化候选人在选举中的地位。对自由和公正的选举来说，竞选规则的制定是一个非常重要的因素，详细且透明的规则有助于在村委会选举中减少不受欢迎甚至非法的行为，而更好的竞选规则还为行政官员提供指导，以规范不同种类的竞选宣传并执行全国范围的标准。为了让选举更有竞争力，应在制度上进一步强化候选人的选举中心地位，尤其是形式与程序上的规范。同时，为了确保村民选举的实施，应考虑将选举经费纳入省政府的预算，由省级选举委员会管理并用于村委会选举。

第四,为了减少选举官员的干预和操纵,村委会选举可以考虑将"变双过半"投票制度改为相对多数胜出机制,减去委托投票,这样可以防止选举无效,因为胜出者不需要满足双过半的要求。相对多数胜出机制不仅可以保证选举的公正,同时也简化了选举程序并降低了成本。①

(二) 完善农村基层民主法律体系

要将村民委员会从产生、运作直至结束全部纳入法治轨道,逐步形成事前防范、事中控制、事后惩戒的完整法律体系。

第一,完善村民选举立法。①规范候选人的竞选行为。目前最重要的是要在正式的法规中明确规定,村委会候选人可以开展竞选,同时,应当逐步明确地对非法竞选行为进行界定。②规范选民的投票行为。应从以下方面加以强调:在领取选票的时候,务必要求选民出示选民证;限制委托投票的使用范围;进一步限制流动票箱的使用,强调投票站要设立秘密写票间;计票和唱票应当当众公开进行,集中操作。③要对破坏选举的行为制定相应的处罚措施。④在加强村民自治的立法过程中,必须明确只有依法享有立法权的地方人民代表大会及其常委会才可以制定与村民自治有关的法律、法规或者规范性的法律文件。

第二,加强农村基层民主运作程序的立法。一方面是对村民委员会运作的整个程序进行规范,另一方面是对议事程序进行规范。对村民委员会运作程序的规范包括进一步完善村民会议制度、村民代表制度、村民委员会问责制度及述职制度等;而对议事程序的规范主要是针对议事事项的提出、讨论、表决、决策过程进行全流程规范。对农村基层民主运作程序的规范,其重要途径是强化对运作程序的监督,包括确认监督主体、框定监督范围、规范监督途径、明确监督结果(监督处理结果)等。一些地方成立了村务监督委员会,成为监督村务的重要力量。在实际操作过程中,村务监督委员会成为村民委员会的制衡力量,能有效防止村民委员会的滥权行为。这一做法目前虽有政策支持但无法律支持,建议立法时参考并予以吸收。

第三,建立村级财务审计制度。村级财务审计工作要充分发扬民主,必须做到审计结果公开、干部退赔贪占资财公开、最后处理结果公开。逐步建立村级财务审计制度,国家应尽快出台关于村级财务审计的条例。对村级财务审计制度的设计,应有别于对国家机关的审计:审计主体的角色可以由作为社会中

---

① 谭青山. 在深化村民自治进程中健全村委会选举制度 [J]. 华中师范大学学报 (人文社会科学版), 2008, 47 (6): 19-26.

介组织的审计事务所来承担；在审计内容上首先以离任审计为主，然后逐步扩大到重大项目、村内公益事业等单项审计，最后形成以定期审计（如年度审计）制度为主轴、各单项审计（离任、重大项目、公益事业等）为辅助的全面审计制度；审计结果应提交给村民会议而非村民委员会本身，并进行公布。

参考文献

[1] 毕宝德. 土地经济学：第1版 [M]. 北京：中国人民大学出版社，2001.

[2] 陈成文，肖卫宏. 农民养老：一个社会网络的分析框架 [J]. 湖北社会科学，2007（4）.

[3] 陈春节. 征地制度改革之管见 [J]. 北京房地产，2003（12）.

[4] 陈和午. 土地征用补偿制度的国际比较及借鉴 [J]. 世界农业，2004（8）.

[5] 陈泉生. 论土地征用之补偿 [J]. 法律科学：西北政法学院学报，1994（5）.

[6] 陈世伟. 反社会排斥：失地农民和谐就业的社会政策选择 [J]. 求实，2007，1（3）.

[7] 陈信勇，蓝邓骏. 失地农民社会保障的制度建构 [J]. 中国软科学，2004（3）.

[8] 陈莹，谭术魁，张安录. 武汉市征地过程中的土地增值测算 [J]. 中国土地科学，2009，23（12）.

[9] 陈运遂. 失地农民的社会心理对社会稳定的影响及对策 [J]. 农村经济，2007（9）.

[10] 谌杨. 负面清单列举法界定公共利益 [J]. 法制与社会：旬刊，2016（5）.

[11] 成得礼. 对中国城中村发展问题的再思考——基于失地农民可持续生计的角度 [J]. 城市发展研究，2008，15（3）.

[12] 程雪阳. 土地发展权与土地增值收益的分配 [J]. 法学研究，2014（5）.

[13] 丁宁，金晓斌，李珍贵，等. 征地社会稳定风险评估规范化研究

[J]．中国土地科学，2013（1）．

　　[14] 冯昌中．我国征地制度变迁[J]．中国土地，2001（9）．

　　[15] 耿忠平．社会保障学导论[M]．上海：同济大学出版社，2003．

　　[16] 关宏超．如何构建失地农民创业的金融支持体系[J]．浙江金融，2007（7）．

　　[17] 郭风情．征地补偿款分配引发争议 36 名村民告赢村委会获赔百万[J]．中国供销商情，2007（3）．

　　[18] 郭晓鸣，黄善明，杜伟，等．我国农村政府体制的历史考察与职能转变研究[J]．理论与改革，2006（3）．

　　[19] 郭英立，秦颐．建立失地农民养老保险的路径选择及若干建议[J]．安徽农业科学，2007（15）．

　　[20] 韩大元．宪法文本中"公共利益"的规范分析[J]．法学论坛，2005，20（1）．

　　[21] 韩钢．私产征收与补偿的法理研究及其制度完善[J]．西安财经学院学报，2013（4）．

　　[22] 何景熙，卢阳．失地农民中特殊群体非正规就业问题实证研究——以成都市郊两镇为例[J]．市场与人口分析，2007，13（3）．

　　[23] 贺雪峰．地权的逻辑——中国农村土地制度向何处去[M]．北京：中国政法大学出版社，2010．

　　[24] 胡瓷红．论土地征收补偿原则——以比较法为视角[J]．杭州师范大学学报（社会科学版），2011，33（2）．

　　[25] 胡鸿高．论公共利益的法律界定——从要素解释的路径[J]．中国法学，2008（4）．

　　[26] 胡务．农民工城镇医疗保险与新型农村合作医疗的衔接[J]．财经科学，2006（5）．

　　[27] 黄婷，刘梦跃．房屋拆迁补偿的房屋价值评估问题研究[J]．商品与质量，2012（6）．

　　[28] 黄祖辉，俞宁．失地农民培训意愿的影响因素分析及其对策研究[J]．浙江大学学报（人文社会科学版），2007，37（3）．

　　[29] 蒋银华．农村集体土地及房屋征收补偿的协商沟通机理探析[J]．广州大学学报（社会科学版），2013，12（8）．

　　[30] 金兆怀，张友祥．失地农民的权益损失与保障机制分析[J]．经济学

动态，2006（6）．

［31］靳伟，于建波．从本位原则视角谈滥用征地权的法律规制［J］．国土资源，2008（4）．

［32］孔祥利，王娟娟．失地农民城市角色的定位与思考［J］．云南民族大学学报（哲学社会科学版），2006，23（5）．

［33］李丁．过程背后的"结构"——透过一个征地案例看农村基层社会结构及其发展［J］．研究生法学，2007（2）．

［34］李怀，朱邦宁．"分配正义"视角下的土地增值收益分配制度创新［J］．理论探索，2016（6）．

［35］李龙，徐亚文．正当程序与宪法权威［J］．武汉大学学报（人文社会科学版），2000（5）．

［36］李淑梅．失地农民社会保障制度研究［M］．北京：中国经济出版社，2007．

［37］李穗浓，白中科．现行征地补偿安置模式比较分析［J］．中国土地，2014（2）．

［38］李卫平．农村医疗保障调查报告——农民健康保险意愿访谈分析［J］．社会保险研究，2003（4）．

［39］李一平．城市化进程中失地农民利益受损的制度分析与对策［J］．中州学刊，2004（2）．

［40］李郁芳．试析土地保障在农村社会保障制度建设中的作用［J］．暨南学报（哲学社会科学版），2001（6）．

［41］廖小军．中国失地农民研究［M］．北京：社会科学文献出版社，2005．

［42］林瑞瑞，朱道林，刘晶，等．土地增值产生环节及收益分配关系研究［J］．中国土地科学，2013，27（2）．

［43］林瑞瑞．土地增值收益分配研究［D］．北京：中国农业大学，2015．

［44］凌学东．宅基地上房屋征收补偿的权源分析［J］．法学杂志，2014，35（3）．

［45］刘灿，韩文龙，李梦凡．多重价格区间与购房者的选择行为——兼论房价持续上涨的原因［J］．经济评论，2014（4）．

［46］刘海兰．我国农民工的医疗保险建设［J］．中国保险，2007（10）．

［47］刘万兆，卢闯，王春平，等．我国"失地农民"养老保险制度分析

[J]. 农业经济, 2007 (6).

[48] 刘卫东, 楼立明. 土地征用补偿区片综合地价的测算 [J]. 房地产评估, 2004 (2).

[49] 卢超. "社会稳定风险评估"的程序功能与司法判断——以国有土地征收实践为例 [J]. 浙江学刊, 2017 (1).

[50] 卢海元. 被征地农民安置与社会保障的政策选择和制度安排（上）[J]. 国土资源, 2007 (1).

[51] 卢珺. 农村房屋拆迁价格补偿问题及法律对策 [J]. 价格月刊, 2015 (10).

[52] 陆福兴. 解读"咸嘉模式" [J]. 决策, 2004 (11).

[53] 陆跃进, 杜小娅. 新农村建设中农民房屋拆迁补偿安置的思考 [J]. 中国集体经济, 2011 (34).

[54] 马驰, 张荣. 城市化进程与农民失地 [J]. 农村金融研究, 2004 (1).

[55] 马雁军, 孙亚忠. 农村社会基本养老保障的公共产品属性与政府责任 [J]. 经济经纬, 2007 (6).

[56] 孟庆瑜. 论土地征用与失地农民的社会保障 [J]. 甘肃社会科学, 2006 (3).

[57] 彭小霞. 农村征地补偿制度：从生存权到发展权 [J]. 开放导报, 2015 (3).

[58] 秦晖. 切实保障人地二权是土地流转的核心问题 [J]. 探索与争鸣, 2014 (2).

[59] 秦士由. 商业保险参与被征地农民养老保障体系建设：重庆模式 [J]. 中国金融, 2007 (12).

[60] 商春荣. 土地征用制度的国际比较与我国土地资源的保护 [J]. 农业经济问题, 1998, 19 (5).

[61] 沈飞, 朱道林. 政府和农村集体土地收益分配关系实证研究——以我国土地征用—出让过程为例 [J]. 中国国土资源经济, 2004, 17 (8).

[62] 史先锋, 曾贤贵. 我国城市化进程中失地农民养老保险问题研究 [J]. 经济纵横, 2007 (2).

[63] 宋国明. 境外土地征用赔偿制度概览 [J]. 国土资源, 2003 (12).

[64] 孙方. 上海、成都、北京、深圳四地农民工医疗保险制度比较 [J].

中国社会保障, 2006 (10).

[65] 覃应南. 警惕房屋征收中的"协商陷阱" [J]. 上海房地, 2012 (8).

[66] 谭青山. 在深化村民自治进程中健全村委会选举制度 [J]. 华中师范大学学报（人文社会科学版）, 2008, 47 (6).

[67] 童中贤. 政府在征地过程中的作为与不作为 [J]. 广东行政学院学报, 2005 (5).

[68] 万磊. 征地补偿机制重构研究：农地发展权视角 [J]. 国土资源情报, 2016 (8).

[69] 王德平. 统筹城乡话医保——成都市失地农民和农民工医疗保障制度巡礼 [J]. 中国劳动保障, 2006 (11).

[70] 王克强, 蒋振声. 从地产对农民的生活保障效用谈农村社会保障机制建设的紧迫性 [J]. 农业经济, 2000 (2).

[71] 王利明. 论征收制度中的公共利益 [J]. 政法论坛：中国政法大学学报, 2009, 27 (2).

[72] 王良健, 陈小文, 刘畅, 等. 基于农户调查的当前农村土地征收易引发的社会稳定风险评估研究 [J]. 中国土地科学, 2014, 28 (11).

[73] 王瑞雪, 邸国平, 郭晓慧. 土地换保障风险之初探 [J]. 华北国土资源, 2013 (3).

[74] 王瑞雪. 城市化、工业化背景下的征地制度边际创新研究 [M]. 北京：中国大地出版社, 2013.

[75] 王顺祥, 姜正杰, 王烨. 基于土地社会保障功能的征地补偿标准研究 [J]. 国土资源, 2004 (12).

[76] 王婷, 杨小炜. 制度经济学视角下的失地农民社会保障研究 [J]. 价格月刊, 2007 (4).

[77] 王作安. 中国城市近郊失地农民生存问题研究 [M]. 北京：经济科学出版社, 2007.

[78] 闻丽英. 集体土地上房屋征收与补偿的立法反思 [J]. 西安财经学院学报, 2016, 29 (6).

[79] 吴瑞君, 吴绍中, 孙小铭, 等. 城市化过程中征地农民社会保障安置的难点及对策思考 [J]. 人口学刊, 2004 (3).

[80] 谢保鹏, 朱道林, 晏学丽. 基于项目的土地增值收益分配关系研

究——以北京市14个土地储备项目为实证［J］.中国国土资源经济，2016（09）.

［81］徐明增.新型农村合作医疗中的农民逆向选择问题探讨——由一则就诊案例引发的思考［J］.中国卫生事业管理，2009（2）.

［82］徐秋花，侯仲华.构建失地农民养老保险制度探析［J］.南昌大学学报：人文社会科学版，2006，37（1）.

［83］徐玮，叶志钿，徐林山.失地农民医疗保险制度建设的实践与思考——以杭州经济开发区为例［J］.中国卫生经济，2007（7）.

［84］徐莺.《房屋征收与补偿条例》的民主行政趋向［J］.传承（学术理论版），2011（25）.

［85］闫晓峰，韩玉娟.农村集体土地房屋拆迁立法中调整对象及调整方式研究——基于《国有土地上房屋征收与补偿条例》的启示［J］.法制与社会：旬刊，2013（1）.

［86］严虹霞，张宏.失地农民社会保障安置模式研究［J］.南京社会科学，2007（5）.

［87］杨盛海.城市化进程中失地农民问题探析［J］.长沙民政职业技术学院学报，2005，12（4）.

［88］杨一帆.失地农民的征地补偿与社会保障——兼论构建复合型的失地农民社会保障制度［J］.财经科学，2008（4）.

［89］杨珍惠，佘明勇.加强征地批后监管的探索与思考——以成都的实践为例［J］.中国土地，2016（9）.

［90］姚礼豪.出让土地批后监管机制优化探索［J］.上海房地，2016（7）.

［91］袁泽民，莫瑞丽.协商：一种解决土地征收补偿问题的行动选择——以河南省D镇为例［J］.安徽行政学院学报，2009，25（2）.

［92］曾洋.南京市农民医疗保险市场调查报告［J］.保险研究，2004（6）.

［93］张力，杨秋宇.户籍改革中嵌入农民退出地权机制的合规化分析——以温江"双放弃"模式为考察对象［J］.农村经济，2013（10）.

［94］张丽琴，唐鸣.协商、周旋、博弈：乡镇治理转型中的减让履行现象分析——以一次征收计划生育抚养费过程为个案［J］.社会工作，2013（1）.

［95］张献国.省管县财政体制的四种"误读"［J］.地方财政研究，2008（5）.

[96] 赵爽. 失业失地农民市民化的制度障碍与途径——基于就业保障城乡一体化的视角 [J]. 中州学刊, 2007 (3).

[97] 郑风田, 孙谨. 从生存到发展——论我国失地农民创业支持体系的构建 [J]. 经济学家, 2006 (1).

[98] 朱浩. 非正规就业机制下的劳动保障 [J]. 西北人口, 2006 (6).

[99] 诸培新, 曲福田. 农地非农化配置中的土地收益分配研究——以江苏省N市为例 [J]. 南京农业大学学报（社会科学版）, 2006, 6 (3).

[100] 诸培新, 唐鹏. 农地征收与供应中的土地增值收益分配机制创新——基于江苏省的实证分析 [J]. 南京农业大学学报（社会科学版）, 2013, 13 (1).